ŒUVRES COMPLÈTES
D'ALPHONSE KARR

PENDANT LA PLUIE

ŒUVRES COMPLÈTES
D'ALPHONSE KARR
PUBLIÉES DANS LA COLLECTION MICHEL LÉVY

AGATHE ET CÉCILE	1 vol.
LE CHEMIN LE PLUS COURT	1 —
CLOTILDE	1 —
CLOVIS GOSSELIN	1 —
LA FAMILLE ALAIN	1 —
LES FEMMES	1 —
ENCORE LES FEMMES	1 —
FEU BRESSIER	1 —
LES FLEURS	1 —
GENEVIÈVE	1 —
LES GUÊPES	6 —
UNE HEURE TROP TARD	1 —
HISTOIRE DE ROSE ET DE JEAN DUCHEMIN	1 —
HORTENSE	1 —
MENUS PROPOS	1 —
MIDI A QUATORZE HEURES	1 —
LA PÊCHE EN EAU DOUCE ET EN EAU SALÉE	1 —
LA PÉNÉLOPE NORMANDE	1 —
UNE POIGNÉE DE VÉRITÉS	1 —
POUR NE PAS ÊTRE TREIZE	1 —
PROMENADES HORS DE MON JARDIN	1 —
RAOUL	1 —
ROSES NOIRES ET ROSES BLEUES	1 —
LES SOIRÉES DE SAINTE-ADRESSE	1 —
SOUS LES ORANGERS	1 —
SOUS LES TILLEULS	1 —
TROIS CENTS PAGES	1 —
VOYAGE AUTOUR DE MON JARDIN	1 —

ŒUVRES NOUVELLES D'ALPHONSE KARR
Format grand in-18.

L'ART D'ÊTRE MALHEUREUX	1 vol.
LE CREDO DU JARDINIER	1 —
LES DENTS DU DRAGON	1 —
DE LOIN ET DE PRÈS	1 —
DIEU ET DIABLE	1 —
EN FUMANT	1 —
L'ESPRIT D'ALPHONSE KARR	1 —
FA DIÈSE	1 —
LETTRES ÉCRITES DE MON JARDIN	1 —
SUR LA PLAGE	1 —
LA MAISON CLOSE	1 —
PLUS ÇA CHANGE	1 —
..... PLUS C'EST LA MÊME CHOSE	1 —
PROMENADES AU BORD DE LA MER	1 —
LA PROMENADE DES ANGLAIS	1 —
LES GAIETÉS ROMAINES	1 —
ON DEMANDE UN TYRAN	1 —
LA QUEUE D'OR	1 —
NOTES DE VOYAGE D'UN CASANIER	1 —
LE LIVRE DE BORD	4 —

PENDANT
LA PLUIE

PAR

ALPHONSE KARR

PARIS
CALMANN LÉVY, ÉDITEUR
ANCIENNE MAISON MICHEL LÉVY FRÈRES
RUE AUBER, 3, ET BOULEVARD DES ITALIENS, 15
A LA LIBRAIRIE NOUVELLE

1880

Droits de reproduction et de traduction réservés

A
JEANNE BOUYER

PENDANT LA PLUIE

Souvent j'évite de « parler politique » parce que je ne me sens pas sur ce sujet tout le sang-froid désirable ; nous sommes à une de ces époques dont parle Cicéron, où il n'est que trop facile de voir qui il ne faut pas suivre, mais où on ne voit pas aussi clairement avec qui on veuille marcher.

Cependant, hier, il pleuvait. — Dans ces heureux climats que j'habite, la pluie est rare, très désirée, très bien accueillie quand elle commence, — mais particulièrement ennuyeuse quand elle se prolonge. Notre année, ici, ne se compose pas de quatre saisons, elle se contente de trois : quatre mois de printemps, quatre mois d'été, quatre mois d'automne. Ainsi, novembre et décembre, comme avril et mai, sont les mois des roses ; janvier, le mois des violettes, etc. Nos plaisirs, nos distractions se passent au grand air, — *sub Jove*. On arrive à se soucier médiocrement des beaux appartements, des meubles riches ou curieux, des bibelots rares ou antiques, etc. Cette indifférence va même plus loin. Cette porte ou cette fenêtre ferme mal, le vent et même la pluie entrent dans ma chambre, c'est ennuyeux; il faut réparer cela. Mais le lendemain il fait beau, et ce beau temps dure trois mois. Portes et fenêtres restent ouvertes.

Il importe peu comment elles ferment, ou du moins on n'y pense que trois, quatre, cinq mois après, lorsqu'il vient encore à pleuvoir, et alors on reforme le projet d'appeler un menuisier, projet de nouveau oublié le lendemain.

Tout ce paysage si brillamment, si chaudement coloré, cette mer bleue, ces pins, ces arbousiers, ces tamaris, d'un vert si varié et si intense, descendant jusque dans la mer, ces rochers de porphyre rouge, tout cela est fait pour le soleil, et, par la pluie, semble remplacer un tableau par une lithographie. La pluie est certainement plus laide ici qu'ailleurs; on l'accepte comme une médecine salutaire, mais amère et nauséabonde, en pensant que, au physique comme au moral, la Providence a attaché toujours aux remèdes une certaine amertume.

Donc il pleuvait, j'étais seul, je venais d'accrocher à un porte-manteau ma troisième et dernière vareuse, trempée de pluie. Il fallait rester quelque temps enfermé, et je me pris à désirer une société agréable. J'ouvris une petite chambre près de mon cabinet où dorment comme moi un certain nombre d'amis immortels, et j'invitai le premier qui me tomba sous la main à venir un peu jaser avec moi. Le hasard tomba sur Franklin.

Ah! le bon, le sage, le grand et doux esprit! Nous arrivâmes assez vite à parler politique, et je l'écoutai avec recueillement.

— J'instituai, me dit-il, un club à Philadelphie où nous étudiions sérieusement les questions qui se présentaient. On payait une amende toutes les fois qu'on se permettait une expression tranchante ; les hommes les plus confiants en eux-mêmes, les plus intrépides dans leurs certitudes étaient obligés d'employer les formules modestes du doute, et de prendre dans leur langage l'habitude de l'affabilité, de la politesse, de la modestie, qui, si même elles s'arrêtaient aux paroles, auraient déjà l'avantage de ne pas froisser les amours-propres, mais qui, par l'influence si puissante des mots sur les idées, doit finir par s'étendre sur les opinions mêmes.

Au commencement de chaque séance, le président lisait la profession de foi de la société :

Amour égal pour tous les hommes, quelles que fussent leurs croyances ou leurs opinions ;

Regarder comme un acte de tyrannie intolérable toute atteinte à l'indépendance des croyances, des opinions, des idées ;

Aimer la vérité pour elle-même, chercher à la connaître, se plaire à l'entendre, s'efforcer à la propager, n'avoir aucune prétention aux places, honneurs, etc.

— J'aimerais assez, interrompis-je, entendre M. Grévy lire cette formule au commencement des séances de la chambre des députés.

— Qu'est-ce que M. Grévy ? demanda Franklin.

— C'est, répondis-je, ce que nous saurons probablement plus tard.

— Je vais, continua-t-il, vous répéter le dernier discours que j'aie prononcé dans une assemblée publique.

C'était en 1788, j'avais alors quatre-vingt-trois ans. Il s'agissait de faire une Constitution. Notre patrie, notre jeune République était déjà déchirée par des factions ; le gouvernement, sans force et sans dignité. Pour obvier à cet état de choses, on avait fait une convocation générale des États de l'Union. Je représentais l'État de Pensylvanie.

La Constitution avait été discutée et votée article par article, il s'agissait de voter sur l'ensemble. Peut-être les causes qui déterminèrent mon vote favorable pourraient être invoquées chez vous aujourd'hui.

Quand ce fut mon tour de voter, je parlai ainsi :

« Monsieur le président,

» J'avoue que je n'approuve pas en entier la Constitution actuelle ; mais je n'ose pas affirmer que je ne l'approuverai jamais ; j'ai longtemps vécu : maintes fois je me suis vu forcé, après plus ample information, ou après de mûres délibérations, de changer d'opinion, même dans des matières de la plus grande importance. Plus j'ai avancé en âge, plus j'ai appris à me défier de mon propre jugement et à respecter celui des autres. La plupart des hommes, comme la plupart des sectes religieuses, croient posséder seuls la vérité, et nomment erreur ou mensonge tout ce qui s'écarte de leur système. Steele, de la religion protestante, dit au pape, dans une dédicace : La seule différence qui existe entre votre Église et la nôtre, quant à leurs opinions sur la certitude de leur doctrine, c'est que l'Église romaine est infaillible, et que l'Église d'Angleterre n'a jamais tort.

» Quoique plusieurs individus aient une opinion aussi haute de leur propre infaillibilité que de celle de leur secte, personne n'a peut-être exprimé cette opinion aussi naturellement qu'une jeune Française, dans une petite dispute avec sa sœur. — Je ne sais, dit-elle, comme cela se fait, mais je ne trouve personne que moi qui ait toujours raison.

» Dans ces sentiments, monsieur le président, j'adhère à la Constitution et je l'adopte avec ses défauts, s'il y en a, parce que je crois qu'il nous faut absolument un gouvernement général, et qu'il n'est point de gouvernement, quelle qu'en soit la forme, qui ne puisse être bon, s'il est bien administré; je crois ainsi que celui que nous adoptons peut être bien administré pendant une certaine suite d'années, et que, s'il vient à dégénérer en despotisme, inconvénient que, jusqu'à présent, aucun autre gouvernement n'a pu éviter, au moins ce ne sera que quand le peuple deviendra assez corrompu pour ne pouvoir plus être régi que par un despote.

» Je ne sais pareillement si quelque autre assemblée pourrait faire une meilleure Constitution, car toutes les fois que plusieurs hommes se rassemblent pour mettre en commun leurs réflexions et leurs lumières, il est impossible que leurs préjugés, leurs passions, leurs erreurs, leurs intérêts locaux et personnels ne s'assemblent pas avec eux. Peut-on attendre d'une assemblée ainsi composée un ouvrage parfait? Je suis même étonné que ce système soit aussi bon. Il s'agit d'étonner nos ennemis qui espèrent entendre dire au premier jour que nos assemblées ne sont que tumulte et confusion, et que les Américains ne se réuniront que pour se couper la gorge.

» Ainsi j'adhère, monsieur le président, à cette Constitution, parce que je n'en attends pas une meilleure, et parce que je ne suis pas sûr qu'elle n'est pas la meilleure que nous puissions avoir. Je sacrifie donc mon opinion du bien général ; si j'ai cru apercevoir des défauts dans ce système, je n'en ai jamais dit un seul mot, étant à l'étranger. Ces erreurs, si elles existent, ont pris naissance dans ces murs ; elles doivent y mourir ; mais si quelqu'un de nous, de retour auprès de ses constituants, se permettait de leur répéter les objections qu'il aurait cru devoir faire contre quelque partie de la Constitution ; si, pour soutenir ces objections, il cherchait à se faire des partisans, peut-être que nous, de notre côté, nous chercherions à empêcher que ses idées ne fussent généralement reçues, et par là, nous perdrions, les uns et les autres, les effets et les avantages qui doivent naturellement résulter de notre unanimité réelle ou apparente, tant pour notre pays qu'aux yeux des nations étrangères. La force et l'efficacité d'un gouvernement, pour faire et assurer le bonheur du peuple, dépendent en très grande partie de l'opinion ; je dis de l'opinion généralement établie, de la bonté de ce gouvernement aussi bien que de la sagesse, de l'union, de l'intégrité de ceux qui gouvernent.

» J'espère donc que pour notre bien, pour celui du peuple, pour celui de notre postérité, nous nous réunirons tous de cœur et de volonté ; que tous nos efforts tendront désormais à faire chérir et respecter cette Constitution partout où notre influence pourra s'étendre, et qu'enfin nous ne nous occuperons plus que des meilleurs moyens à employer pour la bien administrer.

» Je désire surtout, monsieur le président, que chaque membre de l'assemblée auquel il peut rester encore des objections à faire contre la Constitution veuille bien en cette occasion douter un peu comme moi et avec moi de son infaillibilité, et pour manifester notre union, notre unanimité, souscrire de son nom cet acte public. »

« — Alors je terminerai mon discours par la motion d'ajouter à la fin du procès-verbal des délibérations la formule suivante : « Fait en l'assemblée générale par » le consentement unanime, etc. »

Et cette motion fut adoptée.

Après ce discours, que je viens de rapporter textuellement, Franklin me raconta qu'avant de prendre part aux affaires de son pays, sur l'affranchissement duquel il a exercé une si victorieuse influence, il avait été ouvrier chandelier, puis garçon imprimeur ; — que c'est par le travail, l'étude, la méditation, l'amour de la patrie et de l'humanité, le besoin de la justice et de la liberté, qu'il était arrivé à un pouvoir si utilement exercé dans l'intérêt de tous, sans violence, sans oppression, sans complots, sans haine, sans colère.

— Je continue, dans la vie paisible et heureuse où je suis, ajouta-t-il, à m'intéresser à la France, ce grand pays qui a été si bon et généreux pour nous, et a tant contribué à l'indépendance de la jeune Amérique, et ce n'est pas sans chagrin que je vois sa situation actuelle.

Le peuple français est naturellement, quand il n'est ni trompé, ni excité, ni enivré, ni empoisonné, — le peuple français et surtout le peuple de Paris était gai, humain et généreux. Votre Catherine de Médicis recommandait de le tenir joyeux à tout prix. Et peu avant la révolution de 1848, votre Lamartine, qui malheureusement ne fut pas écouté, disait au gouvernement d'alors, à la chambre des députés : J'avertis le gouvernement que la France s'ennuie. On sait, en ce cas, à quelles terribles distractions elle est capable de se livrer.

S'il était question de décider théoriquement quelle est la forme de gouvernement la plus raisonnable, la plus digne, la plus légitime, il n'y aurait ni doute, ni discussion possibles : c'est la forme républicaine.

Mais dans le choix d'un vêtement, il ne suffit pas de considérer l'étoffe, la couleur, la richesse ; il faut qu'il soit fait à la taille de celui qui doit le porter et lui aille bien. C'est une épreuve à faire pour la France d'une façon définitive ; cette république d'aujourd'hui est le troisième essai, il est nécessaire qu'elle soit le dernier. Que la république soit définitivement adoptée ou qu'on y renonce à jamais.

Je sais que vous êtes républicains, ajouta-t-il, et cependant que vous regrettez le gouvernement de 1830 ; je comprends vos raisons : c'est sans contredit, de tous les régimes auxquels vous avez été soumis, celui qui s'approche le plus de la république, sans en excepter, tant s'en faut, les divers essais tentés sous ce nom. Non seulement c'est ce qui s'approche le plus de la république, mais c'est peut-être tout ce que peut supporter le peuple français. Tous les estomacs, disait votre Rousseau, toutes les têtes ne peuvent pas supporter l'aliment de dure digestion, le vin pur, le *merum* de la liberté.

Chez vous, la plupart des gens ne se croient libres que lorsqu'ils peuvent opprimer, et vous n'avez pas réussi, pour votre compte, à faire admettre cet axiome si simple auquel j'ai applaudi :

« La liberté de chacun a pour limites la liberté des autres. »

Singulier peuple, qui se vante d'avoir conquis le suffrage universel, qui frémit d'indignation quand on parle, je ne dirai pas de lui enlever, mais de le modifier, de le régler ; qui prétend le conserver tel quel, tout menteur qu'il est, et malgré les sottises et les calamités dont il est cause, et qui, avec un enthousiasme aussi opiniâtre, refuse d'aller aux élections et s'obstine à ne pas se déranger pour voter, ce qui le soumet à une minorité compacte, désœuvrée, aveugle, ivre, mais disciplinée.

***

Quoi qu'il en soit, la majorité de la France semble aujourd'hui s'être décidée en faveur de la république.

Faut-il attribuer ce mouvement visiblement prononcé à la raison mûrie, à une maladie régnante, à une mode? C'est ce que l'expérience seule pourra vous apprendre. Et puisque vous y êtes, peut-être vaut-il mieux que cette expérience soit poussée jusqu'au bout, ce qui a bien manqué de ne pas arriver.

Car, en 1871, la grande majorité du pays avait envoyé à Versailles une assemblée réactionnaire avec mission de faire rendre compte à une dictature qui ne pouvait réclamer l'absolution du succès, et de remplacer par une monarchie la tentative de la république à laquelle, selon M. Thiers qui allait l'assurer, à condition d'en être le président, la France devait la moitié de ses désastres, plus cette hideuse Commune, qui venait de faire une caricature, une charge sanglante et grotesque de la Terreur de 93.

Qu'ont fait les représentants de la France ? Ont-ils consulté le respect de leur mandat, l'intérêt de la patrie ? Non, ils se sont divisés et querellés sur la couleur du drapeau, chaque parti choisissant et préconisant le maître, non qu'il voulait servir, mais dont il croyait avoir plus de chances de se servir.

Trois monarchies se trouvaient en présence : « la légitimité » que repoussent beaucoup des sentiments et surtout beaucoup des préjugés du pays, ce qui n'eût pas tardé à réunir presque toutes les opinions, — mais contre elle.

Le bonapartisme, partie hybride, centaure-syrène,

Desinit in piscem mulier formosa supernè,

produit adultère de la république et de la monarchie, d'une carpe et d'un lapin, s'appuyant sur le suffrage universel, à condition qu'il voterait pour l'empire et pour le fils de l'empereur, quelque chose comme une indépendance obéissante, l'empire qui avait commencé par une violence, et fini par une folie.

Le gouvernement de 1830 renversé en 1848 — qui avait duré dix-huit ans comme l'empire — mais qui avait fini non par une folie du maître, mais par une folie du peuple.

Il y eut quinze jours pendant lesquels on aurait fait admettre toute monarchie sur laquelle les représentants fussent tombés d'accord — même les légitimistes — quinze jours, mais pas une minute de plus, après quoi, si on se fût rappelé l'ère de prospérité, de gloire en tous genres, des dix-huit années de gouvernement de 1830, si tout le monde n'eût consulté que l'intérêt du pays, le comte de Chambord eût abdiqué ses prétentions en faveur du comte de Paris.

Mais il n'en a pas été ainsi. La majorité s'est divisée, et le parti républicain, tout aussi divisé qu'elle, mais qui sait se réunir et obéir à la discipline les jours de bataille, a pris l'avantage.

Le pays, — je ne dirai pas le peuple, — parce que le sens de ce mot a été singulièrement altéré, — le pays qui veut de temps en temps être tranquille, travailler et jouir, le pays qui aime les vainqueurs, — et se cramponne à ce qui est dans la crainte de nouvelles révolutions quand il est momentanément fatigué et écœuré, semble avoir adopté la République parce qu'elle est.

Les soi-disant conservateurs voyant les progrès des soi-disant républicains, eurent un moment ce genre de courage que donne la peur, et vous eûtes la tentative du 16 mai. Ce réveil épouvanta à leur tour les membres du parti républicain, et je pourrais vous dire quels abris, quelles cachettes les chefs avaient préparés pour disparaître au moins momentanément; mais il fut du 16 mai ce qu'il avait été de l'affaire des questeurs à la fin de la République de 1848, affaire continuée sans énergie, qui donna à Napoléon la résolution, le courage, presque la nécessité de tenter les hasards de la violence.

Si bien qu'aujourd'hui la République existe — la France, ou du moins la majorité de la France semble décidée à maintenir la République — dans cette situation, allez-vous continuer puérilement la petite guerre de tirailleurs que les autres partis lui font? — Je vais en dire le seul résultat possible — puis vous dire, par l'attitude qu'indiquait mon discours pour la Pensylvanie, — ce qu'il y aurait de sensé, d'efficace, de patriotique et de spirituel à faire.

Si vous continuez à....

J'interrompis ici Franklin, j'étais au bout du nombre

de feuillets de papier que je suis admis à noircir chaque semaine.

Mais je fis une corne à la page, et je pense continuer la semaine prochaine à reproduire les idées que notre situation inspire au fondateur de la république américaine.

IL PLEUT TOUJOURS

— ... Si vous vous obstinez, continua Franklin, à taquiner, à harceler le parti républicain, sans être en mesure de lui livrer seulement bataille avec des chances au moins égales, vous ne faites que resserrer la cohésion qui fait la force, et obliger, par la nécessité de se défendre, les différentes nuances dont il se compose à se faire, tout en murmurant et en grognant, des concessions mutuelles qui leur rendent possible de marcher sous le même drapeau ; vous obligerez ceux des membres de ce parti qui ne sont qu'ambitieux à garder à leur solde de promesses et d'engagements ceux qui sont pis qu'ambitieux, à se laisser tout doucement déborder par eux, et à voir la queue devenir la tête.

Quand le parti des soi-disant conservateurs attaque la république, dont la majorité des électeurs semble décidée à faire une troisième expérience, ce sont eux qui donnent un même mot d'ordre, un même signe de ralliement, un même drapeau à ces peuples divers qui forment l'armée bigarrée de la soi-disant république.

Cette armée défend la république que vous attaquez, et la majorité du pays prend parti pour elle.

Mais je veux croire que ceux qui s'intitulent conservateurs et qui jusqu'ici n'ont rien conservé que ce que leurs adversaires n'ont pas eu le temps ou ont dédaigné de prendre ou de démolir, vont comprendre l'inanité de la petite guerre qu'ils font à la majorité, étant divisés comme ils le sont. Quelques discours, plus ou moins applaudis par leurs amis, des épigrammes, des provocations, etc., n'ont été jusqu'ici et ne peuvent avoir aucune influence sur la situation du pays. — Ça console un peu, ça distrait, ça égaye même parfois les vaincus, et c'est tout. Ça ressemble au procédé des Chinois lors de la guerre contre les Anglais, à propos de l'opium, lorsque ceux-ci, pratiquant l'épicerie à main armée, les ont obligés non seulement d'acheter le poison, mais aussi de l'absorber. Les Chinois avaient imaginé de porter devant eux, peintes sur des étendards de soie, des figures de dragons et d'autres animaux aussi terribles que fabuleux, dans l'espoir que ces images inspireraient aux Anglais une profonde terreur et les obligeraient à regagner en désordre et leurs navires et leurs îles.

Les conservateurs n'ont pas réussi, ne réussiront pas, d'ici à longtemps, à constituer *un* parti monarchique, le parti républicain ne commence à se diviser et ne se divisera tout à fait qu'après sa victoire complète, et pour le partage du butin, tandis que les conservateurs se divisent et se combattent dès avant la bataille.

Pour le moment, la majorité du pays se prononce pour la république, il ne faut pas permettre au « parti républicain » de s'ériger en maître, il faut accepter la république, mais il faut l'exiger.

Nous sommes tous républicains, puisque la France, du moins la partie de la France qui s'agite, qui parle, qui vote et qui exprime sa volonté, veut la république, et c'est en qualité de républicains que nous arracherons les masques aux incapables, aux avides, aux vaniteux, aux affamés, aux menteurs, aux hypocrites, aux jésuites rouges, etc.

Nous ne leur permettrons pas de déshonorer la république, nous les obligerons de se soumettre comme nous aux lois austères et rigoureuses de cette forme de gouvernement, et nous les forcerons de reconnaître que la république n'a en ce moment d'autres ennemis à redouter que les pseudo-républicains et les ultras du parti. Tout parti a ses ultras, et c'est par les ultras que tout parti finit par périr.

Nous leur dirons que c'est attaquer la république que d'en faire une forme de gouvernement exclusive, de prétendre qu'un certain nombre de Français garderont toujours l'attitude de vainqueurs, et que le reste de la nation se composera toujours de vaincus toujours soumis au sort des vainqueurs et obéissant à des maîtres.

Le parti républicain, s'il veut que la république subsiste, doit se fondre et disparaître dans la France républicaine; son rôle de parti doit être fini.

Il faut leur faire comprendre que la forme du gouvernement ne peut pas être absolue dans un pays où deux systèmes opposés se trouvent en présence et représentés par un nombre à peu près égal de citoyens; qu'une petite minorité se soumette, c'est son devoir et c'est la nécessité; mais vous n'obtiendrez jamais que la moitié moins un d'une Assemblée ou d'une nation se résigne à subir la loi et les caprices de la moitié plus un.

La république, si c'est elle qui l'emporte définitivement, comme vous et moi nous le désirons, doit, dans sa constitution, au moins pour un temps, tenir compte des idées, des intérêts, des préjugés même des monarchistes. La monarchie, si elle redevient la forme *provisoirement définitive*, ne peut qu'être représentative, c'est-à-dire adoptant certaines formes appartenant à la république, etc.

Il faut donc que l'opposition, aujourd'hui s'intitulant conservatrice, que les partisans de la monarchie soient représentés, non seulement dans les assemblées, mais aussi dans les « commissions »; il faut leur accorder une part d'influence, ne fût-ce que pour empêcher le parti dominant de se laisser entraîner à l'ivresse de sa victoire et d'y trouver sa perte. Un pouvoir comme un champ n'existe et n'est une propriété que par ses limites. Loin de reconnaître cette vérité, le parti dominant semble n'avoir qu'un but : mettre au moins la moitié de la nation hors de toute participation au gouvernement, de se dérober même à tout autre contrôle que le contrôle dérisoire de ses amis et complices. Rien n'est moins républicain que ce système inique et absurde des « invalidations », c'est le dédain le plus effronté, le plus insolent du suffrage universel.

Je sais bien que ce suffrage n'est rien moins qu'universel tel qu'il est pratiqué aujourd'hui, que c'est le mensonge le plus ridicule et le plus dangereux; mais tel qu'il est, on en a fait la base de la République. Eh bien, admettre que des influences, des intrigues, des corruptions peuvent donner à un candidat une majorité de 4 000, de 6,000 votes, c'est condamner irrévocablement « le suffrage dit universel ». Si les ministres qui vous ont précédés ont pu exercer de telles fraudes, les armes dont ils se sont servis sont aujourd'hui entre vos mains. Je veux que vous soyez les plus justes, les plus désintéressés, les plus loyaux, les plus purs des humains, tous Catons, tous Brutus, tous Aristides, tous Phocions, etc. Mais qui nous garantit, qui vous garantit à vous-mêmes que vos successeurs seront aussi Phocions, aussi Aristides, aussi Catons, aussi Brutus que vous? Qui vous dit qu'ils laisseront comme vous au fourreau ces armes dont vos prédécesseurs ont fait un usage si criminel que vous avez dû casser des élections faites à une immense majorité?

En ne repoussant pas absolument le contrôle, — il est évident, incontestable, que ce n'est pas l'Assemblée qui doit exercer ce contrôle, — tout au plus doit-elle porter ses doutes, ses griefs devant un tribunal non seulement en dehors d'elle, mais en dehors et de son influence et de toute influence.

Prenons un fait à l'appui.

En 1848, le gouvernement républicain d'alors a aboli la peine de mort en matière politique; ce mouvement équitable, sensé et généreux, n'a pas laissé d'amener certains résultats déplorables; grâce à certaines complicités, les assassins, les voleurs, les incendiaires ont espéré se tirer d'affaire et y ont assez souvent réussi par un procédé simple, naïf, à la portée de tous les coquins.

Ce procédé consiste à ajouter une épithète au nom que leurs crimes leur font donner.

Assassins politiques, voleurs politiques, incendiaires politiques, etc. Il n'en est pas moins vrai que l'abolition de la peine de mort en matière politique est une idée grande, généreuse et juste. En politique, — mais je dis en vraie politique, — le crime d'aujourd'hui est souvent la vertu d'hier et de demain. La République de 1848 a pensé avec raison que les accusés politiques sont, en général, des vaincus jugés par des ennemis vainqueurs, échauffés par la bataille, et dont quelques-uns viennent d'avoir peur, ce qui rend très méchant. Si bien que le jugement n'est fréquemment que la continuation du combat, avec cette nuance que les uns sont armés et que les autres ne le sont plus.

Ce raisonnement s'applique exactement à la juridiction de l'Assemblée sur la régularité de l'élection de ses membres, et si, après cette argumentation, un doute pouvait subsister — la rigueur, la brutalité, l'absurdité de certaines invalidations sont venues l'appuyer et le rendre sans réplique possible.

Il faut leur faire comprendre qu'il est ridicule de parler de candidatures officielles, et odieux de menacer et de poursuivre ceux qui en sont accusés, quand on a dans son dossier la candidature simultanée à Paris du Lyonnais Barodet et à Lyon du Parisien Ranc, — décrétées l'une et l'autre par un comité de quelques membres, — sans que les électeurs de Paris ni les électeurs de Lyon eussent jamais vu ni l'un ni l'autre des candidats qui leur étaient imposés et pour lesquels ils ont voté les yeux fermés. Quand il est impossible de nier sans impudence que la plupart des élections appelées républicaines — et, en tous cas, les plus importantes — sont décidées par un comité qui envoie les ordres aux sous-comités directeurs des élections dans les départements.

Il faut leur faire comprendre encore que les fonctions publiques, les « places » ne peuvent être données toujours comme une distribution de butin, sans risquer à coup sûr de mettre la confusion et le désarroi dans toute l'administration. Il faut leur rappeler le mot d'Harel, un ancien directeur de théâtre, un moment célèbre par son esprit et ses infortunes. Après la révolution de Juillet, il crut faire une bonne spéculation en « montant » à grands frais un mauvais mélodrame d'un journaliste qui travaillait pour les amendes et la prison, et avait eu la bonne chance de pouvoir faire un certain bruit à cause de sa détention à Poissy. Le pièce tomba et Harel dit :

— Je me suis trompé, Fontan a plus de prison que de talent.

De vrais républicains ne peuvent émettre sérieusement la prétention d'obliger la France à ne choisir ses serviteurs, ses fonctionnaires que dans une certaine partie de ses enfants rouges. Le gouvernement de la république doit être le gouvernement des meilleurs choisis par tous et partout ;

Que prolonger ce système exclusif, c'est faire du gouvernement soi-disant républicain une tyrannie absurde, ridicule et intolérable, et non un gouvernement légitime, logique, puissant, qui ne peut être tout cela qu'à condition d'être un faisceau de toutes les grandes intelligences, de toutes les honnêtetés, de toutes les forces réelles du pays.

A quoi, dans la situation actuelle, les chefs de parti peuvent vous répondre : C'est vous qui nous forcez d'agir ainsi. Nous sommes bien forcés de solder les troupes plus ou moins irrégulières que vos attaques nous obligent de garder, et qui font feu de tout bois pour cuire leur soupe.

* * *

Dites également, continua Franklin, — à vos soi-disant conservateurs que les soi-disant républicains — du moins les chefs et les intelligents — ont pris un chemin de traverse, mais ne demandent pas mieux que de rattraper la diligence à la montée, et de laisser là leurs bruyants et dangereux compagnons dont ils ont plus peur que vous-mêmes, — car ils n'ont pas osé faire l'amnistie tant promise et qui depend d'eux.
— Tant que la guerre existera entre la royauté que vous n'avez pas su donner à la France quand elle l'acceptait, et la république qu'elle accepte aujourd'hui — tout personnage, pourvu qu'il se dise républicain, est puissant contre vous ; il n'a besoin ni d'intelligence ni d'étude, ni de travail, ni de bravoure, ni d'éloquence, — il lui suffit d'agiter un chiffon rouge et de crier une vingtaine de mots de rengaines, de clichés — sa voix fût-elle fausse, glapissante, rauque, avinée.

Mais supposez la république installée du consentement général, — supposez une accalmie, — la fange qui, grâce à l'agitation, est montée à la surface en devenant écume — retombe par son propre poids, redevient fange et disparaît — jusqu'à la première révolution. Les crapauds, les cancrelats, les champignons vénéneux, les idées fausses, les coquins, les ineptes, etc., prospèrent dans les lieux humides, malsains et dans l'obscurité, mais crèvent au grand soleil et à la lumière.

La république installée, il faudra que ceux qui veulent y occuper une place travaillent, étudient, se dévouent; ça en dégoûtera beaucoup de ceux qui n'ont eu besoin jusqu'ici que d'une faconde creuse et sonore. Je vous le répète, il faut accepter la république, mais l'exiger. Ne pas permettre que la république ne consiste qu'à installer d'autres hommes sur les mêmes sièges, dans les mêmes traitements, dans les mêmes abus, non renversés, mais conquis, et alors le terrain sera bien déblayé.

Si les soi-disant conservateurs et les soi-disant républicains comprennent leurs vrais intérêts, les intérêts peut-être provisoires de la république, mais éternels de la France, il arrivera de deux choses l'une, ou la république naturalisée en France y fondera la forme de gouvernement la plus légitime, la plus noble et la plus forte, ou la preuve de son impuissance sera faite, on saura que le sol, le climat, ne lui conviennent décidément pas, elle disparaîtra peut-être pendant un siècle, et on reviendra à la monarchie constitutionnelle et représentative pour un temps que, dans ce cas, on ne saurait désirer trop long.

***

Ainsi parla Franklin. Et je refermai le livre.

Je veux cependant, à propos d'un très petit évènement récent, dire aussi quelques mots sur le duel en général, sur le duel parlementaire, et accessoirement sur le duel au pistolet.

Le duel, au point de vue de la logique, de la philosophie, de la morale pratique, le duel ne serait admissible, mais le serait tout à fait, que, à l'occasion d'un outrage si atroce, si complètement irréparable, que les deux adversaires ne puissent plus vivre en même temps, et qu'il faille qu'un des deux disparaisse. Ici la loi est impuissante, en grande partie, parce que les lois ont été faites le plus souvent avec raison par des vieillards qui n'ont pas laissé la moindre place aux passions. L'homme cesse de confier la délégation qu'il a faite à la loi du soin de la punition des crimes, et reprend son droit naturel.

Il est également des offenses que l'opinion publique considère comme ne pouvant être réparées que par le sang de l'adversaire, tandis que la loi les considère comme vénielles et punit l'offenseur d'un léger emprisonnement et d'une faible amende; on voit alors les juges, en faisant l'application de cette loi protectrice et vengeresse de l'offensé, ne pouvoir se défendre d'un reste d'esprit gaulois en frappant à la fois l'agresseur d'une peine dérisoire et le plaignant d'un sourire moqueur.

Dans le premier cas, heureusement très rare, il n'y a qu'à exiger des témoins sérieux qui veillent à la loyauté et à l'égalité du combat.

Dans le second, il faut modifier la loi et punir d'une peine très grave et à un certain degré flétrissant, celui qui fait une offense pour laquelle l'opinion publique exige que les deux adversaires s'exposent à la mort; il faut que la loi puisse dire : par le duel votre vengeance est incertaine, l'offensé peut être la victime; la loi prononce de telles peines que l'offense dont vous vous plaignez sera plus pénible pour celui qui l'a faite que pour celui qui l'a reçue, la justice vous remercie et vous honore d'avoir eu recours à elle.

En dehors de ces deux circonstances, il y a des duels pour la galerie, des situations où ni l'un ni l'autre des deux adversaires n'a un bien grand désir de se battre, un besoin de tuer l'autre en s'exposant soi-même.

Mais tous deux sont persuadés que le public veut qu'ils se battent. Ici il n'y a pas de justice, le but de chacun des deux combattants est de faire voir ou croire qu'il n'a pas peur, il lui suffit de s'être exposé visiblement au danger ; aucun n'a fort envie de tuer son adversaire, souvent même il n'en a pas envie du tout, il se contenterait de grand cœur de l'intimider, et saurait gré aux témoins de détourner ce calice, en lui laissant l'honneur du terrain au moins partagé. Il dépend beaucoup des témoins d'arranger ce genre d'affaires, comme cela se voit fréquemment, par des biais et par des compromis sérieux devant un tribunal d'honneur qui déciderait souverainement lequel a tort, lequel a raison, lequel doit faire, lequel doit accepter des excuses, et le cas où l'on doit s'en adresser mutuellement. — Du Hallays expia certains duels qui, dans sa jeunesse, temps où le duel était à la mode, avaient laissé de fâcheux souvenirs, en se chargeant pendant les vingt dernières années de sa vie, de ce rôle qu'il remplissait très équitablement et avec une très grande autorité.

Une loi qu'avait édictée un souverain du Nord avait supprimé chez lui les duels de fantaisie. Il permettait de se battre, mais on ne se battait qu'à mort. Le blessé, aussitôt guéri, recommençait le combat jusqu'à ce qu'un des deux fût tué. Je n'ose proposer ce remède, mais il serait à coup sûr assez efficace.

En effet, quand une affaire est telle que deux adversaires se déclareront satisfaits — d'un combat sans résultat, d'avoir fait ou reçu une égratignure d'épée, ou d'avoir en face l'un de l'autre fait entendre le bruit d'un pistolet inoffensif, il est bête pour une injure si peu ressentie d'exposer sa vie, il est criminel d'exposer celle d'un autre. Je vois bien que les témoins prennent en ce cas des précautions que les adversaires désirent tout bas et devinent sans en parler, qu'ils séparent les combattants à la plus légère égratignure ou érosion.

— Mais se battit-on à trente-cinq pas comptés par les jambes les plus longues, chargeât-on les pistolets de diverses façons que je ne veux pas énumérer, un accident peut arriver, un coup de hasard, une maladresse. Et, en cas du résultat nul qu'on attend surtout du duel au pistolet, le public injuste et ingrat n'est pas content et se moque des combattants qui souvent ont eu peu de bonne foi pour les satisfaire.

Peut-être vaudrait-il mieux que ces deux adversaires se promenassent ensemble pendant une demi-heure, par un temps humide choisi par leurs témoins, en manches de chemise et tête nue; il y aurait au moins un, souvent deux rhumes de cerveau qu'on appellerait majestueusement coryzas.

C'est ce résultat nul qui a fait la fortune du duel au pistolet — à vingt pas, à vingt-cinq pas, à trente pas, — et tout nouvellement à trente-cinq pas, — espérons qu'on s'éloignera encore davantage.

A l'épée, un des deux sera tué ou tout au moins blessé.

Au pistolet, ce sera lui ou moi, mais peut-être personne. — C'est cette troisième chance qui séduit et adversaires et témoins; mais cette troisième chance, quand elle se présente, rend le duel un jeu à la fois dangereux et ridicule, — et quand elle ne se présente pas, comme il arrive quelquefois, elle le rend atroce, c'est-à-dire amenant la mort dans un combat qu'on n'engageait qu'au point de vue de la troisième chance ; — ajoutons à cette séduction de la chance nulle cette garantie que, pourvu qu'on ne prenne pas la fuite, on a sur le terrain dans le duel au pistolet *une tenue parfaite*. Il n'en est pas de même à l'épée. Le duel au pistolet n'est admissible que lorsqu'il s'agit de réduire à des chances égales — un offenseur soupçonné d'abuser d'une expérience ou d'une adresse connue, — et alors, ce n'est pas à trente-cinq pas qu'il doit avoir lieu, c'est dans des conditions qui mettent les deux adversaires dans des conditions complètement égales.

L'invasion des assemblées politiques par les avocats a abaissé depuis un certain temps le « titre » de la discussion parlementaire et porté une atteinte grave aux habitudes de civilités et d'égards qui donnent de la part de celui qui les observe la mesure de ceux qu'il est en droit d'attendre, et, il n'y a guère, — je le dis sans trop le désirer, parce que je ne veux pas être accusé de férocité — que deux ou trois duels sérieux qui pourraient remettre l'éloquence au diapason solennel d'autrefois. L'accusation que je redoute serait injuste, car l'opinion que je viens d'émettre se résume en ceci : ne se battre que tout à fait quand on doit se battre, pour arriver à ne pas se battre du tout quand on ne doit pas se battre.

Cependant je vais mettre lâchement sur le dos d'un ami, que je ne nommerai pas ou désignerai par une lettre de l'alphabet, le... paradoxe que voici :

« La France n'aurait-elle pas un grand intérêt à voir

rétablir le « titre » de sa réputation antique de politesse et de savoir-vivre, et l'aménité des relations sociales, quand ça devrait lui coûter deux ou trois bavards mal élevés ? »

SANS TITRE

Un mot bien fait — peut-être par hasard — c'est le mot NEWS — nouvelles — en anglais : les quatre lettres qui composent ce mot, disent que les nouvelles viennent de tous les points de l'horizon :

North, East, West, South, — Nord, Est, Ouest, Sud.

On assure que nous allons voir reparaître les paniers. Les femmes se sont-elles aperçues qu'elles ne gagnaient pas beaucoup à se déshabiller en public, à donner, en même temps que l'énigme et le logogryphe, le mot du logogryphe et de l'énigme? ou messieurs les tailleurs de femmes ont-ils pensé qu'après ces robes *collantes*, il fallait des robes amples pour lesquelles on ne pût faire servir les vieilles robes en les *rapetassant?*

Les tailleurs de femmes ne sont pas une si grande nouveauté qu'on le croit. Pour en trouver le premier exemple, il faut remonter au Directoire, lorsque les femmes voulaient imiter les Grecques et renouveler ces robes de verre, ces robes de vent, tissus — *togas vitreas, ventum textilem* — que les poètes reprochaient aux Romaines de la décadence.

Madame de Beauharnais (Joséphine), madame Tallien, etc., avaient des tailleurs. Le marchand de modes, à la mode, dont j'ai encore vu le nom sur l'enseigne de ses successeurs, habillait ces dames. Son nom de Leroy contribua à son succès à une époque où on avait au moins assez de la république. On l'appelait facétieusement « le Roi de la mode ». Un bonnet, une robe, un corset ne pouvaient sortir d'ailleurs que de ses ateliers; il était donc impossible qu'il ne fût pas choisi pour habiller l'archiduchesse d'Autriche, devenue impératrice des Français.

Un jour qu'il apportait une robe à Marie-Louise, Leroy fut très étonné que sa cliente lui fît ordonner de passer dans une autre pièce pendant qu'elle essayait le chef-d'œuvre. Il n'était pas accoutumé à tant de façon, et il sortit un peu piqué. La robe est mise, on lui fait dire de rentrer. L'impératrice trouve la robe trop décolletée. Leroy, habitué à décider sans appel, dit d'un air aimable : — Ah ! madame, cela ne fait que mieux voir les belles épaules de Votre Majesté.

— Qu'on mette cet homme à la porte, dit froidement Marie-Louise.

Leroy sortit précipitamment et ne fut plus rappelé. C'était encore une royauté qui finissait.

A la fin de la Restauration, un libraire intelligent et hardi fit sortir la librairie contemporaine de la routine:

il est l'inventeur des romans en deux grands volumes, vendus 15 francs ; tous ces livres, du moins ceux qui en valaient la peine, sont aujourd'hui vendus en un seul petit volume pour 1 fr. 25 c. Il est l'inventeur des faux mémoires : *la Marquise de Créqui, la Vicomtesse de ***, la Contemporaine,* etc.

Il vivait familièrement avec tous les jeunes écrivains de ce temps-là, et en était venu avec eux au tutoiement ; un jour, dans un souper, Ladvocat se montra présomptueux plus que de coutume et impatienta Romieu, qu'on appelait alors « l'homme le plus gai de France ».

— Ladvocat, lui dit Romieu, sais-tu ton avenir ? Tu mourras ouvreuse de loges au théâtre des Funambules.

On rit beaucoup, sauf Ladvocat qui était piqué.

Eh bien, cette prédiction devait se réaliser ; Ladvocat est mort... couturière ; c'est-à-dire qu'il fut le restaurateur de la profession de « tailleur pour femmes ».

Grâce aux amis plus ou moins désintéressés qu'il avait dans les journaux, il avait mis « en réputation » une assez belle fille qui se faisait appeler madame Camille, laquelle était devenue la couturière à la mode.

Plus tard, Ladvocat, après quelques années de vie splendide et bruyante, vit s'écrouler l'édifice de sa fortune improvisée. Alors, sans se troubler, il s'en alla gaiement demeurer avec madame Camille et se fit son associé. Il ne manquait pas d'un certain goût un peu tapageur, — les clientes demandaient l'avis de *Monsieur Camille,* — d'abord on ne l'appelait que pour parler d'un projet ou juger d'une chose achevée et... en place ; mais, tout doucement, il arriva à être un conseiller plus intime et à être souffert dans les coulisses, et pendant les entr'actes de la toilette. Et la prédiction de Romieu se trouva ainsi réalisée, à une nuance près.

Ladvocat acheva de vivre toujours très heureux, et mourut couturière, à un âge que n'atteignent que peu d'hommes.

Puisque nous parlons de tailleurs, de couturières et de femmes, ne quittons pas encore cet attrayant sujet.

* * *

Je voudrais bien éviter ce ridicule qui, à « une certaine époque de la vie », — soit dit par euphémisme, — s'attache aux hommes comme le lierre aux vieux murs, de louer ennuyeusement le temps passé — *laudatur temporis acti*, de soutenir qu'on ne sait plus faire les miroirs, parce qu'on s'y voit avec une barbe blanche — *candidior barba*, — tandis que du temps des bons miroitiers on s'y voyait avec une barbe noire. J'oserai cependant constater que les femmes ont descendu plusieurs degrés du piédestal sur lequel la civilisation les avait placées. — Je n'ai pu faire qu'une femme assez belle, disait Praxitèle, en exposant dans son temple une statue de Vénus ; ma statue ne sera faite déesse que par la première femme qui s'agenouillera devant elle et lui demandera quelque chose, — de même la nature n'avait donné et ne devait à l'homme qu'une femme comme aux autres animaux, — une *hommesse*; c'est l'amour qui a créé la femme, et une civilisation intelligente s'est toujours efforcée d'augmenter les différences entre les deux sexes : les cheveux et les vêtements longs, la timidité que les filles apprennent en même temps que les garçons apprennent le courage, — les ornements de toute espèce, ces bagues, ces colliers, ces bracelets, ces pendants d'oreille, bijoux ayant tous la forme d'un anneau, et étant en effet les anneaux perfidement séparés et déguisés d'une chaine dont le diable tient un bout.

Aussi je ne sais rien d'aussi répugnant qu'une femme habillée en homme. Je ne vois pas sans chagrin beaucoup de femmes adopter les paletots de gros drap avec de larges boutons d'os ou de corne, les cols de chemise et les cravates et les manchettes semblables à ce que portent les hommes.

Nous ne parlerons pas de l'afféterie de certains hommes qui se coiffent, se frisent, séparent leurs cheveux en bandeaux, se chargent de bijoux, etc.

Une femme d'esprit causant un jour avec une de ces poupées soi-disant masculines, celui-ci, je ne sais à quel propos, plaida pour la supériorité du sexe masculin. — Enfin, dit-il, lisez la grammaire, vous verrez que le genre masculin est plus noble que le genre féminin. — Oui, oui, dit-elle, mais j'y lis aussi, et elle accompagna ces mots d'un regard de suprême dédain, j'y lis aussi que le féminin est plus noble que le neutre.

La civilisation, qui a fait la femme, a fait en même temps de l'amour un jardin fleuri, parfumé et frais, où elle a multiplié les allées et les sentiers, les tournants, enchevêtrés en forme de labyrinthe, qui permettent de faire cinq cents kilomètres dans ce lieu de délices au bout duquel on arriverait en dix pas en ligne droite.

Il semble qu'aujourd'hui on revient à l'allée large et droite, presque carrossable, et je ne vois pas bien ce que la promenade y gagne d'agréments.

J'ai vu la fin du temps où un homme amoureux faisait correctement le siège d'une femme, qui se défendait vaillamment, sachant souvent d'avance que la place serait prise, mais sachant aussi que l'assiégée, quand il faudrait « battre la chamade » et capituler, obtiendrait du vainqueur de meilleures et plus honorables conditions. Les mœurs, les usages, les bienséances entouraient la femme de murailles, de remparts et de défenses variées : escarpes et contre-escarpes, glacis, ouvrages avancés, etc., etc., petits soins, menus respects, étiquettes fleuries, préciosités, etc.

Pour mener une femme du salon à la salle à manger ou à sa voiture, on lui présentait le poing ganté, sur lequel elle s'appuyait légèrement. Les filles surtout étaient l'objet d'un respect religieux. Jamais on ne touchait une fille sous aucun prétexte. Aucun homme ne se fût avisé d'inviter une fille à valser. Quelques femmes seules, et pas les plus jeunes, se livraient à cet exercice vertigineux.

Aujourd'hui toutes les jeunes filles valsent, et valsent de cette disgracieuse valse à deux temps qui fait songer quelquefois que l'harmonie, la grâce, la décence, étaient dans ce troisième temps qu'on a supprimé; une fille tourne serrée contre son danseur, entourée de son bras, penchée, couchée, pressée, maniée de la façon la plus odieuse; femmes et filles ont adopté la poignée de main des hommes, et même à mains nues; la virginité est réduite à sa plus simple expression, c'est une marguerite dont les pétales ont été arrachées par l'un et par l'autre, et dont il ne reste que le cœur jaune.

Que peuvent gagner les femmes à ouvrir elles-mêmes des brèches dans la muraille qui les protégeait? à arracher, comme disait Ovide, les bandelettes, insignes de la pudeur *et procul vittæ tenues insigne pudoris* que les courtisanes n'osaient pas porter ? — Avec leurs costumes masculins, leurs allures viriles, leur parole éclatante, proférant des idées « avancées », leurs poignées de mains vigoureuses, la valse et surtout à deux temps, elles finiront, je le crains, par réduire les signes qui distinguaient les deux sexes au très petit point de différence que la nature avait mis entre eux.

Et alors... on s'occupera d'elles, chaque année, pendant quelques jours... vers le milieu du mois de mai.

— Pourquoi ne vous mariez-vous pas? disait une femme à un célibataire opiniâtre, vous auriez une « maison montée », un « intérieur », une « table », un « équipage ». — J'y ai pensé souvent, répondit-il ; mais après de mûres réflexions, j'ai décidé qu'il était plus commode — et en parlant il frappait sur son gousset et faisait sonner de l'or — plus commode d'avoir ma maison, mon cuisinier, ma voiture et ma femme dans ma poche.

**

Les hommes, ou du moins le vulgaire des hommes, faute de s'élever à l'intelligence du vrai Dieu, se sont de tout temps amusés à fabriquer et à inventer des divinités plus ou moins bizarres, le plus souvent faites à leur image, c'est-à-dire sottes et méchantes.

Il n'y a rien dans la nature qui n'ait été déifié; les Indiens orientaux et les noirs de la côte de Guinée déifient, pour le reste de la journée, le premier être ou la première chose qu'ils ont aperçu le matin en sortant de leur case, — un homme, une femme, un cheval, un arbre, une pierre, un clou.

Je suis fâché d'avoir à dire que, nous autres Français, nous ne faisons pas autre chose, — en politique, en arts, en littérature.

Puis un jour, il nous arrive, ce qui, selon Hérodote, arriva aux *Cauniens*. Peu satisfaits de leurs dieux, ils firent une chasse pendant laquelle, battant l'air de leurs javelots, ils les poursuivirent jusqu'à leurs frontières pour les obliger à sortir de chez eux.

A la Chine, les lettrés n'ont jamais reconnu qu'un seul Dieu, mais ils laissent au peuple une religion selon son goût.

Le père Lecomte, missionnaire et jésuite, a peut-être un peu « chargé » le récit qu'il fait dans ses mémoires d'une punition infligée par des Chinois à leurs idoles quand ils en sont mécontents.

— Chien d'esprit, disaient-ils à l'une d'elles, nous te logeons dans un temple magnifique; tu es bien logé, bien nourri, bien doré, bien prié, bien encensé, et après tous ces soins que nous prenons de toi, tu es assez ingrat pour nous refuser ce qui nous est nécessaire.

Ensuite ils le lièrent avec des cordes, et le traînèrent par les rues; mais si, pendant la punition, le soleil ou la pluie ou toute autre chose demandée vient à se manifester, alors ils relèvent, lavent et essuient le dieu, et le reportent dans sa niche, devant laquelle ils s'agenouillent en proférant des excuses : A la vérité, nous nous sommes peut-être un peu pressés, mais vous, au fond, vous êtes-vous assez pressés de céder à nos prières? Vous en coûterait-il davantage d'accorder les choses de bonne grâce, sans vous faire maltraiter; mais n'y songeons plus de part et d'autre, on vous redorera à neuf.

Et, quant à être jetées en bas de leur piédestal, à être un peu traînées dans la boue, bien des idoles, qui ne sont pas chinoises, n'auraient que ce qu'elles méritent.

**

Parlons de celles de ces idoles qui empoisonnent le peuple par des théories absurdes, des promesses mensongères, qui le dégoûtent du bonheur qui est à sa portée, en lui inculquant de nouveaux besoins et des appétits féroces, les « côtelettes de sphinx à la purée de chimère ». N'est-ce pas l'historien Lambride qui raconte qu'Alexandre Sévère... est-ce bien Alexandre Sévère? je n'ai pas de livres ici. En tout cas, un historien raconte qu'un empereur fit attacher à un poteau et étouffer par la fumée un de ses courtisans qui vendait fort cher sa protection auprès de l'empereur, auquel il faisait semblant de parler des affaires qui lui étaient confiées, et auprès duquel il n'avait aucun crédit, et pendant le supplice de ce coquin, un héraut criait : « Ainsi est puni par la fumée celui qui a vendu de la fumée. »

Un citoyen turbulent disait à Phocion, qui s'efforçait de détromper le peuple de ses billevesées : « Le peuple te tuera s'il entre en fureur. » — « Et il te tuera, toi, dit Phocion, s'il rentre en bon sens. »

Pétrone commence ainsi le *Satyricon* : — Entendez ces déclamateurs qui s'écrient : « Ces blessures, c'est pour ta liberté, ô peuple! que je les ai reçues, — cet œil, c'est pour toi que je l'ai perdu. *Hunc oculum pro vobis impendi*, etc... » Enflure! bruit de paroles vides, qui tuent le véritable génie oratoire.

**

Qui est-ce qui vient donc de sortir?

— Je n'aime pas à dire du mal des gens en leur absence, quand ils ne sont pas là pour se défendre ; cependant je ne puis m'empêcher de dire que l'homme qui vient de sortir est un avocat.

Entre les phrases qui reparaissent de temps en temps contre la peine de mort appliquée aux assassins, et que certaines gens qui n'aiment pas à voir disparaître de leurs électeurs voudraient réserver exclusivement à leurs adversaires, il faut remarquer celles qu'inspire à une touchante sollicitude la crainte que l'assassin supplicié ne souffre un peu plus longtemps qu'on ne le croit. On pourrait demander si l'assassin s'est préoccupé de ce souci à l'égard de l'assassiné dont il a écrasé la tête avec une pierre ou avec le talon de ses bottes, — qu'il a déchiqueté à coups de couteau et coupé en morceaux, — qu'il a parfois laissé expirant pendant de longues heures sur le pavé boueux.

On pourrait demander aussi combien, parmi les hommes qui sont tous mortels, ou du moins presque tous, comme disait un courtisan, en se reprenant devant Louis XIV qui avait froncé le sourcil en entendant cette sérieuse banalité : combien, je ne parle ici que des innocents, des honnêtes et des bons, combien auront une mort aussi douce, aussi rapide que la guillotine ! Faites la liste des infirmités qui assiègent la fin de la vie humaine et s'y donnent rendez-vous, pour torturer les victimes pendant des années, pour terminer ensuite leur vie ou plutôt leurs souffrances par une anxieuse, douloureuse et effrayante agonie.

J'ai fait un jour, d'après des statistiques exactes, le dénombrement des braves et honnêtes ouvriers qui meurent violemment parmi les couvreurs, les maçons, les mineurs, les charpentiers, les marins, les employés des chemins de fer, etc., et j'ai trouvé pour résultat que, à une très grande différence près entre les métiers réputés dangereux, le métier d'assassin est, de beaucoup, le moins dangereux et le moins insalubre.

**

Parmi les gens qui — à peu près passablement aisés — regardent ce qui se passe, comme s'ils étaient de simples spectateurs, il en est beaucoup qui disent que tout finit par s'arranger et qui comptent surtout sur le désaccord qui s'aggrave chaque jour entre les deux républiques en présence. Un de ces braves gens me disait :
« Rien n'arrive comme on le craint, ni comme on l'espère. J'ai un ami, Portugais, auquel il est advenu ceci :
» Il se promenait sur la rive d'un fleuve indien, lorsqu'un crocodile énorme sortit de l'eau et ouvrit une large gueule pour l'engloutir. Il recula, saisi d'horreur, et allait prendre la fuite, lorsqu'il vit de l'autre côté un tigre qui s'élançait sur lui. Le choix entre le tigre et le crocodile l'embarrassa, et pourtant il n'y avait pas d'autre chance en vue. Heureusement que, glacé par la terreur, il se laissa tomber. Le tigre ne put arrêter son élan et tomba dans la gueule ouverte du crocodile. Mais le morceau était trop gros. Le crocodile mâcha le tigre, mais ne put l'avaler, et fut étranglé, et le Portugais se porte bien. »

SUR LES CHEMINS

Genève.

Deux concerts annoncés ; mademoiselle de Belloca, « prima donna des théâtres italiens de Paris et de Londres ».

Depuis huit jours déjà, mademoiselle de Belloca a envoyé de nombreux exemplaires de son portrait, photographies de tous formats, quelques-unes grandes comme nature, les unes grises, les autres coloriées ; on ne voit que mademoiselle de Belloca dans les rues de Genève.

La cantatrice seule n'a point inventé, et je l'en félicite, ce nouveau procédé de publicité, — elle n'a fait que l'imiter, et je ne l'en félicite pas.

Qu'une cantatrice errante, douée de plus ou moins de beauté, compte tout bas, *in petto*, sur cet avantage comme appoint pour son succès d'artiste, personne ne s'avisera de trouver mauvais ce sentiment féminin ; mais de cette beauté, qu'elle réserve la surprise au public, qu'elle annonce qu'elle se fera entendre, sans annoncer en même temps et si bruyamment qu'elle se fera voir. L'exhibition d'un joli visage, d'une taille svelte, de formes plus ou moins accentuées, si c'est un art, tient à un autre art que la musique, — cela rappelle plutôt les tableaux vivants, — et le public qui a été convié à donner dix francs pour entendre une cantatrice dont on lui envoie le portrait, peut se figurer qu'il y a cinq francs pour la beauté et exiger, de même qu'il fait bisser certains morceaux, qu'on soit un peu plus décolletée, ou que le vêtement dessine davantage la chanteuse.

C'est, je le répète, un exemple qu'a eu tort de prendre mademoiselle de Belloca, qui a une très jolie voix, surtout dans le medium et les notes élevées, — les notes basses un peu factices et rappelant certains effets de ventriloque.

Cette imagination d'exhiber son portrait et ses charmes avant un concert n'appartient pas seulement au « beau sexe », plusieurs chanteurs et plusieurs pianistes s'en sont emparés. Il n'y a pas besoin d'expliquer ce qu'il y a dans ce procédé de grotesque et indécente fatuité.

Bottesini n'a pas envoyé de portrait, — je ne veux pas scruter ses raisons, — mais il a apposé une affiche — et quelle affiche !

C'est :

Le chevalier et commandeur Bottesini, directeur des concerts du khédive, illustre associé de diverses académies, etc., qui se fera entendre sur la contrebasse, avec le concours de mademoiselle ***, — j'ai oublié le nom, — *harpiste distinguée*, élève de Godefroid.

Harpiste distinguée est un éloge un peu maigre — donné par Bottesini, qui se montre si peu chiche d'éloges en parlant de lui-même. — Si mademoiselle *** est cependant une digne élève de Godefroid, on ne peut que l'entendre avec un grand plaisir. Godefroid est un ami que m'a donné et laissé Léon Gatayes, grand harpiste comme lui, et qui faisait le plus grand cas de son talent enchanteur.

Pour Bottesini, — personne peut-être plus que lui ne peut se passer de ces affiches emphatiques, — c'est, en effet, un prodigieux artiste. Il a eu l'orgueil de choisir pour instrument... la contrebasse, que le public ne connaissait que pour s'en tenir le plus loin possible dans les concerts où son rôle presque unique était de faire entendre de temps en temps un formidable trom-trom.

Eh bien, on voit, dressé sur le théâtre, cet énorme instrument qui ressemble plus à une armoire qu'à autre chose, mais qui a cependant l'air très méchant. Bottesini, qui est petit, s'avance résolument contre la contrebasse : — on pense à David attaquant Goliath. — Il se jette dessus, elle résiste ; il la saisit, il l'étreint, il se baisse, il s'élève, il la frappe, il la bat.

Et alors le public assiste à un combat qui rappelle aux oreilles le fameux combat du « pasteur Aristée » contre « Protée » :

> ... Le vieux pasteur des troupeaux de Neptune,
> Portée.....
> Sous diverse figure, arbre, flamme, fontaine,
> S'efforce d'échapper à la vue incertaine
> Des mortels indiscrets.

La contrebasse, battue, rossée, vaincue, se change en violon, en guitare, en flûte, en clarinette, presque en violoncelle de Séligmann.

C'est à Nice que j'ai entendu pour la première fois Bottesini, alors à ses débuts. Il n'était en ce temps ni commandeur, ni chevalier, ni musicien d'aucun khédive, et j'eus l'honneur d'être son parrain. — Ce Bottesini, m'écriai-je après l'avoir entendu, c'est simplement un « dompteur de contrebasse ».

Aix-les-Bains.

En m'arrêtant quelques heures à Aix-les-Bains (Savoie), je me suis rappelé, — en regardant fumer les ruisseaux qui serpentent dans le parc de l'établissement, — je me suis rappelé que Celse attribuait la chaleur des eaux de certaines fontaines aux pleurs que versent sans cesse les mauvais anges et les damnés. — Ce n'est peut-être pas vrai; cependant l'odeur sulfureuse qu'exhalent les eaux d'Aix pourrait appuyer cette opinion.

Partout à Aix, à Modane, à Turin, etc., on est frappé de l'augmentation des prix dans les hôtels, et les maîtres de ces établissements avouent froidement que c'est à cause de « l'Exposition de Paris ». Ce n'est pas d'aujourd'hui que Paris a le privilège d'imposer ses modes à l'univers.

Modane.

J'arrivais de Suisse, j'étais rentré en France à Culoz, et je devais en sortir à Modane pour entrer en Italie en passant sous le mont Cenis et regagner Saint-Raphaël par Turin, Gênes, Vintimille, etc. Il y a à Modane une douane française et une douane italienne; les douaniers italiens ont, dit-on, reçu des ordres très sévères depuis les difficultés douanières avec la France, et à ces difficultés les belles voyageuses de tous pays qui traversent l'Italie pour aller à Nice, à Menton, etc., voient tristement bousculer et froisser leurs triomphants chiffons plus que de coutume; heureusement que la douane italienne, malgré cette sévérité, se montre fort polie; — mais il est un point sur lequel elle est inflexible.

Parmi les voyageuses qui devaient passer sous le mont Cenis, une très belle personne tenait à la main une poignée de roses : un petit soldat en faction se précipita sur elle, pâle, furieux, voulut lui arracher les roses en criant d'une voix enrouée par l'émotion et la colère : Les roses! les roses!

Je demande pardon à ce jeune militaire, qui ne faisait qu'exécuter avec un zèle un peu violent une consigne et s'acquitter d'un devoir; mais son ardeur me rappela l'histoire de Lucius, le héros d'Apulée; on se rappelle que ce Lucius avait été changé en âne par l'emploi indiscret des drogues d'un magicien, et qu'il ne put reprendre sa forme première qu'après toutes sortes d'aventures et en « mangeant des roses ».

« Tu ne redeviendras homme, avait dit l'oracle, que lorsque tu auras mangé des roses », — *rosis demorsicatis, exibis asino*. Lucius ne pouvait se précipiter sur les roses avec plus d'ardeur que le jeune soldat de douane; la belle voyageuse dut jeter son bouquet dans l'*Arc*, un torrent qui coule à Modane, pour ne pas le lui voir prendre et écraser.

On pourrait croire que ce soin de ne pas laisser entrer des fleurs en Italie est une galanterie de cette région si bien douée.

Pourquoi apporter des fleurs ici? semblerait-elle dire aux étrangères, aux Russes, aux Anglaises, aux Allemandes, aux Suédoises, etc., nul pays n'en est aussi riche en toutes saisons. Vous trouvez ici, sauvages dans les champs, celles qu'on cultive pour vous dans vos pays à grand'peine et à grands frais dans les serres ; elles vont se faire un plaisir et un honneur de s'épanouir sous vos pas.

Eh bien, ce n'est pas cela.

Et voici ce que c'est :

L'Italie a, jusqu'ici, le bonheur de n'avoir pas vu ses vignes envahies par le phylloxera, et elle attribue ce bonheur à sa prudence. Depuis l'apparition du fléau, on surveille et on empêche sévèrement l'introduction de tout ceps de vigne, bien plus, de toute branche, de tout fragment de branche, d'une feuille même de vigne. J'ai vu une jeune fille entrer dans la gare en grignotant une grappe de raisin ; on la repoussa au delà de la ligne française en lui disant : Allez manger votre raisin chez vous. En vain elle objecta qu'elle avait acheté ce raisin à Modane et qu'il venait d'Italie ; on fut inflexible. Ce raisin a fait un pas en France, pays infesté ; il ne peut plus rentrer. Cette fermeté rappelle Corneille et l'aîné des Horaces disant à son ami Curiace :

Albe vous a choisi ; je ne vous connais plus.

L'Italie ne s'est pas contentée de cette précaution, qui l'a peut-être préservée du fléau ; elle a cru devoir proscrire tous les autres végétaux, tous les arbres, arbustes, branches, feuilles, fleurs et fruits ; de là la scène des roses. En ma qualité de vieux jardinier, je crois qu'ici elle se trompe, et que les divers ennemis de la vigne ne peuvent être transportés par des végétaux qu'ils n'attaquent jamais. La rose, entre autres, n'est hantée que par les pucerons, les coccinelles, les fourmis, les unes et les autres attirées par les pucerons, par les cétoines, ces émeraudes vivantes et, dans l'ordre végétal, par un cryptogame appelé le « blanc ».

Cette crainte de voir des roses introduire le phylloxera en Italie rappelle madame de Genlis enseignant le moyen d'obtenir des roses noires et des roses vertes, en greffant des « yeux » de rosier sur des *cassis* et sur des *houx*.

Cependant, une précaution de trop valant incontestablement mieux qu'une précaution omise, on ne peut sérieusement blâmer l'administration italienne de sa sollicitude.

Turin.

Me voici à Turin — et Dieu sait jusques à quand! Les voies ferrées sont coupées sur la route de Gênes et sur celle de Savone. De terribles inondations ont ravagé avant-hier de vastes plaines, en emportant les arbres, les maisons et des cadavres humains.

Le torrent *Bormida*, qui traverse les vallées où sont situés plusieurs petites villes et villages, était encore calme et paisible le 9, — et, le 10, il entraînait et roulait, avec d'horribles mugissements, tout ce qu'il rencontrait sur son passage.

On se rendra enfin compte de la crue terrible de ce torrent, en apprenant que la largeur ordinaire de son lit est de quinze mètres, et que l'eau y coule sur un demi-mètre de profondeur. Eh bien, c'est sur une largeur d'un kilomètre avec sept ou huit mètres de hauteur, qu'il entraîne avec une vertigineuse rapidité des fragments de maisons, des forêts de mûriers, fortune de ce pays. Ces débris s'arrêtent, s'entassent contre les ponts, et opposent un moment à l'eau un obstacle qui augmente sa furie; elle monte et entraîne l'obstacle et le pont.

Les communications étant interrompues, on ne connaît pas encore l'étendue des ravages ni le nombre des victimes. On a vu flotter six cadavres à *Millesimo*. On compte onze victimes à *Cortemilla* et la onzième n'est pas du pays. — Un pâtre de *Monesiglio*, entendant la nuit le bruit du torrent, et devinant ce qui allait se passer, résolut d'avertir rapidement les villages voisins, il prit une corne percée dont on se sert pour appeler les bœufs, et tout courant, réveilla les habitants et les avertit de se garer, puis reprit sa course à travers les vallées. A *Leris* les habitants l'arrêtèrent. — Laissez-moi passer, je vais à *Cortemilla* les avertir du danger. Mais comme il parlait avec véhémence et colère, les uns le crurent fou; d'autres, pour le punir de jeter ainsi l'alarme dans le pays, le mirent en prison. Mais bientôt le torrent arriva avec une telle colère, que les incrédules n'eurent pas tous le temps de se sauver, et que dix d'entre eux furent noyés et le pauvre berger aussi fut noyé dans la prison.

Les carabiners, les autres soldats, beaucoup de citoyens ont fait des prodiges de courage et de dévouement et ont arraché de nombreuses victimes à la mort. La *Gazzetta del Popolo* et les autres journaux citent un grand nombre de noms.

Il y a encore bien des braves gens, bien des cœurs généreux sur terre, — notre France non plus ne manque pas de ces vrais héros qui mettent de bon cœur leur vie en jeu pour sauver d'autres existences.

Moi qui n'ai jamais été rien — et n'ai fait partie de rien, — j'ai l'honneur d'être membre, un des moindres, de beaucoup de sociétés de sauvetage en France et au dehors. Il m'est arrivé de prendre part à certaines réunions. J'ai vu pas mal de rois dans ma vie, et quelques-uns avec une respectueuse sympathie, — mais je ne puis comparer leur aspect à celui de ces hommes aux larges poitrines couvertes de médailles, — racontant que tel jour, *au péril de leur vie*, ils ont arraché telle ou telle personne à l'eau ou au feu.

Eh bien, ce n'est jamais parmi ces gens-là que notre peuple, devenu électeur, va choisir ceux qu'il aime, ceux qu'il admire, honore, ceux qu'il choisit pour le représenter. Il leur préfère sans hésiter les hâbleurs, les piliers de brasserie, les orateurs de taverne. C'est à ces bavards, le plus souvent ignorants, avides, égoïstes, qu'il réserve son enthousiasme, ses acclamations, ses bruyantes ovations et sa confiance imbécile. Eux aussi prévenez-les de l'inondation, ils vous traiteront comme le berger de *Monesiglio*.

Il y a beaucoup de théâtres à Turin. Un entre autres donnait hier soir :

LES EXILÉS EN SIBÉRIE

Avec Stenterello (Polichinelle).

Polichinelle — sous les noms de Pulcinella, de Gianduja, de Stenterello, est si populaire dans toute l'Italie, qu'un directeur de théâtre n'ose guère donner des pièces sans qu'un rôle lui soit réservé. Quand l'auteur de la pièce n'y a pas songé, on prend la liberté d'y en intercaler un. J'étais assez curieux de voir le rôle que pouvait jouer Polichinelle parmi les exilés de Sibérie. Cependant, je me décidai pour le petit théâtre de *San Martiniano*. Il est vrai que les acteurs y sont en bois; mais le sujet de la pièce était attrayant, c'était « l'Exposition de Paris », avec cette note au bas de l'affiche en gros caractères :

L'Arlecchino et Gianduja ont des rôles importants.

L'auteur de la pièce, disait l'affiche, a déjà obtenu de grands succès à notre théâtre. On donnait son nom ainsi que les noms des musiciens et de plusieurs peintres ayant fait les décors.

Il n'y avait pas moins de cent acteurs. Je n'ai pas eu à regretter ma décision; ces marionnettes sont merveilleuses, les mouvements, les gestes sont d'une vérité, d'une précision extraordinaires, — et, par un phénomène singulier, au bout d'un certain temps, on oublie leur petitesse et elles semblent des personnages de taille ordinaire.

On ne peut expliquer que par un semblable phénomène et une semblable illusion le succès, le pouvoir, la tyrannie d'autres marionnettes dans la vie politique et sociale, où on perd de vue et leur petitesse et les ficelles qui les font mouvoir.

Toi qui veux me commander, dit Horace, tu obéis à un autre, et je vois les ficelles qui te font agir.

Tu mihi qui imperitas, etc.

A propos de marionnettes, d'engouement populaire, d'ovations, de protestations, il me revient à la mémoire Richard Cromwell, le fils du Protecteur, qui crut un moment succéder à son père et en eut si bien l'air, qu'il fut accablé d'adresses, de félicitations, de lettres où des centaines, des milliers de personnes lui offraient « pour sa défense, leur vie et leur fortune ».

Un mois après, Richard, dont l'illusion n'avait pas tardé à se dissiper, renonça aux apparences d'un gouvernement chimérique, et déménagea de White-Hall. Parmi ses meubles, était un vieux coffre que les porteurs traitaient avec peu de ménagement.

— Prenez plus de soin de ce coffre, leur dit-il, il

contient la vie et la fortune du bon peuple d'Angleterre.

Les marionnettes : Pulcinella, Arlecchino, Gianduja, Stenterello, Polichinelle.... partout.

N'est-ce pas ce que nous voyons aussi partout sur le théâtre de la vie, de l'histoire, de la politique surtout? Au milieu des événements les plus tristes, les plus horribles, il y a inévitablement quelque grotesque, et si le destin avait la franchise d'apposer des affiches, il pourrait annoncer guerres, révolutions, changements de gouvernement, avec Gianduja, avec Arlequin, avec Polichinelle, avec Stenterello et Pulcinella.

Il y a bien longtemps, je fus cité comme témoin dans une affaire criminelle. J'étais cité par l'accusée; il s'agissait d'un faux testament, et le ministère public prétendait qu'elle n'avait aucunes relations avec l'oncle dont elle se disait l'héritière. Ma déposition consistait en ceci :

— Monsieur, me dit le président, l'accusée prétend que vous avez rencontré son oncle chez elle.

— Je me souviens, répondis-je, qu'allant un jour lui faire une visite, je la trouvai à la porte qui reconduisait un vieillard assez mal mis. Vous ne vous douteriez pas, me dit-elle, que cet homme est mon oncle, le riche financier ***.

— Et à quelle époque eut lieu cette rencontre? dit le président.

— Je ne me le rappelle absolument pas.

— C'est bien étonnant, répliqua-t-il d'un ton sévère, ce détail a une grande importance.

— Je ferai remarquer à monsieur le président que ce détail qui peut avoir aujourd'hui de l'importance pour lui, n'en avait aucune pour moi à cette époque.

— C'est bien, dit-il d'un ton de mauvaise humeur, allez vous asseoir.

— J'aimerais mieux m'en aller, il n'y a pas de chance que la mémoire me revienne.

— Allez-vous-en.

Cette scène se répète assez fréquemment devant les tribunaux.

On me racontait hier qu'un homme qui probablement avait subi une avanie pareille de la part d'un juge de village qui aimait à déconcerter les témoins, se trouva plus tard cité de nouveau en témoignage pour une autre affaire ; — il s'agissait d'une rixe et de décider qui des deux plaignants avait porté les premiers coups.

— Le témoin répondit aux premières questions.

— Et, demanda le juge, qui n'avait pas changé de caractère, à quelle distance étiez-vous du lieu de la scène ?

— A trois mètres cinq centimètres huit millimètres.

— Comment pouvez-vous être si exact ?

— C'est que je pensais que quelqu'un aurait la sottise de me le demander, et j'ai pris la mesure sur le terrain.

SÉRIEUSEMENT

Ingoldstadt, le 2 juillet 1878.

Il vient de m'arriver un vrai bonheur; c'est de pouvoir louer Victor Hugo, comme j'en ai eu si longtemps la très douce habitude. Le hasard, hier, à Innspruck, a fait tomber entre mes mains un numéro de l'*Indépendance belge*, et là, j'ai vu un compte rendu du *Congrès littéraire*.

Dans cette séance, V. Hugo a proposé une solution complètement bonne et définitive de la question, si longtemps et si inutilement débattue, de la « propriété littéraire, artistique, etc. », de la propriété intellectuelle.

Un des premiers, — le premier peut-être, — j'avais étudié cette question il y a quelque quarante ans, et j'avais formulé une loi en un seul article qui avait été adoptée par presque tous ceux qui s'en étaient occupés ultérieurement :

« La propriété littéraire est une propriété. »

J'ai chez moi, à Saint-Raphaël, à peu près tous les volumes et brochures qui en traitent. Sur la première page de ces volumes, on voit écrites à la main deux lignes de dédicace, à peu près ainsi formulées : — A A. K..., l'auteur de l'aphorisme : « LA PROPRIÉTÉ LITTÉRAIRE EST UNE PROPRIÉTÉ. » — A A. K..., le premier qui a dit: « La propriété intellectuelle, etc. »; mais, dans *pas un seul* de ces volumes ou brochures, cette mention n'est imprimée; les auteurs ayant pensé que cette reconnaissance de mon initiative pouvait n'être publiée qu'à un exemplaire, lequel resterait chez moi.

On a fait mieux :

Sous le règne de Napoléon III, alors que le flattaient surtout ceux qui l'insultent le plus cruellement et le plus cyniquement aujourd'hui, à l'époque où il inventa ou crut inventer une « mitrailleuse » qui empêcha l'armée française d'adopter les « mitrailleuses » plus sanguinairement efficaces qu'elle trouva devant elle, opposées à la *furia francese*, contre laquelle toutes ces armes à longue portée ont été cherchées et inventées, — à cette époque on lui offrait tout par millions de suffrages, — un avocat écrivit dans une brochure sur la « propriété littéraire » :

Ainsi que l'a dit un illustre écrivain : « La propriété littéraire est une propriété. »

Illustre me parut un peu fort, mais cependant j'en prenais mon parti.

Comme il arriva à feu Ancelot, de l'Académie française.

Un jeune poète lui porta un jour et lui lut une pièce de vers dans laquelle se trouvait celui-ci :

> Vous, Ancelot, vous, rival de Molière?

— Halte-là, jeune homme, dit l'académicien, rival est trop fort... Il faut changer cela; mettre émule.

Et le jeune homme continua sa lecture.

Quand il ut fini, Ancelot lui dit :

— Charmant! mais, j'y pense, je vous ai indiqué une correction, et la correction est une collaboration. Or, comme vous me gâtez beaucoup dans cette jolie pièce de vers, je ne puis nullement collaborer et prendre part à mon propre éloge. Ne tenez donc aucun compte de ma correction, et laissez le vers, comme vous l'aviez fait.

Et le jeune homme rétablit :

Vous, Ancelot, vous, rival de Molière.

J'acceptais donc tout doucement « illustre écrivain », qui m'avait, au premier abord, effarouché, — lorsque, poursuivant ma lecture, je m'aperçus qu'il n'était pas du tout question de moi, et que c'était à l'empereur Napoléon III que l'avocat enthousiaste attribuait et donnait ma petite phrase, ma solution de la question.

A ce moment, un plébiscite, si je l'avais convoqué, m'eût donné tort par sept millions de voix, et « le peuple » eût donné également ma phrase à Napoléon III, tant le suffrage dit universel est une juste et belle chose.

Je ne convoquai pas de plébiscite, mais je ne me gênai pas pour réclamer ma « propriété littéraire » et me moquer de l'avocat, — dont je retrouverais dans les *Guêpes* le nom que j'ai oublié, mais qui doit être aujourd'hui un fier républicain.

A cette époque, le comte Walewski qui, en bon et vrai gentilhomme qu'il était, ne se rappelait un coup d'épée qu'il m'avait forcé de lui donner que pour me rendre noblement et coquettement tous les bons offices qui dépendaient de lui et qui savait bien que la petite phrase n'appartenait pas à son empereur, me fit envoyer, avec une très aimable lettre, le « premier exemplaire » imprimé du procès-verbal du « congrès » qui eut lieu alors sur cette question, et dont il était le président.

Comme tout le monde l'avait reconnu, mon heureuse et modeste petite phrase résolvait la question ; mais, comme je suis « radical », comme je n'admettais aucune différence entre la propriété littéraire et toute autre propriété ;

Comme je ne voulais pas que la propriété des beaux vers de Hugo fût limitée, tandis que la propriété des cornets de papier que ferait avec ces beaux vers un épicier iconoclaste serait illimitée et perpétuelle ;

Comme je ne voulais pas que le petit-fils de l'épicier pût continuer à faire des cornets de papier en prenant les beaux vers de Victor Hugo, et s'en faire, sous cette forme, une propriété protégée par la loi, la justice et la gendarmerie, — à tel point qu'un petit-fils de Victor Hugo serait mis en prison et peut-être aux galères, au moyen de quelques circonstances aggravantes, s'il *volait* à l'épicier quelques-uns de ces cornets sacrilégement faits des œuvres de son aïeul ;

Je n'avais trouvé, au point de vue d'une différence que la raison doit admettre entre les œuvres de l'intelligence et celle des mains, qu'une solution légale appartenant déjà à la législation sur la propriété.

Il s'agit du danger de voir un jour détruire par un héritier imbécile ou fou les œuvres de quelqu'un des grands écrivains qui appartiennent à l'humanité.

J'avais trouvé dans l'arsenal des lois existantes « l'expropriation pour utilité publique », cet expédient rentrait tout à fait dans ma thèse, mais ne parait pas tout à fait au danger.

La canonisation des saints ne se fait qu'après un siècle, je crois; est-ce Voltaire ou Diderot qui disait : Il faut attendre que ceux qui les ont connus, leurs créanciers et leurs maîtresses, soient défunts.

Il y aurait ce péril, que, la vraie valeur des grands écrivains n'étant réellement reconnue qu'après leur mort, — quand on ne peut plus leur faire aucun plaisir, — obligés qu'ils sont de se contenter de leur vivant des alternatives d'engouement et de dénigrement, l'expropriation pour cause d'utilité publique ne fût trop tardive et n'arrivât qu'après la destruction des œuvres.

Eh bien, Victor Hugo, dans le congrès littéraire, vient de résoudre complètement la question en déclarant l'expropriation immédiate et la propriété acquise de fait au domaine public, à l'expiration du temps avarement concédé par la loi actuelle. Ainsi la loi peut et doit se formuler ainsi :

1º La propriété intellectuelle est une propriété;

2º A l'expiration du délai de jouissance accordé par la loi actuelle aux héritiers de l'écrivain ou de l'artiste, leur propriété tombe de fait et de plein droit dans le domaine public, à la charge pour ceux qui voudraient l'exploiter d'une redevance à fixer en faveur des héritiers, et cela à perpétuité comme pour toute autre propriété.

Et c'est tout, c'est net, c'est pratique, c'est indiscutable.

Avec quel plaisir mon esprit se reporte à l'époque où je pouvais louer Victor Hugo tous les jours, où j'avais une joie si orgueilleuse à le défendre contre ceux au service desquels il s'est si tristement mis aujourd'hui !

Il était libre alors, — et celui que Chateaubriand avait

appelé « enfant sublime » était devenu... un si grand peintre! Silencieusement, rêveusement accoudé sur une de ces hautes fenêtres de cette maison de la place Royale, — si heureuse alors, si pleine de toutes les amours et de toutes les amitiés, — il soufflait dans son chalumeau d'or trempé aux beautés, aux vérités éternelles, et enflait de ces belles bulles si splendidement, si harmonieusement coloriées par des nuées errantes de tous les tons du prisme.

Heureux quand un léger et intelligent zéphir venait à temps détacher la bulle du chalumeau; alors, légère, brillante, elle montait et flottait en se balançant, et allait se perdre dans le bleu.

Moins heureux, lorsque « l'enfant sublime », ne se contentant pas de faire beau, voulait faire gros, puis énorme, soufflait trop longtemps, gonflait démesurément sa bulle, au point de la faire crever et retomber à terre sous la forme un peu pauvre d'une goutte d'eau de savon.

Il avait l'honneur, en ce temps-là, d'être « une des bêtes noires » et des « têtes de Turc » des soi-disant républicains d'alors. On ne lui ménageait ni les injustices, ni les sarcasmes, ni les injures. Le roi Louis-Philippe venait de le nommer pair de France. Ceux qu'on n'aurait pas soupçonnés alors de devoir lui rendre plus tard sa pairie et de la lui faire payer si cher, avaient « découvert » que le père du poète, le général Hugo, était comte Hugo; — qu'Eugène Hugo, et après lui Abel Hugo avaient hérité de ce titre, et que, en conséquence, Victor était... *proh nefas!*... Victor était... vicomte.

Je dis « avaient découvert », car il n'en était jamais question chez lui, et je l'ignorais moi-même ainsi que la plupart de ses autres amis ; il avait la noble fierté de penser que le nom de Victor Hugo était suffisant.

Le *National*, heureux de cette révélation, en crut accabler le poète et imprima :

« M. Victor Hugo est vicomte, il ne lui manquait plus que cela » (textuel).

Je répondis au journal : « Il faut lui pardonner cette tare, à Victor Hugo, car on pardonne à un boiteux ou à un bossu : ça n'est pas de sa faute, c'est de naissance. »

Victor Hugo n'en fut, comme de juste, ni humilié ni plus fier. Il continua à signer Victor Hugo, comme devant. Seule, la belle madame Hugo, qui comprenait cependant bien tout l'honneur qu'il y avait à porter ce nom, se donna alors de temps en temps le petit plaisir innocent, puisque tout était « découvert », de signer quelquefois des billets, à propos de ses relations du monde extra-littéraire : « Vicomtesse Victor Hugo. »

Victor Hugo est comte aujourd'hui.

C'est une singulière manie que celle de changer les noms des hommes et des choses. Au xvie et au commencement du xviie siècle, la langue française était encore latine et grecque et surtout pédante ; les lettrés se piquaient de savoir et de redire ce qu'on avait dit avant eux ; ils traduisaient même réciproquement leurs noms en latin, de telle sorte qu'il est aujourd'hui parfois difficile de retrouver ces noms sous le masque. Plus tard, et par contre, on voulut traduire les noms grecs et latins en français, c'est-à-dire les défigurer de la même façon ; mais cette transformation ne s'appliqua qu'à quelques-uns, ce qui amena et a laissé une singulière confusion qui ne choque guère que certains délicats, à cause de l'habitude qu'ont prise les oreilles. Ainsi on dit *Périclès* en lui laissant sa terminaison grecque, et on dit *Socrate* au lieu de *Socratès* ; on a appelé *Hortensius* l'orateur romain comme on l'appelait de son temps, et on a modifié le nom de *M. T. Cicero* ; l'historien *Cornelius Nepos* a gardé son nom ; *Titus Livius* s'est appelé Tite-Live ; on dit encore : *Romulus, Numa, Tullus Hostilius,* — et on appelle *Tarquinius, Tarquin ;* —on dit toujours *Sempronia,* et *Lucretia* est devenue *Lucrèce ;* Corneille n'a-t-il pas appelé *Brutus, Brute ?*

Il en est de même des noms de ville, et, en voyage, on s'aperçoit qu'on ne donne pas à beaucoup de villes le nom que leur donnent leurs habitants. Le vrai nom de *Nice* est *Nizza*, et les habitants l'appellent toujours ainsi. — *Menton* s'appelle *Mentone*. — Pourquoi ne pas avoir laissé leurs noms à Roma, à Milano, à Genova, à Napoli ?

Ici, où je suis en ce moment, on ne sait pas ce que c'est que la *Bavière ;* ce royaume s'appelle *Baiern*, et on dit *München* et non *Munich,* — *Triente* et non *Trente,* — et cette curieuse ville, si remplie de monuments très beaux et très anciens, qui a joué autrefois son rôle dans l'histoire d'Allemagne, et est aujourd'hui célèbre sous le nom de *Nuremberg* pour les fabriques de jouets d'enfants, qui sont loin d'être les seules, — a fini par presque accepter cette dénomination francisée, au lieu de son nom réel de *Nürnberg*. — Le nom du *Danube* est connu en France ; mais dans le pays où court ce fleuve, on l'appelle *Donau*, et il est féminin.

***

La théorie du suffrage dit universel court en ce moment d'assez sérieux dangers. J'espère avoir quelque peu contribué à démontrer que c'est la plus grosse erreur, et la plus dangereuse bêtise que les hommes aient imaginée. Ce n'est pas d'aujourd'hui que j'ai mon opinion faite à son égard. — En 1848, je fus cité à un club de Rouen pour répondre à certaines accusations, — je m'étais laissé faire candidat à la députation du Havre, et, grâce au « scrutin de liste », une autre jolie invention, je ne fus pas nommé, tout en ayant, au Havre, 4,000 et 2,000 voix de plus que les deux députés élus. Plus tard, à propos d'une vacance, on m'invita à me représenter ; mais je ne m'y laissai plus prendre et cinq mille Havrais exprimèrent leur refus de voter par une pétition qu'ils chargèrent Victor Hugo de déposer sur le bureau de la chambre des députés.

Une des accusations auxquelles j'avais à répondre était un manque de respect pour la théorie du suffrage universel.

— Citoyen, me dit le président, qui était, je crois, l'avocat Deschamps, on prétend que vous avez écrit dans vos « *Guêpes* » qu'avec le suffrage universel on aurait des « votes à trois francs ».

(Murmures dans l'assemblée.)

— C'est vrai, répondis-je, mais je n'en avais pas encore vu l'application, et aujourd'hui, mon opinion s'est modifiée, et je me rétracte.

(Autres murmures, mais de satisfaction : — Il se rétracte !)

— Oui, en entrant dans cette honorable assemblée, j'ai vu deux citoyens qui promettaient leurs voix pour un pot de cidre; donc, au lieu de trois francs, il faut dire six sous.

(Tumulte, hurlements, etc.)

Un membre du parti soi-disant républicain vient d'attacher le grelot et de publier une brochure contre le suffrage dit universel, — mais ce n'est pas tout.

L'Assemblée a nommé une commission pour faire une enquête sur les faits de fraude, de pression, d'abus, d'influence, de tours de passe-passe et d'escamotage commis par les députés nommés sous le ministère du 16 mai, et il paraît que cette commission est revenue avec un terrible dossier. Il paraît que Bosco, Robert Houdin, de Caston, etc., sont des apprentis en comparaison des élus conservateurs et de ceux des électeurs qui ont voté pour eux.

Peut-être une pareille enquête eût-elle dû être confiée à des magistrats indépendants et pris hors de l'Assemblée, — il est dangereux de donner des accusés à juger à leurs ennemis.

Peut-être, si on ne voulait pas absolument confier l'enquête à des hommes pris en dehors de l'Assemblée, aurait-il fallu du moins composer la commission d'enquête par moitié de soi-disant républicains et de soi-disant conservateurs, — mais on a craint qu'il ne régnât que peu d'accord dans la commission.

Je ne veux pas hésiter à croire que, la commission républicaine ayant terminé son rapport contre les élections conservatrices, une autre commission, composée des membres de la minorité, fera, à son tour, une enquête sur les élections dites républicaines; autrement ce serait le plus insolent déni de justice.

Donc, de cette double enquête, il ressortira l'un ou l'autre de deux résultats.

Il est déjà acquis et établi que les élections conservatrices n'ont été obtenues qu'au moyen d'escamotage, d'urnes à double fond, de bulletins faux ou multipliés comme les fleurs dans le chapeau de l'escamoteur, au moyen de corruption, de promesses, de menaces, de pressions, d'influences, etc.;

Si la seconde enquête faite par des députés conservateurs établit à son tour que les élections républicaines sont entachées du même vice;

Alors le suffrage dit universel est jugé, — c'est un mensonge honteux, — une lutte d'escamoteurs, — et non l'expression de la volonté d'un grand peuple.

Si, au contraire, il est prouvé que seuls les conservateurs ont commis les excès qu'on reproche à leurs élections, — que les républicains se sont contentés de dénoncer aux électeurs leur consentement à les représenter, sans demander aucun appui ni aux clubs, ni aux journaux, ni aux promesses, ni aux menaces, ni aux influences d'aucun genre,

Autre sujet d'inquiétude : comment des joueurs loyaux, honnêtes, naïfs même, jouant contre des gens qui savent retourner le roi, faire sauter la coupe, jouer la « carte forcée », qui ont des « portées » préparées dans leurs manches et des cartes biseautées, comment ces joueurs naïfs et béjaunes ont-ils pu gagner la partie contre leurs adversaires? Ce triomphe invraisemblable des républicains vertueux n'est-il pas un piège tendu par leurs ennemis pour leur inspirer une confiance imprudente? N'est-ce pas une des ruses habituelles de MM. les *grecs* de laisser gagner la première partie aux pigeons qu'ils veulent plumer? — N'est-ce pas à ce sujet que Virgile a dit : « Craignez les Grecs, surtout quand ils vous laissent gagner ; *Timeo Danaos et donà ferentes?* »

Est-il possible que le parti républicain, jouant honnêtement, loyalement, naïvement, avec des cartes neuves et légales, contre des hommes aussi habiles et aussi malhonnêtes, ne soit pas fatalement condamné à être au premier jour complètement battu, et à se trouver à la Chambre d'abord en minorité, puis à voir cette minorité invalidée à son tour par la majorité conservatrice triomphante?

Dans le second cas, le suffrage universel est également jugé.

Il faut y renoncer, non seulement dans l'intérêt de la vérité, de la justice, de la prospérité, de l'existence de la France; mais aussi, ce qui passe avant tout, dans l'intérêt du parti républicain.

Je.....

Mais en voilà assez pour aujourd'hui; je vais cueillir des *vergiss-mein-nicht* au bord du Danube, de la Donau.

MIETTES

Venise, le 22 juin 1878.

Je suis allé hier serrer la main à un homme qui a la plus belle adresse qu'on ait jamais mise en inscription sur l'enveloppe d'une lettre :

A Georgio Manin,
  En face de la statue de son père.

En effet, en face de cette statue, une inscription désigne, en termes d'une noble simplicité, la petite maison qu'habite Georgio Manin, qu'habitait son père, le grand citoyen, en 1848 et 1849, — maison qu'il quitta après le siège de Venise, pour se réfugier à Paris, cette seconde patrie de tout le monde, où il devait mourir, sans voir la délivrance de Venise, à laquelle il avait consacré sa vie.

Cette adresse est non seulement très belle, mais elle est aussi *très commode*. A Venise, en effet, au milieu des dédales de ses trois mille rues, les unes de pierres, les autres d'eau, de ses quatre cents ponts, on a quelque peine à se trouver, malgré le soin intelligent qui a multiplié les inscriptions indiquant non seulement le nom des rues, mais celui du quartier et de la paroisse. Une des difficultés consiste dans le numérotage des maisons, non par rue mais par quartier ; ainsi, l'habile photographe Sorgato, qui a voulu faire une très belle photographie de ma vieille figure et de ma barbe blanche, demeure au n° 4684.

On ne saurait trop louer la sollicitude que montre le gouvernement pour les écoles ; peut-être ce zèle aurait-il besoin d'être, sinon modéré, du moins réglé et dirigé par une grande prudence et une connaissance sérieuse de la situation des esprits.

Je ne parlerai en ce moment que de l'instruction primaire, la seule qui doive être obligatoire et gratuite, car si l'on veut étendre l'obligation et la gratuité, qui en est la conséquence nécessaire, à l'instruction des degrés supérieurs, on accroîtra encore cette nuée qui, chaque année, s'abat sur la France, de jeunes hommes auxquels on a donné des espérances, des besoins, des appétits, presque des droits, et qui ne trouvant leur place ni dans la société ni dans la vie — ne peuvent l'attendre que du désordre, du bouleversement et des révolutions.

Quant à l'instruction primaire, je ne me lasserai pas de le répéter, dans toutes les communes, — non des grandes villes, — elle doit être donnée et aux élèves et aux futurs maîtres, dans un grand jardin, où le professeur leur enseigne la profession qu'il est indispensable, qu'il est naturel que le très grand nombre suive, l'agriculture.

De ce jardin doivent sortir et s'étendre sur la contrée les bonnes théories, les pratiques perfectionnées, les meilleures semences, les meilleures greffes, en même temps que l'amour de la profession la plus noble, la plus utile, la plus heureuse, la seule qui puisse se passer de toutes les autres, et dont aucune ne saurait se passer ; la profession qu'honoraient avant toutes les anciennes républiques, et qui, chez les Chinois, place ceux qu l'exercent dans la première classe de la société.

**

Beaucoup de gens se plaignent de leur sort, parce qu'ils se sont mis à la recherche du bonheur avec des idées erronées, et sur un faux signalement qui les expose à passer dix fois à côté de lui sans le reconnaître.

Le bonheur n'est pas un gros diamant, c'est une mosaïque de petites pierres harmonieusement rangées. On peut le comparer à un livre doré sur tranches, — chaque feuillet, pris isolément, porte si peu d'or qu'on ne le distingue à peu près pas. Mais le livre fermé, tous les feuillets réunis présentent une large surface d'un doux et riche éclat que vous n'atteindrez jamais avec une seule page, quelque remplie et dorée qu'elle soit.

Voici la belle page où s'inscrira l'amour d'une femme aimée.

A côté, voici la page que vous remplirez du récit de triomphes sérieux, — et peut-être d'une belle action.

Voici la page où vous parlez de beaux enfants sains de corps et d'esprit.

En voici une, chargée de chiffres, où vous tracez les détails de la fortune que vous avez ou que vous espérez.

Ces quatre feuillets brûlés, — quoique chacun soit

doré, et d'or très fin, sur la tranche, sont à peine visibles et nullement lumineux, — il faut ajouter une foule de feuillets où sont notés, en une ligne ou deux, tous les petits bonheurs que vous avez rencontrés.

Un rossignol a fait son nid dans le vieux chèvre-feuille qui escalade ma maison, — j'ai reçu de bonnes nouvelles de mon frère et de sa famille, — mon voisin qui était si malade va mieux et attribue sa guérison à quelques secours que je lui ai donnés, — les nénufars et les nelumbium sont en fleur sur la grande mare du jardin; au-dessus de cette grande mare, je vois voltiger une variété de libellules, de *demoiselles*, pierreries vivantes, que je n'avais pas encore vues, — mon petit-fils commence à nager et se montre très hardi, — il a fait hier le plus splendide coucher de soleil, — un vieil ami m'a écrit une bonne lettre où il me parle et de notre jeunesse passée et de notre amitié survivante, — la récolte des fraises est magnifique, quel régal pour les museaux roses de mes petits-enfants : Suzanne, Alphonse, et Violette ! — j'ai lu vingt pages d'un beau livre, — hier, en revenant en canot d'une promenade, j'ai trouvé une formule exacte, nette, précise, et en même temps brève et piquante pour une grande vérité que je cherchais et roulais dans ma tête depuis longtemps; — les lauriers-roses commencent à fleurir, — on m'a donné des plumes excellentes, etc., etc., etc.; puis fermez le livre, pressez les pages, — et regardez la tranche.

*_**

A*** vient d'être décoré, cette récompense lui était due depuis longtemps, personne ne la méritait plus que lui.

B*** vient d'être également décoré, il serait lui-même bien embarrassé de dire ce qui lui a valu cette distinction.

Je félicite plus ou moins froidement A*** et je n'y pense plus. Mais je fais une visite à B***, je le salue un peu bas. Je l'invite à dîner. Je ris bruyamment d'une plaisanterie médiocre qu'il a faite. J'approuve de la tête une opinion qu'il émet d'un air capable, après l'avoir lue le matin dans son journal. — Et en effet A*** a mérité la croix, on la lui donne, — qu'est-ce que ça me fait? qu'est-ce que ça peut me rapporter? Le ministre est au moins quitte envers lui.

Mais B*** a reçu la croix sans l'avoir en rien méritée; donc c'est une faveur, — donc B*** est un homme protégé, bien en cour, puissant... il pourrait bien me la faire avoir à mon tour.

Je l'ai déjà dit : acceptons la République, mais exigeons-la : les plus grands ennemis de la république sont en ce moment les membres de cette majorité despotique qui veut expulser de l'Assemblée des représentants tous ceux qui ne se prosternent pas devant elle, — tous les élus soi-disant républicains acceptés, quels que soient les réclamations et les reproches qu'on adresse à leur électeur, — tous les députés appartenant aux autres partis, lesquels partis représentent la moitié de la France, *invalidés*, c'est-à-dire repoussés sous les prétextes les plus futiles. La majorité ne se contente pas d'être maîtresse absolue du gouvernement, elle veut être seule et ne tolère pas la présence dans les Assemblées d'une minorité qui, ne représentât-elle que la minorité du pays, ce qui n'est pas vrai, — aurait droit d'exister, de surveiller, de fournir ses idées, ses lumières.

Un pays partagé à peu près également comme est la France en ce moment, en monarchistes et en républicains, ne doit être gouverné ni par la monarchie absolue, ni par la république absolue ; il faut de toute justice et de toute prudence trouver une moyenne qui satisfasse aux droits de tous, ainsi que l'indique si clairement le drapeau de la France rouge, bleu et blanc, auquel personne, même parmi les plus effrontés, n'oserait tenter d'en substituer un autre, autrement ce pays de France serait composé de deux nations à peu près égales en nombre, — l'une de vainqueurs, l'autre de vaincus, — l'une de maîtres, l'autre d'esclaves, — et la situation de vaincus et d'esclaves, on ne la supporte qu'aussi longtemps qu'on ne peut pas faire autrement. — Rappelons la chanson du casseur de pierres :

> Quand les hommes sont malheureux,
> C'est bien souvent malgré eux.

La République ne peut subsister qu'en reconnaissant tous les droits, et on ne saurait trop répéter — que sous peine de commettre des injustices poussées jusqu'au scandale et au grotesque — ce n'est pas la majorité de l'Assemblée qui peut juger de la validité des élections, ce ne peut être que des juges en dehors d'elle et parfaitement désintéressés et indépendants. Agir comme on agit aujourd'hui, c'est reconnaître le droit d'une majorité contraire, d'agir, le cas échéant, de la même façon à son tour, et alors le gouvernement dit représentatif achève de devenir un ridicule et insolent mensonge.

***

L'autre jour, dans une petite rue près de la place Saint-Marc, où j'allais acheter un peu de maïs pour les pigeons qui s'abattent par nuées à la vue d'un cornet, — je vis quelques bouquins étalés; entre ces bouquins était le recueil de « Sans Souci », les œuvres poétiques de Frédéric le Grand. Ç'a m'a assez amusé de voir de lui des vers pleins d'indignation contre la guerre et de mépris pour la gloire des conquérants.

Le bon pasteur, dit-il :

> Son troupeau se repose et paît sous sa conduite.
> Et s'il trait ses brebis, s'il les tond à la suite,
>   Sa main, du moins, ne les égorge pas...
> Ce n'est point de leur sang qu'il achète sa gloire.

Traire et tondre, c'est déjà joli, et je pense, non comme pensait, mais comme disait Frédéric, qu'on pourrait s'en contenter.

***

Un esprit net, sain, vigoureux, franc, honnête, indépendant, a, dans le commerce de la vie, et surtout de la vie publique, encore plus pleine peut-être de mensonges, de compromis, de lâchetés, de palinodies, etc., le même désavantage que celui d'une femme douée par la nature de formes correctes, pleines, nettement accusées, rencontre à l'égard de la mode. Elle ne peut, comme tant de manches à balai qui usurpent le nom de jolies femmes, mettre tantôt la figure au milieu du corps, tantôt la gorge sous le menton, tantôt les hanches hautes, tantôt basses, tantôt absentes, tantôt énormes, selon que l'ordonnent les caprices de la mode. Elle est condamnée à une beauté régulière, uniforme, inflexible, qui n'est à la mode et bien portée que de loin en loin et pour peu de temps.

Ainsi, aujourd'hui, avec ce luxe répugnant de cheveux morts qui font mourir pourris les vrais cheveux qu'ils recouvrent, — ce sont les femmes qui ont le plus de cheveux qui en montrent le moins.

Je disais tout à l'heure qu'on usurpait le nom de jolies femmes.

Ajoutons et le nom, et l'empire, et les profits. Toute prétention finit par être admise et acceptée, pourvu qu'elle soit soutenue assez longtemps. Une laideron qui hardiment répète à tout propos pendant un temps suffisant : « Nous autres jolies femmes », qui s'établit et s'installe résolument « jolie femme », finit par l'être en effet pour le vulgaire, c'est-à-dire pour le grand nombre qui ne pense pas, mais choisit au hasard entre les pensées toutes faites des autres et en change volontiers.

C'est d'après cette règle des prétentions fortement soutenues que M. de Girardin, le journaliste de France et du monde qui s'est trompé et contredit le plus souvent en s'obstinant à se proclamer logicien, a fini par s'en faire un sobriquet, et s'appelle et est appelé le grand logicien; et notez que, parmi ceux qui le désignent ainsi il y en a quelques-uns qui ne croient pas plaisanter, et n'ont pas l'intention de se moquer de lui.

Puisque nous parlions de la mode, constatons sans enthousiasme, mais sans blâme, certains détails des modes actuelles.

J'habite d'ordinaire des régions où il ne pleut pas assez, si bien que des robes longues et traînantes avec ou sans « balayeuses » je ne voyais guère que la grâce et la majesté. Mais depuis trois semaines que j'ai quitté Saint-Raphaël, à Milan, où il pleut assez, au lac Majeur où il pleut de trois à cinq fois par jour, à Venise où il pleut trop depuis quelques jours, j'ai été frappé de certains inconvénients de cette mode, dont le tort principal est d'être universellement adoptée, — ces traînes balayant les rues fangeuses, reportant les immondices sur les bas, — l'humidité gagnant en remontant des bas en haut des vêtements, — tout me dit que, à part nos climats secs, cette mode ne devrait être adoptée que par les femmes qui ont une voiture.

Autre point. Autrefois, les femmes honnêtes, nos mères, ne passaient dans la rue qu'avec des vêtements simples, de couleur sombre, — presque en domino; — elles laissaient alors la rue à la Vénus du ruisseau qui n'a pas de salon pour étaler les parures conquises sur la bêtise humaine. Mais aujourd'hui, les femmes honnêtes ont accepté la bataille avec les filles et sont bravement descendues dans la rue pour les combattre, et faire assaut de toilette, — courage malheureux, car dans la rue elles sont nécessairement battues, — une femme honnête ne peut guère ruiner qu'un mari et un ou deux amants, tandis que les filles lèvent leurs impôts sur la moitié du public et la totalité de la population.

Elles traînent comme « les filles » la soie et le velours dans le ruisseau, mais elles n'osent pas « s'habiller », c'est-à-dire se déshabiller jusqu'à un certain point dans la rue; ce n'est encore qu'au salon et aux théâtres qu'elles étalent la première moitié de leur gorge qu'il est permis de montrer, sans manquer à la décence — tandis qu'il serait monstrueusement indécent — impossible — même de montrer l'autre moitié. — Obligées de cacher leur gorge, elles ont imaginé d'exhiber dans des conditions pires que la nudité tout le reste de leur corps — au moyen de vêtements serrés sur les hanches et... partout — qui leur rendent la marche difficile et fatigante, la démarche embarrassée et maladroite et les obligent de s'asseoir de côté, presque sur la hanche; — elles ne savent pas, les malheureuses, ce qu'elles perdent à cette révélation, — je ne parle que de celles qui ont de belles formes. — Les Grecs qui se connaissaient en beauté, les Spartiates qui voulaient soustraire leurs jeunes gens à l'empire de la beauté, — montraient les filles court-vêtues et même tout à fait nues dans les jeux du cirque.

Les Athéniens qui, au contraire, voyaient avec inquiétude leurs jeunes hommes négliger bêtement et odieusement les femmes, prescrivirent à celles-ci les vêtements longs et flottants pour rendre le mystère et la puissance à leur beauté.

Disons un mot de la laideur de ce ruban, de ce galon, de cette passementerie de cheveux coupés courts, devenus des crins, séparés des autres par une raie — et descendant sur le front.

Mais parlez-moi de nos jeunes gens, ils sont tout à fait jolis ; ils se coiffent en bandeau, séparent au milieu de la tête leurs cheveux frisés par une raie qui va du front à la nuque.

Ils se décolltent — et offrent aux yeux les trésors provocants de leur cou d'albâtre — par une chemise savamment entr'ouverte qui permet aux regards curieux et indiscrets, presque libertins des femmes, d'espérer d'en voir un peu plus et de leur dérober la faveur d'apercevoir un peu de leur gorge.

Comme leurs cols de chemise, ils élargissent leurs manchettes, qui, au moyen de certaines attitudes, présentent aux regards charmés leurs bras de satin blancs comme le lait, roses, ronds et potelés. — Encore quelques efforts, quelques heureuses imaginations, et les hommes vont devenir à leur tour le « beau sexe », ils sont déjà fort près de devenir le « petit sexe », grâce aux talons bruyants sur lesquels les femmes sont juchées, ce qui contredit cet axiome :

« Dans la vie comme à la promenade, une femme doit s'appuyer sur un homme plus grand qu'elle. »

OU L'ON CONTINUE

UNE PHRASE INTERROMPUE

Un de ces derniers dimanches, j'avais posé la plume sans achever une phrase commencée, il faut dire qu'elle était très peu commencée, et qu'elle avait été arrêtée à...

Je...

Continuons-la aujourd'hui. — Je...

Je... voudrais savoir si tout le monde voit bien nettement ceci :

Le parti soi-disant conservateur que le suffrage dit universel, un moment éclairé par les incendies de la Commune, et dans un intervalle lucide, avait envoyé en grande majorité à l'Assemblée, n'a pas su accomplir la mission qui lui était donnée; il dépendait de lui de tout réparer; il s'est amusé à se diviser sous prétexte de couleurs et de nuances de drapeau. Aujourd'hui il joue, en France, le rôle que la France vient, selon les apparences et jusqu'à plus ample informé, de jouer à Berlin; — il assiste en spectateur à la lutte entre les trois ou quatre républiques qui se disputent ou vont se disputer le pouvoir, — les uns voulant dater de 89, — les autres de 93, — sans que les seconds dissimulent leurs tendances, sans que les premiers nous montrent clairement ou voient eux-mêmes à quels buissons ils s'accrocheront pour s'empêcher de glisser sur la pente jusqu'au fond du précipice béant.

Il est évident que le ministère actuel n'est pas l'expression entière et exacte du parti qui en réalité tient le pouvoir; il n'est pas moins évident que ce parti lui-même n'est pas l'expression de la majorité qui vote pour lui — et qui commence à lui adresser des injures et des menaces. Le parti soi-disant conservateur rappelle l'histoire que j'ai racontée autrefois d'un voyageur égaré dans les savanes du nouveau monde, et qui voit deux Peaux-Rouges jouer avec des cailloux à un jeu qu'il ne comprend pas, il s'intéresse au jeu cependant et prend intérieurement parti pour un des deux joueurs. Le jeu fini, il demande des explications : « C'est très simple, dit celui pour lequel il avait fait des vœux; visage pâle, mon ami, en te voyant venir nous avons joué à qui te mangerait, j'ai gagné et c'est moi qui aurai cet honneur et ce plaisir. »

Un ancien politique, très retors et très habile, disait : « Je ne m'occupe jamais des hommes qui sont actuellement au pouvoir; mais de ceux qui doivent leur succéder, pas plus que je ne demande une place vacante; c'est trop tard, vacante elle est donnée ou au moins promise, c'est quand elle est occupée que je la sollicite. »

Il n'est pas impossible que les soi-disant conservateurs en arrivent, en soient arrivés même à faire des vœux pour le maintien au pouvoir... officiel des hommes qui y sont aujourd'hui, — et qui sait la route que prendront ceux-ci : ou obéir aux soi-disant républicains d'abord, plus avancés, puis, un peu plus tard, aux socialistes, intransigeants, anarchistes, communards, etc. ;

Ou résister et essayer de se maintenir, dans la position prise, sans avancer, sans reculer ; dans le premier cas, ils seront remplacés tout doucement ; dans le second, ils seront brutalement renversés ; ou, enfin, se faire accepter par les conservateurs en se livrant à eux, et se retourner nettement contre les autres républicains.

— Ce parti a cet avantage qu'on ne sait pas ce qu'il en arriverait.

Nous sommes dans la situation d'une barre de fer qu'on présente rougie à blanc au laminoir pour la réduire à l'état de tringle. On la fait passer successivement par des trous toujours plus étroits jusqu'à ce qu'on soit arrivé au calibre voulu.

On sait l'histoire de cet athlète qui était parvenu à porter un bœuf sur ses épaules. Il avait commencé par le soulever et le porter étant encore jeune veau ; puis il avait continué régulièrement tous les jours sans en manquer un seul. D'un jour à l'autre, l'augmentation du poids était à peu près insensible, et cependant, au bout d'un certain nombre de jours, le veau était devenu bœuf.

On sait également cette autre histoire d'une mendiante qui, à l'âge de sept ans, vaguait par les rues en disant d'une voix dolente :

— Ayez pitié d'une pauvre petite orpheline !

Le lendemain du jour où elle avait imaginé et commencé cette mélopée, elle n'était pas moins que la veille une pauvre petite orpheline. Le jour d'après n'avait rien changé à la situation, et ainsi de suite ; vingt-quatre heures après, elle était ce qu'elle avait été vingt-quatre heures auparavant, si bien qu'à soixante-dix ans qu'elle avait lorsque je l'ai entendue, elle criait encore :

— Ayez pitié d'une pauvre petite orpheline !

N'ayant jamais d'un jour à l'autre trouvé le point où il aurait fallu changer sa prière.

Laissons donc, au moins pour le moment, les hommes aujourd'hui au pouvoir — j'ajoute encore l'adjectif « officiel » — faire de leur mieux, et tenons-nous prêt à crier plus fort que personne : Vive la République ! — si on réussit à l'installer ; — je voudrais seulement qu'on me montrât en France un autre républicain que moi.

※※※

Jasons un peu sur le compte des républiques graduées, candidates, postulantes, menaçantes et imminentes — qui viennent derrière.

Il est à remarquer que, une fois en république, ce n'est pas chez les vrais républicains des temps antiques que les soi-disant républicains d'aujourd'hui vont chercher leurs modèles, — le dévouement, l'amour de la patrie, le désintéressement, la frugalité, etc. ; non, je le dirai encore une fois, et ça doit être la centième fois que je le constate depuis quarante ans, « la république, en France, n'est pas un but, c'est une échelle ».

Ce qu'ils imitent une fois triomphants, ce ne sont pas les Aristide, les Phocion, les Épaminondas, les Fabius, les Cincinnatus, les Coclès, les Décius, les Vinkelried, etc.

Ces gaillards qui se disent républicains, démocrates, socialistes, etc., etc., n'ont attaqué et n'attaquent pas la tyrannie, les abus, les excès pour les détruire, mais pour les conquérir et s'en régaler à leur tour. Ils ne les attaquent pas comme des ennemis, ils les assiègent comme une ville dont ils comptent bien réparer les brèches et augmenter les défenses et l'armement aussitôt qu'ils s'en seront emparés.

Revenons un moment à la haine des monuments et des statues, et mettons-nous, pour être juste, à la place des gens.

J'avais autrefois, dans ma première jeunesse, un grand atelier ayant appartenu aux deux peintres célèbres les frères Tony et Alfred Johannot, qui me servait de logement; — un hamac presque au plafond, auquel j'arrivais au moyen d'une corde à nœuds, était la chambre à coucher; — le reste était le cabinet et le salon. Outre des meubles antiques, des armes que l'atelier avait pour parure, quelques ébauches de mes amis les peintres; quelques statuettes de mes amis les sculpteurs, entre autres de charmantes et vivantes figures de femmes de Pradier. — Un jour, une femme qui se trouvait chez moi me dit d'un ton tout à fait mélancolique : — On a tort, monsieur, d'habituer ses regards à ces figures et à ces formes exceptionnellement belles et correctes, on exige ensuite des pauvres femmes des perfections qui ne sont pas — ou ne sont que rarement dans la nature.

— J'ai oublié le nom de ce joli médecin, membre du conseil municipal de Marseille, qui, à l'époque du choléra, chargé de soigner les malades, préféra prendre la fuite et se réfugier sous des cieux plus cléments, — croyez-vous qu'il soit agréable pour lui de rencontrer chaque jour sur une place publique la statue de Belzunce? L'évêque Belzunce, lors de la terrible peste de

Marseille, en 1720 et 1721, resta jusqu'à la fin du fléau, allant, à travers les cadavres qui encombraient les rues, porter aux mourants et aux malades les secours de l'âme et du corps.

Non seulement le médecin en question voit tous les jours la statue élevée à l'héroïque évêque, mais il sait que tous ceux qu'il rencontre ont passé devant cette statue et l'ont regardée.

C'est gênant. — Ceux-là seuls aiment le marbre, dit un ancien, qui se sentent dignes d'une statue.

C'est le cas de dire comme ma visiteuse : On habitue ses yeux et son esprit à la contemplation de vertus qui ne sont plus dans la nature, et ensuite on les exige de pauvres conseillers municipaux dont cette comparaison diminue nécessairement le prestige.

La statue de Napoléon surmontant la colonne avait le même inconvénient en 1870 pour les avocats guerriers et pour les héros à plumets, à écharpes et à bottes rouges ou vertes de la Commune.

Il serait temps de renverser et de mettre au grenier ou de jeter à la fonte un tas de souvenirs d'époques qui doivent être considérées comme fabuleuses, où l'on donnait des exemples de dévouement, d'intrépidité, d'abnégation, de frugalité, de mépris des richesses, d'amour des lois, etc., — parce que ensuite on exige de ces pauvres soi-disant républicains des vertus surannées qui ne sont plus dans la nature.

Je soumettrai au docteur *** et aux autres iconoclastes un procédé inventé par l'empereur Caligula. — Jupiter le gênait. Il ne doit, disait-il, y avoir qu'un maître à Rome. La statue de Jupiter au Capitole était l'objet d'hommages et de sacrifices quotidiens. La statue était belle et vénérée, c'eût été dommage de la détruire, et ça aurait fait crier. Caligula lui fit simplement enlever la tête, qu'il remplaça par sa propre tête à lui, et à ce titre s'attribua les respects, les adorations, les prières et les sacrifices. La tête du médecin marseillais sur le corps de Belzunce vaudrait mieux que la destruction de la statue ou sa relégation dans un musée, parmi les dynothériums et autres vestiges d'une génération antédiluvienne et presque fabuleuse.

Une toque d'avocat remplaçant le casque sur la statue de Duguesclin.

La face fardée de M. de Girardin sur les épaules de Cicéron ou de Mirabeau.

La tête de M. Cotte, le représentant du Var et de la fraude électorale, sur le corps d'Aristide, etc., etc.

Tout cela rajeunirait, rafraîchirait, exalterait le prestige un peu déteint, fané, amoindri, de nos grands hommes actuels.

Il faut être juste. On ne pourrait condamner un peuple de Lilliputiens à demeurer entouré de statues représentant des hommes de haute taille. Ce serait demander aux très petits de trop grandes vertus.

A propos de statues, d'engouement suivi de dénigrement, d'apothéose et d'égout, rappelons un souvenir de notre première République :

Voici le décret rendu le 4 avril 1791 par l'Assemblée nationale.

ARTICLE PREMIER. — Le nouvel édifice de Sainte-Geneviève sera destiné à recevoir les « cendres » des grands hommes, *à dater de l'époque de la liberté française.*

Art. 2. — Le Corps législatif *décidera seul* à quels hommes ces honneurs seront décernés.

Art. 3. — Honoré Riquetti Mirabeau est jugé digne de recevoir cet honneur.

Le 5 avril 1791, le corps de Mirabeau fut déposé au Panthéon; l'Assemblée nationale tout entière assista à ses obsèques qui furent de la plus grande magnificence. Tous les ordres civils, militaires et religieux, les ministres, le garde des sceaux, etc., se réunirent au cortège dont la marche dura près de huit heures.

Le 20 janvier 1793, veille de la mort de Louis XVI, décret de la Convention nationale qui décerne les honneurs du Panthéon à Michel Lepelletier, représentant du peuple, assassiné ce jour même par Pâris, garde du corps de Louis XVI, chez un restaurateur du Palais-Royal. — Le garde du corps lui avait demandé : « Vous êtes M. Lepelletier de Saint-Fargeau?

— Le citoyen Lepelletier.

— Vous avez voté la mort du roi?

— Oui.

Et il le tue d'un seul coup, et se brûle la cervelle au moment d'être arrêté.

Ce Lepelletier, avant la Révolution, avocat général et président à mortier au parlement de Paris, député envoyé à l'Assemblée par les royalistes, y défendit d'abord la cour; mais il eut peur, et se montra un des plus ardents contre la royauté.

Le 21 septembre 1793, un décret de la Convention ordonne que le corps de Marat sera transféré au Panthéon (temple de tous les dieux) et que le corps de Riquetti Mirabeau en sera retiré.

Par le même décret, « le jour de l'apothéose de Marat sera une fête pour toute la République ».

Le 24 octobre 1794, décret de la Convention nationale qui décerne les honneurs du Panthéon aux restes de Chalier, décapité à Lyon.

Chalier, négociant à Lyon, s'était jeté dans les fureurs révolutionnaires avec frénésie ; il se vantait hautement de prendre Marat pour modèle, et on lui devait déjà un certain nombre d'exécutions sanglantes lorsque l'indignation publique l'avait fait mettre en jugement, condamner et exécuter.

Un autre décret accorde une pension à la citoyenne Pie, concubine de Chalier, ainsi désignée : « compagne du vertueux Chalier ».

Le 28 juillet 1794, les restes de Marat sont retirés du Panthéon, et le dieu est jeté dans l'égout de la rue Montmartre.

Le 20 février 1806, un décret impérial :

« L'église Sainte-Geneviève doit être terminée et rendue au culte, conformément à l'intention de son fondateur, sous l'invocation de sainte Geneviève, patronne de Paris.

» Elle conserve la destination qui lui avait été donnée par l'Assemblée constituante, elle est consacrée à la sépulture des grands... dignitaires, des grands... officiers de l'empire et de la couronne, des sénateurs, des grands... officiers de la Légion d'honneur et, *en vertu des décrets impériaux*, des citoyens qui, dans la carrière des armes et dans celle de l'administration et des lettres, auront rendu d'éminents services à la patrie ; leurs corps embaumés seront inhumés dans l'église. »

Plus ça change, plus c'est la même chose. — C'était

l'Assemblée nationale *seule* qui vous nommait grand homme; c'est l'empereur *seul* aujourd'hui. — Grand homme est devenu un grade, donné par l'empereur *seul* et synonyme de « sénateur » ou de « dignitaire de la couronne ». L'empereur ne permettait pas que, de son vivant, on fût plus « grand homme » que cela.

C'est à tort qu'on s'étonne, qu'on se scandalise du peu de capacité que montrent dans certaines places plus ou moins importantes, des hommes qui avaient manifesté quelques talents dans le combat qu'ils livraient pour les obtenir, — c'est que non seulement le tempérament de nos hommes politiques, mais aussi leurs études, je parle du très petit nombre de ceux qui font des études, créent chez nous beaucoup de sapeurs, de démolisseurs, — peu de maçons et point d'architectes ; ils ont des échelles, des cordes à nœuds, des haches, des torches, — mais point d'équerres ni de truelles.

Ils savent grimper avec une adresse de singes; mais, une fois en haut de l'arbre, ils ne savent plus que faire des grimaces et montrer des fesses bleues ou rouges, selon l'espèce.

Voyez leur culte pour Voltaire, un courtisan, mais un démolisseur.

Louis Blanc et une petite église se disant « socialiste » pensent seuls à J.-J. Rousseau. — Un vrai républicain celui-là.

CONTES ET JOUJOUX

Nuremberg, le 9 juillet 1878.

Je ne pouvais, en conscience, traverser Nuremberg. la ville des joujoux, sans en emporter un souvenir pour mes petits-enfants.

Non qu'ils aiment beaucoup les joujoux qui font la joie des enfants renfermés. Ces petits sauvages qui passent leur vie libres sur les grèves de Saint-Raphaël, reçoivent, il est vrai, avec un certain plaisir, les offrandes du grand-père, mais ils ne tardent pas à les oublier sur la plage ou à les donner à d'autres enfants; ce qui leur plaît, c'est de jeter des pierres dans la mer et d'y barbotter comme des canards; c'est de pêcher des *aropédes*, des *oursins*, des *orties de mer*; c'est de saisir quelques petits poissons, quelques *gobies* qui se laissent surprendre dans les algues.

La ville de Nuremberg, une des plus curieuses villes de l'Allemagne, une ville aujourd'hui protestante installée dans une multitude de monuments catholiques : statues d'empereurs, statues de saints, plein les rues. Deux magnifiques églises gothiques, où les protestants, qui s'en sont emparés, n'ont rien détruit, rien changé, même les choses et les emblèmes auxquels ils ne croient pas, rare exemple de tolérance qu'on ne trouve d'ordinaire que chez les minorités. — Cette ville, très industrieuse sous d'autres rapports, ne m'a rien offert en fait de joujoux qui mérite sa réputation.

Cependant, je dois citer des images représentant, par de petites figures en demi-relief très bien dessinées et coloriées, les contes de fées de Perrault, et entre autres la fameuse histoire du Petit Chaperon Rouge, dont ces bons Allemands ont cru devoir modifier le dénouement, qui, paraît-il, faisait trop de chagrin à ces petites têtes blondes, presque blanches, qui m'ont rappelé le petit nom que les frères de mon cher père lui donnaient encore, quoique sa chevelure fût devenue d'un blond foncé, — tête d'argent, *silber kopf*.

Dans le conte allemand, le commencement est le même : la mère de la petite fille au chaperon rouge l'envoie porter une galette et un petit pot de beurre à sa mère-grand, en lui recommandant de ne pas s'amuser en route, et de ne pas causer avec les passants.

Le loup la rencontre et n'ose la manger, parce qu'il y a des bûcherons sur la route et dans le bois, mais il la fait causer et apprend qu'elle va chez sa grand'mère qui demeure à tel endroit; ici une modification du conte qui présente le loup sous un aspect plus perfide encore que ne le fait le conte français selon Perrault; c'est d'elle-même que la petite fille s'amuse à cueillir des fleurs et à croquer des noisettes. — Le loup allemand, qui pense que la grand'mère sera dure et qu'il faut un peu de temps pour la manger, est assez... canaille pour conseiller au Chaperon Rouge de lui cueillir un bouquet. Puis, comme dans l'original, il va chez la grand'mère, la mange, se revêt de sa camisole et de son bonnet, et attend sa seconde victime dans le lit de la première. — La petite fille arrive et est mangée.

Là finit le conte français sur une moralité :

Les routes sont dangereuses pour les jeunes filles qui causent avec les passants ;

Il ne faut se mettre dans le lit, même de la grand'-mère, que quand il est bien vérifié que c'est sa grand'-mère qu'on y trouvera.

Autrement le loup vous mange.

Mais le conte allemand continue : — Le loup ayant mangé la grand'mère et la petite fille, s'endort à la suite de ce repas excessif, et ronfle au point d'attirer l'attention d'un chasseur qui passe.

Les chasseurs jouent un grand rôle dans les contes allemands et les légendes, — témoin Robin des Bois, le Freyschütz, le Chasseur libre, l'immortel et charmant opéra de Weber.

Le chasseur entre dans la cabane, — devine ce qui se passe, — tire son couteau de chasse, et bien doucement ouvre le ventre du loup sans le réveiller, — les loups allemands ont le sommeil dur, — de plus, celui-là était heureusement si glouton qu'il avalait les gens sans les mâcher, si bien que, son ventre ouvert, le Petit Chaperon Rouge en sort, fait une belle révérence au chasseur, mais lui dit en pleurant qu'il y a encore la grand'mère ; le chasseur, toujours sans réveiller le loup, lui ouvre le ventre un peu plus large, et la grand'mère, à son tour, en sort avec une révérence non moins belle. Le chasseur, qui est gai, met de grosses pierres dans le ventre du loup et y fait un point de couture. La digestion devient encore plus difficile, le loup se réveille et va boire à un ruisseau, mais le poids des pierres l'entraîne et il se noie.

Ce n'est pas tout; le chasseur prend le bras de la mère-grand, la main de la petite fille et les mène dans une belle auberge où, sous une tonnelle de vigne vierge, aux pampres rouges, il les régale de gâteaux et de « vin ».

Je comprends que ce dénouement est plus gai que celui de Perrault, mais est-il aussi moral? Ne tend-il pas à diminuer chez les jeunes filles et les petits chaperons rouges, les *junge mœdchen Rothkappchen*, la crainte salutaire du loup?

Cette crainte imprudemment diminuée ne peut-elle ajouter à ce premier danger celui que peuvent faire courir les beaux chasseurs qui offrent des gâteaux et du vin? Et plus d'une Marguerite n'est-elle pas tombée dans les pièges de Faust par suite de la sécurité que lui aura donnée ce dénouement imprudemment changé? Le loup vous mange, il est vrai, mais on en revient, et un beau chasseur vous mène en tonnelle particulière, sous des rideaux de pampres rouges, manger des gâteaux et « boire du vin ». Je laisse la chose sur la conscience de l'imagier allemand.

J'ai coutume, en voyage, quand je m'arrête dans une ville, de faire une visite matinale aux marchés. J'y vois les productions de la terre et du travail agricole; j'y vois le progrès ou l'infériorité des procédés de culture, la bonté, la variété ou la mauvaise qualité des légumes. J'y vois si « la vie » est abondante, facile et à bas prix. Un marché bien fourni le matin est un trésor de vraies richesses. J'aime à y voir beaucoup de fleurs, c'est un signe de luxe peu dispendieux, mais heureux et riant. J'aime à voir la ménagère mettre dans son panier, pardessus les choux, les pois, les haricots, etc., un paquet de roses ou d'œillets qui vous portent un air de gaieté et de fête dans le logement de la famille.

Je n'ai pas besoin de demander où est le marché, — ce qui me serait difficile en Allemagne, où l'ignorance de la langue, dans laquelle je prononce si mal les quelques mots que je sais, me rend tristement sourd et muet ; — je vois les servantes et les petites bourgeoises qui portent des paniers vides, et je n'ai plus aucune hésitation lorsque nous rencontrons, marchant en sens inverse, d'autres femmes chargées de paniers pleins.

Ah! quels paniers portent les servantes de Nuremberg! C'est, pour la dimension, un des deux paniers qu'on met sur le dos d'un âne. Je voudrais faire voir ces vaillantes et fortes filles à nos servantes petites maîtresses de nos grandes villes de France, et à celles de plusieurs villes d'Italie qui ne portent jamais rien et ajoutent à la note du marché cinq ou six *palanques* pour *il facchino* auquel elles confient leur panier.

Quant aux bourgeoises, quelques-unes accompagnent leur « bonne », et pour ce sacerdoce de la visite au marché, se mettent sur un certain pied de toilette. Quelques autres qui n'ont pas de servante « font leur marché » elles-mêmes, — mais la dignité du rang s'oppose à ce qu'elles portent un panier. C'est dans un filet de corde qu'elles mettent et emportent leurs achats.

J'en ai vu une qui avait attelé ses deux enfants, un garçon et une fille, très proprement vêtus, à une petite charrette sur laquelle elle mettait les denrées, et qu'ils traînaient derrière elle.

On ne devinerait jamais quelles montagnes de cerises

on apporte tous les matins sur les marchés allemands. A Nuremberg, les légumes sont médiocres, les carottes surtout m'ont rappelé les morceaux de bois oranges que j'avais trouvés il y a vingt-cinq ans à Nice, où j'ai eu l'honneur d'introduire, outre les fleurs, plusieurs espèces et variétés de légumes.

Mes promenades sont souvent prolongées par la difficulté de retrouver mon chemin quand j'ai négligé de prendre des *amers* et l'impossibilité de le demander. A Nuremberg, cela m'arrive, parce que de tous les points de la ville on découvre les deux hauts clochers de la magnifique église gothique de Saint-Laurent, et que mon hôtel, Deutscher-Hoff, est près de l'église.

Près de cette église est une fontaine en bronze ; un groupe d'assez belles figures : les Vertus cardinales, trois femmes qui jettent l'eau par leurs mamelles.

Une idée plus décente, mais qui rappelle cependant celle qui a fait imaginer à Bruxelles l'enfant nu chargé de fournir l'eau à une autre fontaine.

Dans une de mes promenades, dans la rue des Raisins, *Weintraubengasse*, je vois sur une maison une plaque en marbre blanc, et sur cette plaque une inscription ; on me dit qu'elle a été composée par le roi Louis Ier, — celui que nous avons vu vieux, mais bien portant et allègre, passer à Nice ses derniers hivers, et qui est venu plus d'une fois manger des fraises dans mon jardin.

Je me fais traduire l'inscription :

« Dans cette maison demeurait le libraire Palm, mort victime de la tyrannie de Napoléon Ier. »

Palm était un libraire qui, ayant épousé la fille du libraire Stein, lui avait succédé ; il faisait honnêtement son commerce et était aimé et estimé dans la ville. En 1806, à l'époque où les Français occupaient la Bavière et la plus grande partie de l'Allemagne, il reçut d'un de ses correspondants — en paquets fermés — un certain nombre d'exemplaires d'une brochure où l'auteur se plaignait de certains excès et gémissait du triste sort de sa patrie.

L'Allemagne dans la plus profonde humiliation.

« Deutschland in seiner tiesten Erniedrigung. »

L'empereur y était très peu flatté.

Il envoya un de ces paquets à un autre correspondant qu'il avait à Augsbourg. Un exemplaire tomba sous les yeux d'un Français, on saisit le ballot, et on mit Palm en prison.

Palm soutint qu'il n'avait pas lu cette brochure et en ignorait le contenu; il l'avait envoyée comme il l'avait reçue, mais il refusa opiniâtrément de nommer celui qui la lui avait envoyée.

On le fit comparaître devant un tribunal militaire improvisé, et, sans lui accorder ni un défenseur, ni une enquête qu'il demandait, on le condamna à mort.

Les femmes d'*Ansbach*, où le jugement avait lieu, allèrent en foule demander un sursis au général Saint-Hilaire pour qu'on eût le temps d'agir pour la grâce.

— Le général répondit que l'empereur avait ordonné l'exécution immédiate, et, quelques heures après le jugement, Palm fut fusillé.

On lui a élevé un monument et on a joué dans le temps une tragédie allemande dont sa vie et sa mort sont le sujet.

***

Je suis allé rendre visite au « vieux tilleul » planté par l'impératrice Kunegonde, femme de Henry II, dans la cour principale du château.

A propos de tilleul, les attentats contre l'empereur d'Allemagne ont fait pendant quinze jours imprimer tous les jours dans tous les journaux le nom de la promenade où ces attentats furent commis, *Sous les Tilleuls* — « Unter den Linden ». — Ces mots, qui frappaient obstinément mes yeux, m'ont rappelé une avanie qui accueillit mes débuts littéraires. Vers 1830 ou 1831, je venais de publier mon premier roman; un critique du *Journal des Débats* m'accusa d'avoir tout simplement traduit et volé un roman allemand portant le même titre : *Unter den Linden* (Sous les Tilleuls); je lui fis observer que je n'avais pu traduire ce roman allemand pour deux raisons :

La première, que je ne savais pas l'allemand;

La seconde, que ce roman n'existait pas,

Et que, semblable au singe de La Fontaine qui prenait un nom de port pour un nom d'homme,

Il avait pris, lui, le nom d'une promenade de Berlin pour un titre de livre.

Il ne trouva pas mes raisons suffisantes, son article était fait, il le maintint.

*

Mes *Guêpes* ont un essaim en Allemagne; on publie depuis longtemps à Berlin un journal sous ce titre : « *Wespen* ».

Quinze jours après que, dans le *Moniteur universel* (16 juin), j'avais parlé des chances heureuses qui se présentaient d'éviter une bataille singulière et cruelle entre « l'éléphant et la baleine », un petit journal satirique allemand, le « *Kladderadatsch* », publiait (30 juin) une image où le Congrès sépare un éléphant et une baleine.

Est-ce une rencontre, comme il en peut arriver, quand certaines idées éclosent naturellement et sont en l'air? Est-ce que le *Kladderadatsch* lit le *Moniteur* comme je lis le *Kladderadatsch* ?

* *

Une des questions sur lesquelles les gouvernements auraient intérêt à s'entendre, au lieu de se faire si bêtement la guerre, ce serait l'unité de la valeur respective des monnaies. — A chaque passage d'une frontière votre argent ne vaut plus rien. Ce qui vous conciliait le respect, les égards, les soins, les platitudes de l'autre côté de cette touffe d'herbes dont la moitié appartient à l'Italie, — vous fait traiter et maltraiter comme un misérable, un pleutre, un pauvre, un mendiant de l'autre côté de la même touffe d'herbes dont la moitié appartient à l'Autriche. — Qu'est-ce que c'est que ça? « una lira », un chiffon de papier sale. C'est à peine bon à allumer un cigare. Vous n'aurez pas un morceau de pain pour mille francs de ce papier. Il faut ici, pour retrouver la nourriture, le respect et les platitudes, d'autres morceaux de papier, des florins — *gulden* — en général plus propres, parce qu'ils ne représentent pas de si petites sommes et changent moins souvent de mains et de poches. — Procurez-vous des *gulden*, si vous voulez vivre.

Mais quand vous avez franchi une autre certaine touffe d'herbes, les gulden à leur tour ne valent plus rien ; — il faut des marks.

Il est impossible de ne pas conserver, sans le faire exprès, de ne pas emporter au fond de quelque poche quelques-uns de ces papiers si puissants chez eux et tout à fait nuls ailleurs. Les marks cependant, — je parle de ceux qui sont en argent et non de ceux en papier, — ont une valeur réelle.

Quant à notre louis ou napoléon d'or français, non seulement il est bon partout, et reçu avec respect, mais il fait prime partout ; — en Saxe même, où cependant le mark a sa valeur intrinsèque, la pièce française se change avec un certain bénéfice, plus fort en ce moment que de coutume, m'a dit un marchand, parce que l'or français est très recherché par toutes les personnes qui se préparent à aller à Paris voir l'Exposition.

*
* *

Je rentre à Saint-Raphaël.
Conclusion et moralité :
Le complément de l'éducation de tout jeune Français devrait être d'aller passer un an à parcourir les pays étrangers ; après quoi, tout en rapportant ce qu'il y aurait trouvé de bon et de beau pour l'adopter, — s'étant dépouillé des préjugés injustes contre les autres peuples, — rendant justice à tout et à tous, — ayant senti augmenter sa bienveillance générale, — nettoyant son patriotisme de la haine bête contre les autres peuples, — sottise cruelle semée et cultivée par les despotes, les héros, les conquérants, les cueilleurs de palmes, les moissonneurs de lauriers et autre détestable engeance, — il rentrerait néanmoins chez eux, — enchanté de rentrer en France, très heureux tout haut, et . . . un peu fier tout bas d'être Français.

NOTES AU CRAYON

Après un séjour de deux semaines, j'ai quitté la charmante Venise, cette ville sans autre bruit que la musique, sans poussière, sans boue et sans voitures, cette ville de marbres et de palais dont la plupart, chefs-d'œuvre eux-mêmes, sont remplis de chefs-d'œuvre de la peinture et de la sculpture.

Eh bien, je l'avouerai, après avoir passé *Mestre* sur la route de *Vicence*, je me suis senti comme soulagé, et j'ai respiré à grande haleine en retrouvant les arbres, les champs, les prairies, en revoyant la luzerne, le sainfoin rose, les sauges bleues, les marguerites blanches, le caille-lait jaune; un grand papillon machaon posé sur la large ombrelle blanche d'un daucus; un autre, le citron aux ailes jaunes, avec deux points orange, voltigeant au-dessus du grand liseron blanc des haies, et surtout en voyant ces longues rangées de vignes s'étendant d'un arbre à l'autre en joyeuses guirlandes avec un air de fête.

Assez de colonnes, assez de tableaux, assez de statues,

assez des œuvres même les plus belles des hommes. Revenons à l'œuvre de Dieu, revenons aux arbres et à l'herbe. J'ai la sensation d'un prisonnier évadé, fut-ce d'un palais, ou d'un plongeur qui quitte les profondeurs et les abîmes, les grottes de corail, de nacre et d'huîtres à perles, et qui vient respirer à la surface de la mer.

Aussi, quoique *Vicence*, la patrie de Palladio, renferme des chefs-d'œuvre qui ne le cèdent pas à ceux dont s'enorgueillissent les villes les plus riches, la *Casin capra*, la rotonde et la *Basilica*, etc., je n'y accorde qu'une attention distraite. Voici des *nénuphars* étalant leurs robes blanches sur l'eau d'un ruisseau et des *vergiss-mein-nicht* avec leurs petites fleurs bleues et — les *boutons d'or* vernissés.

Voici le seigle déjà jaunissant, la vigne et le maïs, le vin et le pain en fleur. Une remarque, cependant, à propos de la cathédrale de Vicence : une grande église assez nue et assez majestueuse ; l'autel, au fond de la nef, est sur une plate forme très élevée, vingt marches de marbre au-dessus du sol de l'église. C'est d'un effet saisissant, et je le recommande, s'il arrive qu'on fasse encore des églises.

Ici, ces noms de Vicence, Otrante, Montebello, Rivoli ; — ailleurs, d'Abrantès, la Moskova, Magenta, Malakoff, Palikao et vingt autres qui ont été donnés à d'intrépides soldats ne rappellent pas seulement la gloire militaire de la France, mais rappellent aussi que ces riches campagnes, ces blés, ces vignes ont été foulées aux pieds des chevaux et sous les roues des canons et des caissons, ravagées, détruites, et bêtement arrosées de sang par des hommes qui, ne se connaissant pas, n'avaient aucune raison de se haïr, — mais pour que leurs rois et empereurs fissent mettre une couronne à leur profil sur les louis, les napoléons ou les florins. Ces noms, tout glorieux qu'ils sont, tout portés qu'ils sont par d'illustres guerriers ou leurs descendants, sont une malheureuse invention ; ils rappellent et perpétuent les guerres et en même temps que les victoires des uns, les défaites des autres, c'est-à-dire des ferments de haine entre les nations. Je préfère les titres espagnols : prince de la Paix, duc de la Victoire, comte de la Loyauté, etc.; et, à la rigueur, ceux d'Otaïti : prince de la Canne à Sucre, duc de la Cassonade, marquis de la Banane, comte de la Vanille ou du Cacao, etc., qui rappellent les richesses de la terre et les dons de la Providence.

Je lis dans un journal que, à propos du congrès de Berlin, on s'inquiète de savoir si la Russie, l'Angleterre, l'Autriche, la Roumanie, accepteront les décisions du congrès. Il m'est arrivé quelquefois de consentir à être « témoin » dans ce qu'on appelle une « affaire d'honneur », un duel. J'ai toujours mis une condition rigoureuse à l'acceptation de ces fonctions, c'est que, de part et d'autre, les adversaires s'engageassent préalablement à se soumettre sans restrictions à ce que les quatre témoins auraient décidé. La guerre d'Orient a troublé la paix de l'Europe, les puissances représentées au congrès joueraient un jeu majestueusement puéril s'il était possible qu'après les conférences les choses restassent ce qu'elles étaient auparavant, et si le congrès pour la paix n'avait pour résultat que de donner aux adversaires le temps d'achever leurs préparatifs pour la guerre.

**

Quoique les grosses pluies aient un peu couché le blé dans certaines parties, tout annonce une riche récolte. Il en est de même en France, et un journal disait radicalement et ridiculement ces jours derniers, en annonçant cette bonne nouvelle, que « les députés *républicains* reçoivent de tous les points de la France les meilleurs renseignements au sujet de la récolte future ».

Il paraît que ça ne regarde, que ça n'intéresse que les 363 députés soi-disant républicains ; les autres, les conservateurs, ne se soucient en aucune façon de ces questions ; il est même probable que ce qui leur ferait plaisir, ce serait la grêle, les sauterelles et tous les fléaux amenant à leur suite la famine. Peut-être aussi est-ce que ces députés sont tellement discrédités, tellement dédaignés, tellement considérés comme n'existant pas, que personne ne veut leur écrire, ni entretenir avec eux aucunes relations. Ce sont des excommuniés, des pestiférés, des lépreux. Il ne serait pas étonnant que la majorité qui les traite comme tels en les « invalidant », allât un peu plus loin en exigeant qu'ils portent, comme autrefois les juifs en certains pays, une sandale jaune sur le dos, — ou comme les lépreux, une claquette qui avertisse de leur présence, et permette à temps aux passants d'éviter leur contact contagieux et même leur rencontre. Ce ne serait pas beaucoup plus injuste, beaucoup plus monstrueux, beaucoup plus insolemment bête que ce qui se passe pour la révision des pouvoirs.

Quand on voit la majorité soi-disant républicaine vanner, écosser, éplucher les suffrages obtenus par ses adversaires et crier aux influences et à la corruption, on se demande si leurs collégues validés sans opposition se sont contentés de dénoncer simplement aux électeurs leur consentement à les représenter. — Exemple : Je crois que M. de Girardin a été récemment élu représentant ; je dis je crois, parce que ça m'intéresse médiocrement de voir de plus ou de moins un député muet à la Chambre, — un de ces matamores de baudruche qui ont rage dans leur cabinet, quand ils sont seuls, frappent l'air de leur grand sabre, de leur *massacroire*, et, ensuite, n'osent plus affronter la tribune et la contradiction en face.

Eh bien, M. de Girardin s'est-il préoccupé des électeurs qui devaient voter sur son élection ? Pas si béjaune ; il s'est entendu avec une douzaine de meneurs menés eux-mêmes par deux ou trois autres, qui ont transmis et promulgué l'ordre de voter pour lui à des naïfs qui croient en obéissant aussi servilement à un mot d'ordre faire acte de liberté et d'indépendance. N'avons-nous pas vu ces meneurs envoyer l'ordre aux Lyonnais de nommer chez eux le Parisien Ranc, qu'ils ne connaissaient absolument pas, et aux Parisiens de voter pour le Lyonnais Barodet, qu'ils connaissaient encore moins ?

Aussi, quand j'entends les soi-disant républicains s'indigner, crier aux candidatures officielles, à l'abus des influences, etc., je ne puis m'empêcher de me rappeler Robert Macaire, dans l'*Auberge des Adrets*, qui, arrêté par les gendarmes, crie à tue-tête : « A la garde ! »

* *

A *Roveredo*, je suis descendu à *l'hôtel de la Couronne*. Ces villes-frontières exposées à changer de maître, à être tantôt italiennes, tantôt autrichiennes, subissent l'influence de cette situation jusque dans leur nom. Celle-ci appelée *Roveredo* par les Italiens et *Rovereith* par les Autrichiens, a fini par une transaction et s'appelle aujourd'hui *Rovereto*. Il en est de même de *Botzen* que les Italiens appellent *Bolzano*; les deux langues se parlent à la fois, et finissent par se confondre en un patois bizarre.

A *Roveredo*, à l'hôtel de la Couronne, les regards sont frappés par une rangée de cadres dorés. Ces cadres contiennent des écussons, des armoiries, et perpétuent la mémoire de l'hospitalité acceptée par diverses « têtes couronnées », princes héréditaires et autres, et qui ont, sinon séjourné, du moins couché et, probablement, dormi dans l'hôtel de la Couronne, *albergo della Corona*, *Gasthof K. K. den Coronen*.

Ces deux lettres K. K., qui se trouvent inexorablement reproduites en Autriche, sur la poste, sur les bureaux de tabac et sur tous les édifices dépendant du gouvernement, signifient Kaiserlich et Koniglich, impérial et royal.

Je vois donc les armes de Russie, et je lis qu'Alexandre Ier, empereur de Russie, a logé dans l'hôtel au mois d'octobre 1822. Suivent quelques phrases qui montrent l'estime particulière de l'aubergiste pour son hôte illustre.

Un autre cadre, autres armoiries, autre blason : Léopold, prince de Salerne, a honoré de sa présence *questo albergo della Corona*, le 21 juin 1836.

Un autre cadre, S. A. R. Clémentine, archiduchesse d'Autriche, le 16 juin de la même année.

Autre cadre, autres armoiries; le prince héréditaire de Danemark, juin 1828.

L'empereur d'Autriche François et son épouse Charlotte, 1822.

Francesco, archiduc, Erzherzog, d'Autriche, 1833.

Marie-Louise, archiduchesse d'Autriche, duchesse de Parme et de Plaisance, la veuve de Napoléon Ier.

Léopold, prince héréditaire de Saxe-Cobourg-Gotha, 1822.

Le prince héréditaire de Prusse et la princesse sa femme, novembre 1828.

Ferdinand-Philippe, duc d'Orléans, prince héréditaire de France, a logé à l'hôtel de la Couronne du 18 au 22 juin 1836.

Héritier qui ne devait pas hériter; héritage qui devait subir de cruelles vicissitudes.

Avec lui, Louis-Charles, duc de Nemours, du 18 au 21 juin 1836.

Le seul des fils de Louis-Philippe qui n'était pas populaire, parce qu'il était blond, et parce qu'une gênante timidité lui donnait l'apparence de la roideur et de la froideur.

Parce qu'il était blond ! Pour s'étonner, il faudrait oublier qu'une des causes de la chute de la royauté de Juillet a été le reproche que l'opposition répétait à satiété contre le roi Louis-Philippe, de mettre trop de *que* dans ses discours. Ce mot nécessairement fréquemment répété dans tout discours, était imprimé en italiques dans les reproductions des allocutions *que* le roi aimait assez à faire, — avec une grotes*que* mauvaise foi dont peut donner *quelque* idée la façon dont la présente phrase est soulignée.

Les lecteurs de journaux répétaient dans les cafés et ailleurs cette accusation, — on en vint à décider que la France ne pouvait pas supporter plus longtemps un gouvernement dont le chef employait le *que* aussi souvent.

Une accusation de la même force a beaucoup contribué à la chute de la Restauration.

On avait répandu le bruit et on croyait fermement dans la population parisienne que Louis XVIII avait fait lâchement « assassiner les huit chevaux café-au-lait de l'empereur ».

Revenons à l'hôtel de la Couronne.

Quelle raison a pu décider tous ces illustres ou hauts personnages à choisir précisément l'hôtel de la Couronne, — *albergo della Corona*. — *Gasthof K. K. den Kronen?* Les lits sont assez bons, la nourriture passable, les chambres propres ; mais les canapés sont rembourrés de noyaux de cerises, résidu de la fabrique de Kirchenwasser, et le café est le plus mauvais que j'aie jamais bu.

Il y a, il est vrai, un certain vin blanc, — célèbre dans le pays comme un des meilleurs du Tyrol ; — on le récolte sur la rive droite de l'Adige. De tous les vins que j'aie bus et vus, c'est celui qui mérite le plus, par sa couleur, d'être comparé à l'or liquide. — L'*isera* est un vin sec que je n'ai trouvé ni bon ni mauvais, mais je me défie moi-même de mon jugement en cette matière, depuis surtout que ma fille et mon gendre m'ont destitué de toute participation à l'administration de la cave, à cause de ma tendance, qu'ils déclarent dangereuse, à me laisser séduire et entraîner par la couleur.

Il est un sentiment naturel à l'homme, c'est un sentiment de révolte plus ou moins hautement professé contre la force ; je n'ai rien à dire contre ce sentiment quand il s'arrête là ; mais souvent il dégénère en révolte contre la puissance, contre la grandeur, contre la richesse; puis il descend à la révolte contre la beauté, contre le génie, contre l'esprit, contre le succès, contre le bonheur.

C'est ce sentiment, qui devient si mauvais en descendant, que j'ai vu avec inquiétude se glisser en moi, et qui a succédé, pour m'en venger, au moment d'embarras que j'avais ressenti en me trouvant au milieu de cette aristocratique compagnie.

Archiducs, rois, princesses, empereurs, etc., vous n'avez pas vu de vin plus jaune, plus en or que celui que j'ai bu; vous n'avez pas entendu une aussi charmante voix s'accompagner du piano, œuvre un peu aigre du facteur K. K. Conrad Gray, de Wien (Vienne), vous n'avez pas pu plus que moi empêcher les nuages de se promener dans les rues sur les pavés, et la pluie de tomber pendant quarante-huit heures; vous avez bu d'aussi mauvais café que moi, et vous vous êtes assis comme moi, c'est-à-dire comme on s'assied, sur le canapé garni de noyaux de cerises; cette pluie, ce canapé, ce café vous ont rappelés aux dures conditions de l'humanité, et vous n'avez pas eu besoin d'attendre la mort, comme on le croit et comme on le dit vulgairement, pour passer sous le niveau de l'égalité.

Je dois dire, pour être juste, que le maître d'hôtel n'abuse pas de sa haute clientèle pour exagérer ses prix, qui ne sont ni plus ni moins élevés, tout en l'étant du moins assez, que ceux des autres auberges du même ordre, — et qu'une vague inquiétude à ce sujet a été dissipée à mon départ.

Mais il est gênant, intimidant de se trouver dans un pareil établissement. Avisez-vous d'appeler la femme de chambre, la camariera, la zimmermædchen, et de vous plaindre que l'eau n'est pas assez chaude; ou bien appelez le garçon, le cameriere ou le kellner, et reprochez-lui de vous avoir fait sonner trois fois; ces personnages qui ont vidé d'augustes... cuvettes, vous répondront :

« L'empereur de Russie et l'archiduchesse d'Autriche n'étaient pas si difficiles que vous. »

Osez vous plaindre de la limpidité excessive du café ou de la dureté du canapé aux noyaux de cerises, on vous dira avec un juste dédain :

« La veuve du grand empereur Napoléon n'a pas trouvé le café si mauvais. »

Ou :

« Deux empereurs, une impératrice, trois archiduchesses ont posé et reposé sur ce canapé leurs... têtes couronnées, et ne s'en sont pas plaints. »

Le mieux est de ne rien dire et de s'efforcer de passer inaperçu. Cependant j'ai fini par découvrir pourquoi tous ces grands personnages sont descendus précisément à l'hôtel de la Couronne, — *albergo della Corona, Gasthof K. K. den Coronen :* — c'est que, si les *Guides* annoncent à Roveredo, Rovereicht, Rovereto, l'hôtel du Cheval Blanc et l'hôtel de la Couronne; ces deux hôtels sont un seul et même hôtel du Cheval et de la Couronne, et qu'il n'y en a pas d'autre.

A Botzen, à l'hôtel Victoria, où le café est beaucoup meilleur, je vois le matin en me réveillant, une inscription sur une plaque de marbre, et cette fois en latin, qui m'apprend que S. M. Guillaume, roi de Prusse et empereur d'Allemagne, dans la nuit du 23 au 24 octobre 1875, a *dormi* dans cette même chambre, dans ce même lit, où je viens de dormir moi-même.

C'est cet empereur Guillaume que son caractère particulier et au moins autant peut-être ses lâches et imbéciles assassins rendent en ce moment très populaire en France et font aimer aux Français. — Retrouvera-t-il maintenant dans son palais impérial le bon sommeil qu'il a goûté dans cette chambre d'auberge, comme l'affirme l'inscription latine?

HIC

PER NOCTEM (PENDANT TOUTE LA NUIT)

23-24 OCT. 1875

DORMIVIT

GUILHELMUS

BORUSSIÆ REX

GERMANIÆ IMPERATOR

EX ITALIA REVERSUS.

Ces inscriptions me rappellent ce que me dit un jour une aubergiste de Fréjus — près de mon Saint-Raphaël.

— Voici, monsieur, me dit-elle, un lit où ont couché l'empereur Napoléon Ier et le pape Pie VII.

— Eh quoi! m'écriai-je étonné, Napoléon Ier et Pie VII ont couché dans ce lit... ensemble?

— Non, monsieur, reprit-elle avec un ton d'indignation légitime, l'un après l'autre.

Ce qui est vrai. — Napoléon est venu deux fois à Saint-Raphaël : à son retour d'Égypte et à son départ pour l'île d'Elbe.

Pie VII s'était arrêté à Fréjus lorsqu'il « venait » ou était amené à Paris. — A Fréjus dont Fleury disait en signant ses lettres familières (je ne sais pourquoi, car le pays est charmant, mais il était alors au bout du monde en prenant Paris pour centre du globe) :

« Par l'indignation divine,
» ÉVÊQUE DE FRÉJUS. »

Quant à cette « camaraderie » d'un pape et d'un monarque mal en cour de Rome, on voyait, il y a quelques années, et on trouve encore en Italie, une photographie qui, par un artifice et des retouches adroites de l'artiste, représente le bon Pie IX et le très bon Victor-Emmanuel, bras dessus, bras dessous.

Beaucoup de bonnes gens ne pouvaient admettre que cette photographie, « nécessairement exacte », eût pu être faite sans que le pape et le roi eussent posé ensemble dans cette attitude familière, ce qui n'a pas peu contribué aux bruits qui ont couru d'entente secrète entre ces deux puissants personnages — et célèbres acteurs.

**

De Bolzano, je suis allé à Méran, — en remontant la vallée de l'Adige, Méran que les Autrichiens aiment à appeler une « station d'hiver », et à comparer à Nice. — L'impératrice d'Autriche y a même, sous ce prétexte, passé deux hivers; — les orangers, les citronniers, les palmiers, les lauriers-roses, les oliviers, etc., sont moins confiants et ne s'y aventurent pas. Méran, vallée ombreuse entourée de toutes parts de belles et hautes montagnes, les unes boisées et vertes comme des émeraudes, les autres nues, en porphyre bleu, violet et jaune, — doit être abritée de beaucoup de vents. Voici comment ce très beau coin de terre est devenu une « station d'hiver ». — C'est un pays de « cure »; la cure est une invention assez récente que je soupçonne les Russes de nous avoir importée. Cures de raisins, de fraises, de prunes, etc. — On vient faire à Méran une « cure de raisins ». Les raisins du Tyrol sont en effet excellents, et les vignes étendent joyeusement leurs pampres sur la première assise des montagnes. On arrive en août, la cure dure jusqu'à la fin d'octobre. A cette saison, le froid, la neige sont arrivés à l'entour. Ce n'est guère le moment de voyager, — et puis, au même Méran, on fait une autre cure, « une cure de petit lait ». Cette cure commence en mars ; il faudrait revenir dans une saison où le retour ne serait pas plus commode que n'a été le départ à la fin d'octobre : on reste, — et Méran devient une station d'hiver, parce qu'on ne peut s'en aller. — Température, du reste, relativement assez douce, si on la compare à d'autres points du Tyrol et de l'Autriche. Cependant on y a constaté quelquefois douze degrés au-dessous de zéro.

J'ai entendu un homme de mes amis qui, ayant passé plusieurs années à... admirer les blondes filles du Nord, se mit en route pour l'Espagne en disant : Je vais faire une « cure de brunes ».

C'est une singulière idée et assez laide que celle de faire des cures de tout ; — c'est une image riante et joyeuse que de se représenter de jeunes filles, de jeunes hommes, cueillant dans des paniers les grappes de pourpre ou d'or, et s'en régalant. L'idée qu'ils font une cure amène forcément d'autres et assez vilaines images et présente à l'esprit des tableaux de « malade imaginaire ».

Les Russes vont en Tartarie faire des cures de lait de jument. On a imaginé des cures — de faim. — Ça consiste à diminuer chaque jour, graduellement, les aliments du malade ; on arrive à le déshabituer de manger et à déshabituer son estomac de digérer. La veille du jour où le malade mourrait de faim, on prend une marche inverse ; on commence à augmenter graduellement et lentement, chaque jour, ses aliments, jusqu'à ce qu'on revienne à une quantité normale.

On m'a raconté une autre cure très curieuse. Un médecin vendait assez chèrement la santé aux malades qui venaient s'installer et se mettre en pension chez lui, au pied d'une haute montagne des Alpes. Le matin, le malade, réveillé à l'aube du jour, devait, chaussé de gros souliers, armé d'un bâton ferré, commencer à gravir la montagne. Le premier jour, il ne faisait que quelques pas le long d'un ruisseau qui descendait en chantant de la cime des Alpes. Il devait y cueillir une certaine fougère, ornée d'un nom latin, la rapporter et la mettre sous son oreiller. — Quelques jours après, il fallait aller chercher plus haut et rapporter une certaine églantine rouge — la rose des Alpes — nom donné souvent improprement au *rhododendrum ferrugineum*. L'églantine se mettait également sous l'oreiller. A l'églantine succédait une autre fleur située plus haut dans la montagne, et tous les jours ainsi.

Au retour de chaque ascension, on buvait d'excellente crème et on mangeait des fraises qu'on cueillait soi-même. A dîner, des truites qu'on devait également pêcher soi-même et de savoureuses côtelettes de mouton. Puis on se couchait de bonne heure, et, le lendemain matin, on se remettait en route. La guérison était bien avancée quand on avait rapporté pour son oreiller la *gentiane* printanière et la *gentiana acaulis*, qui étalent presque sur les sommets des gazons de leurs belles fleurs bleues de cobalt; elle était complète lorsqu'on avait passé trois nuits sous l'influence du rhododendron ferrugineux, aux feuilles couleur de rouille, aux petites fleurs d'un rose vif, — le dernier hôte des Alpes, qui fleurit le pied dans la neige, où on allait le cueillir chaque matin. Cette cure très raisonnable et très ingénieuse avait, dit-on, guéri radicalement le médecin d'une pauvreté opiniâtre.

**

Un ancien député de la majorité soi-disant républicaine vient de reconnaître par une brochure que le suffrage dit universel laisse quelque chose à désirer. Espérons pour le salut de la France qu'on finira par voir clairement ce que j'ai eu l'honneur de déclarer dès 1840, — opinion qui me fut très reprochée dans les clubs en 1848, — et que je n'ai jamais depuis manqué aucune occasion de reproduire, — à savoir que c'est le plus bête et le plus dangereux des mensonges. — J'irai plus loin que M. Pernolet, et je dirai pour la millième fois :

Avec le suffrage dit universel tel qu'il est pratiqué, et avec la presse telle qu'elle est exercée,

Aucun gouvernement, quel que soit le nom qu'il prenne,

N'est possible, — et que, avec ces deux éléments, tout pays marche fatalement, inévitablement à sa

Ruine complète.

Je vais à Franzensfeste.

LES PETITS ENFANTS

> ... Vénus prend le petit Ascagne dans ses bras et sur son sein, et le porte aux bosquets d'Idalie, où elle le couche sur un tapis parfumé d'herbes et de fleurs.
> (VIRG., *Enéide*, livre I.)

. . . .

Un ami, que je n'ai jamais vu, m'écrit de Paris :

« Henry Loph a huit ans; son père et sa mère viennent de mourir à quelques jours d'intervalle. Il reste abandonné dans l'immense désert de la grande ville. Plus de parents, plus d'asile, plus de pain. M. Mariani, le commissaire de police, le fait conduire par un gendarme ou un agent au *Dépôt de la préfecture de police*. »

Là aussi sont conduits par d'autres gendarmes et d'autres agents de police les ivrognes, les vagabonds, les voleurs, les assassins, les « filles » et leurs souteneurs, ramassés pendant la nuit.

Henry Loph est en prison : c'est lui apprendre bien tôt que c'est un crime d'être faible, d'être abandonné, d'être pauvre.

Il y a bien le refuge d'Auteuil créé par l'abbé Roussel, ce digne descendant de saint Vincent de Paul, avec l'aide de la charité publique avertie, stimulée par un journal dont l'active sollicitude fait pardonner beaucoup à la presse. — Mais l'abbé ne peut prendre les enfants qu'à douze ans.

Mais est-ce à la charité publique que devrait être laissé le soin des enfants? de ce peuple qui, dans un avenir prochain, va remplacer le peuple d'aujourd'hui?

La raison, la prudence n'indiquent-elles pas que c'est un des premiers devoirs de la société que ce qu'il faut aujourd'hui, c'est modérer, réfréner la génération actuelle et élever celle qui va la suivre. Le soin des enfants devrait-il être laissé à des expédients? ne devrait-ce pas être une institution politique et sociale? N'est-ce pas la vraie « question sociale »?

Ces enfants abandonnés par la mort de leurs parents ou leur criminelle indifférence, au lieu d'être considérés comme une charge pour l'État, devraient être traités comme un trésor dont il s'emparerait avec une tendre avidité.

Ces enfants, à l'abri, par leur abandon même, des mauvais principes, des mauvais exemples, des mauvais conseils de la misère, doivent et peuvent former une pépinière d'hommes et de citoyens bien élevés, instruits dans un métier utile, accoutumés à respecter les lois, à discerner la vérité à travers cette bibliothèque d'idées fausses par lesquelles des malfaiteurs de langue et de plume ont remplacé l'ignorance du peuple et la font quelquefois regretter, à aimer la patrie devenue leur seule mère. Quel danger y a-t-il, quel avantage n'y a-t-il pas à avoir à déverser chaque année à même les populations le plus grand nombre possible de ces pupilles de la France, auxquels on a pu donner, avec l'instruction, l'éducation dont on ne s'occupe pas?

Mais non, on pense uniquement à la « question politique », et la question politique, c'est de prendre, défendre, ou reprendre les places rétribuées et de s'y fortifier.

Ne vaudrait-il pas mieux racheter et adopter quelques chemins de fer, quelques mauvaises affaires de moins, et s'emparer de l'institution de l'abbé Roussel, lui donner une extension qui n'aurait de limites que le nombre des enfants qui auraient besoin d'y être admis, — en commençant par un asile tout ouvert, un nid tout chaud, où sans formalités serait conduit de son plein droit tout enfant abandonné, sans qu'il eût à passer le seuil de la préfecture de police, afin que la patrie puisse — comme Vénus fait à Ascagne — le prendre et le réchauffer dans ses bras et sur son sein et le porter bien vite sur un lit parfumé d'herbes et de fleurs, au lieu de le traîner dans ce « dépôt » qui sent, qui pue la misère, la pourriture, la crapule, le vice et le crime? Ce n'est ni à des gendarmes, ni à des agents de police, qui ont ailleurs leurs utiles fonctions, qu'il faut donner ces petites créatures, mais à des femmes qui ont perdu leurs enfants, ou à des filles, cœurs sans ouvrage, qui ont amassé des trésors d'amour.

La société actuelle ne s'aperçoit pas qu'elle ressemble à Cadmus semant les dents du dragon.

Les enfants abandonnés, je ne dirai pas aux hasards, mais à la certitude des mauvais exemples, des mauvais instincts, des mauvais conseils;

Les jeunes gens attirés dans les villes, villes qu'on aide, qu'on pousse à s'étendre, — abandonnant la terre — l'*alma mater* — pour encombrer les professions libérales et les industries de luxe, sans que rien les avertisse officiellement de l'encombrement;

Les enfants jetés aux vices et aux crimes; les jeunes gens acquérant des besoins auparavant inconnus, des appétits énormes, des soifs inextinguibles qui ne peuvent être assouvis que par le tumulte et les révolutions, qui font monter à la surface la fange devenue écume :

Ces deux générations, ce sont bien les dents du dragon; c'est de la semence, *mortalia semina*, d'ennemis que la société confie aux sillons.

※ ※

Voyez-les grandir; du milieu des sillons surgit une forêt de lances *acies hastæ*, — puis toute une moisson d'hommes armés.

Seges clypeata virorum.

Ils s'entretuent, et de leur poitrine haletante, ils frappent la terre, la patrie, leur mère ensanglantée.

Sanguineam trepido plangebant pectore matrem.

Heureux s'il en reste quelques-uns pour aider à rebâtir la ville!

Non operis comites.....
Quam posuit..... urbem.

Je ne puis regarder des enfants sans attendrissement — soit qu'ils pleurent, parce que je me souviens de mon enfance triste, et de l'amertume trop peu connue des larmes de ces petits êtres, — soit lorsqu'ils jouent et rient, — parce que je songe que la vie la plus heureuse même renferme un certain nombre d'étapes douloureuses, inévitables, et que chaque instant les approche des premières de ces étapes, sans compter tout ce que le sort leur réserve de soucis, de chagrins, d'angoisses, de désespoirs imprévus. — Il est évident que, pour peu qu'on ait une fois mal aux dents, il vaudrait mieux n'être pas né. — Et si je m'avisais, par impossible, de réclamer quelque tendresse et quelque respect d'un enfant ou de petits-enfants, ce ne serait certes par au nom de ce lieu commun absurde qu'on leur répète si souvent : — « Vous devez aimer et respecter ceux à qui vous devez la vie. » — Beau présent, ma foi ! — et présent fait surtout avec la préméditation de leur être agréable ! — J'ai bien plutôt envie de leur demander pardon et de tâcher de leur faire oublier que c'est uniquement pour la recherche ou par l'entraînement d'un moment de plaisir que je suis cause que ces pauvres petites âmes errantes dans les rayons des astres et l'arome des fleurs ont été affublées d'un corps humain et menées à la vie, comme Henry Loph a été mené, l'autre jour, au dépôt de la Préfecture de police.

Cela va encore assez bien dans la première enfance, quand on les tient enfermés chaudement dans le duvet et la ouate de l'amour. Je me rappelle avoir autrefois adressé à ma fille, à sa première aurore, des vers tristes. Ne froncez pas le sourcil, je ne m'en rappelle que trois :

>Enfant, reste petite, et par pitié pour moi,
>Ne sors pas de cet âge où je puis tout pour toi.
>. . . . .
>Je ne suis ni puissant ni riche hors d'ici.

En effet, cela va bien tant qu'ils sont tout petits, tant qu'on les habille avec un mètre d'étoffe, et qu'ils ne demandent au costume que d'être assez simple, assez peu coûteux pour avoir le droit de le salir et de le déchirer sans être grondés;

Tant qu'on peut, par les joujoux, leur donner tout ce qui fait l'envie des grands, réduit par les bimbelotiers à la proportion de leur âge et de leur stature, à la modestie de notre bourse : des troupeaux, des chevaux, des carrosses, des maisons, des forêts, des armées, etc.

C'est ce que Victor Hugo traduisait si bien un jour : « L'idée que je me fais du paradis, c'est, disait-il, un endroit où les parents sont toujours jeunes, et les enfants toujours petits. »

Avant d'être père, je préférais beaucoup qu'on n'amenât pas d'enfants chez moi.

— Vous n'aimez pas les enfants! me dit un jour une femme de mes amies.

— Au contraire; mais j'ai peur d'eux, parce que je suis contre eux absolument sans défense. — Je trouve qu'ils ont raison de courir dans mes plates-bandes, de dépouiller mes cerisiers et de se faire des cannes avec les branches, — raison de cueillir mes fleurs et de les jeter au courant du ruisseau, raison d'arracher mes tulipes pour aller les replanter dans un jardin de sable qu'ils se feront au bord de la mer, — raison d'ôter et de jeter ce qu'il y a dans mes poches pour faire de la place à entreposer et serrer leurs joujoux, — parce que j'ai une mémoire, — heureuse pour les petits qui vivent à l'ombre de moi, — et que je me rappelle que j'ai fait tout cela.

※

Nous autres hommes, nous n'aimons pas les enfants à la manière des femmes.

Dans l'intérêt de ces chères petites créatures, la Providence a fait de l'amour maternel un touchant égoïsme; l'enfant est une portion de la mère : il existe pour elle et elle en souffre pendant de longs mois, avant qu'il existe pour le père; elle l'a déjà rêvé grand poète, ambassadeur, général, qu'il n'existe encore que pour elle. Quand ce petit être informe, rouge, aveugle, sourd, vient à la lumière, ce n'est que la mère que nous aimons d'abord en lui. Pour que nous l'aimions lui-même et pour lui-même, il faut qu'il commence à nous voir, à nous reconnaître, à montrer de l'intelligence; il faut surtout qu'il nous ait donné du souci, de l'inquiétude, des angoisses. imposé un supplément de travail, il faut qu'il nous ait fait souffrir.

C'est ce qui explique un peu, sans le justifier, parce que c'est laid, ce propos d'Aristippe, auquel on disait : « Mais cet enfant vient de vous! » — Il cracha à terre et dit : « Cela aussi vient de moi. »

On aurait pu lui répondre : Envers cela aussi vous avez un devoir : marcher dessus pour n'en pas faire un objet de dégoût pour les autres.

Quant à l'enfant, il vous impose, lui, des devoirs sérieux, inexorables, et envers lui et envers vos concitoyens; pour lui, vous devez l'armer pour la bataille de la vie; pour les autres, vous devez le rendre bon, juste, utile, soumis aux lois et capable de les défendre.

**

Je ne sais pas de tableau plus heureux, plus joyeux que celui que je contemple deux fois tous les jours.

Trois beaux petits enfants, deux filles et un garçon, brunis par le soleil et l'air marin, accourent au son de la cloche autour de la table dressée sous les arbres, comme une volée d'oiseaux s'abattant sur un cerisier; — ils ont couru après les papillons et les libellules, ils ont poursuivi de petits poissons jusque dans l'eau bleue de la mer, — ils mangent, ils assimilent non seulement la très simple, saine et abondante nourriture qu'on leur distribue, mais aussi la vie, la santé et la gaieté, — et ils gazouillent à l'envi, et ils n'ont qu'un souci, — quel dessert la bonne a-t-elle imaginé aujourd'hui en leur en faisant un mystère.

Mais tout en jouissant de ce spectacle, il est rare que je puisse m'empêcher de songer tristement :

Il y a ailleurs des enfants qui ont faim et auxquels leurs parents ne peuvent pas donner à manger, et je considère comme la plus poignante, la plus terrible des souffrances humaines, celle de la mère qui attend dans l'angoisse le retour du mari, celle du père qui rentre les mains vides. Je ne suis pas certes pour l'abus des « circonstances atténuantes », mais je ne sais pas, si j'étais juré, de quel crime je ne dirais pas : « Non, l'accusé n'est pas coupable », si le crime avait été commis par un père, pour apporter du pain à sa femme et à ses enfants affamés.

**

Dans le long martyre que souffrit la reine Marie-

Antoinette, ce qui m'a frappé le plus, dans les petits supplices atroces et bêtes qui lui furent prodigués avant le dernier, ce n'est pas de la voir exposée aux insolences les plus crapuleuses, ce n'est pas de la voir dans la prison raccommoder son unique robe, ou ôter ses bas, en restant les pieds nus pour les ravauder ;

C'est ce que raconte un historien contemporain et témoin oculaire du « retour de Versailles ».

« La voiture s'avançait précédée d'un homme remarquable par une longue barbe, qu'il avait rougie avec du sang. Il marchait entre deux autres qui portaient sur des piques les têtes de deux des gardes du corps égorgés. L'enfant, sur les genoux de la reine, avait faim et demanda quelque nourriture. Elle ne pouvait lui en donner. Elle pressa son fils contre son sein, et ses yeux, secs jusque-là devant l'outrage et les menaces, et le danger d'être déchirée laissèrent échapper un torrent de larmes. »

Au fameux siège de La Rochelle, la famine fut si horrible que seuls les riches pouvaient manger des rats. Une livre de peau de bœuf sèche coûtait vingt sous, deux feuilles de chou, dix sous, etc., et en lisant ces détails, je pensai aux pères, aux mères et aux enfants, et j'arrive à ceci :

« Un homme, pendant huit jours, se tira tous les jours avec une lancette une certaine quantité de sang, et le fricassa pour en nourrir son enfant. »

Je ne songeai plus à ce degré de misère, je ne songeai pas à admirer le père — je n'eus qu'une pensée : Ah ! l'excellente idée ! Ah ! l'heureux homme de l'avoir trouvée !

*_**

Il faut donc que « la patrie » non pas recueille comme une charité qu'elle ferait, mais saisisse, je le répète, comme un trésor qu'elle acquiert, tous ces enfants abandonnés, soit par la mort, soit par la criminelle indifférence de leurs parents. — Il faut qu'elle ajoute à ce jeune troupeau toutes ces malheureuses petites créatures auxquelles des monstres, pères et mères, font souffrir un martyre quotidien dont les tribunaux nous révèlent quelquefois l'atrocité ; on condamne ces parents dénaturés à un emprisonnement après lequel je doute fort qu'ils reviennent plus tendres pour leurs victimes, qui ont dû déposer contre eux devant la justice; ce n'est pas assez, ces gens-là, il faut les « dégrader » du titre de père et de mère, il faut les « exproprier » de leurs enfants, non seulement par humanité, mais aussi « pour cause d'utilité publique ».

Puis, — une fois en possession de ces enfants qu'elle peut élever à sa guise, en dehors des mauvais exemples, des principes dangereux, des idées fausses, — la patrie doit en faire une pépinière, — disons-le encore, — de bons, utiles et heureux citoyens.

Mais cette éducation, — ne pas confondre avec l'instruction, dont on s'occupe exclusivement, — ce n'est pas dans les villes qu'elle peut porter ses fruits.

Et à ce sujet, il faut que je fasse une révélation aux habitants des villes.

Et cette révélation, la voici :

*
* *

La terre n'est pas partout revêtue de grès — et ne trahissant sa présence que par de la poussière quand il fait beau et de la boue quand il pleut.

On n'a pas partout pour horizon ces grandes sortes de « commodes » appelées maisons, dans les « tiroirs »

7.

desquelles se serrent, s'entassent, en rangs pressés, cinq, six ou sept couches d'habitants superposés comme les sardines et les anchois dans leurs barils.

Ce n'est pas partout que le vent, avec des bruits sinistres, fait tomber des ardoises et des cheminées ; ce n'est pas partout qu'on entend, jour et nuit, le bruit de ces innombrables voitures qui ne vous permettent pas de traverser une rue sans risque de la vie ; ce n'est pas partout que les poumons n'ont qu'une part avarement distribuée d'un air « d'occasion », d'un air qui a déjà servi et sort vicié d'autres poitrines, et contenant beaucoup moins de gaz oxygène et beaucoup plus d'acide carbonique qu'il n'en doit entrer dans sa composition normale.

Ce n'est pas partout qu'il y a tant de sots, de voleurs, d'assassins, de filles publiques, de « souteneurs » de ces demoiselles, qui semblent sortir d'une terre empoisonnée par les interstices des pavés.

Ce n'est pas partout que le pauvre est si pauvre — et qu'il peut mourir de faim.

Ce n'est pas partout que l'opulence et le luxe étalent leurs splendeurs et leurs tentations malsaines.

Ce n'est pas partout que de vingt-cinq en vingt-cinq pas, il y a un cabaret et un café, où la pauvreté est sollicitée d'entrer boire, avec des liquides sophistiqués, les doctrines malsaines des journaux.

Ce n'est pas partout que la rivière ne sert qu'à noyer soi ou les autres.

Il est un endroit qui s'appelle la campagne ; là, au lieu de grès, vous avez les tapis verts des prairies, ou les ondes dorées des moissons.

A l'air pur, il ne se mêle au printemps que les senteurs de la jeune verdure, des violettes et du muguet ;

l'été que celle des giroflées jaunes des murailles et l'odeur des chênes; à l'automne, le parfum safrané qui s'exhale des feuilles rougies des fraisiers sauvages.

Là, les bruits qu'on entend, ce sont de graves ou sonores mélodies; le vent bruissant dans les cimes des arbres, le chant des oiseaux, le murmure des eaux, le bourdonnement des insectes.

Là, la terre, la bonne mère, produit le pain et les légumes et les fruits, et en telle abondance que bien peu sont assez pauvres pour ne pas pouvoir faire la part d'un plus pauvre qu'eux.

Là, la rivière fait tourner les moulins, nourrit des truites, des tanches, des goujons, des ablettes, et baigne les prairies ou « poussent » les côtelettes et les gigots.

Là, on n'attend pas sa « vie » et celle de ses enfants des caprices d'un ministre, d'un maître, d'un patron ou de la mode; on n'attend rien que de la terre, du ciel et de Dieu avec lesquels on est en relations directes.

Là, on est à même les vraies richesses dont l'argent et les autres ne sont que les représentations et les signes.

Là, on est libre, indépendant; vous pouvez vous passer de toutes les autres professions, et aucun ne peut se passer de vous.

Là, chaque famille a sa maison, son jardin, son champ, maison petite souvent, jardin étroit, champ exigu; mais un sage de la Grèce, Pittacus, disait avec raison : Celui-là est riche qui ne manque pas des choses qui sont nécessaires, et qui ne désire point les choses qui ne sont pas nécessaires.

Là, les enfants ne sont pas une charge, mais une fortune, ce sont comme de petits poulets, de petits canards, de petits chevreaux, qui, tout jeunes encore, donnent des œufs et du lait, tandis que les enfants des bourgeois dans les villes sont de jeunes paons ou de jeunes singes qui ne sont bons qu'à amuser les regards.

Là, au lieu de la maison en face, on a devant les yeux la forêt verte, jaune ou rouge, suivant la saison, la montagne avec ses croupes et ses ondulations, et l'eau qui ruisselle.

La mer immense, ce ciel d'en bas, ou la rivière bordée de saules, et les splendeurs du lever et du coucher du soleil qui rendent si ridicules toutes les magnificences humaines.

Là les hommes ont de quoi se mouvoir et de quoi respirer.

En tous les sens, il n'est pas sain pour les hommes d'être trop près les uns des autres. — Pour conserver des raisins, la ménagère choisit les grappes dont les grains ne sont pas serrés. « Quand les hommes s'assemblent, disait Montaigne, leurs esprits s'estreycissent. »

Oui, c'est aux champs, à la campagne, qu'il faut élever les enfants; nous avons trop de bacheliers, il faut refaire des hommes.

Nous avons trop de ces intelligences maladives, « chauffées », haineuses, dans des corps grêles, malingres, infirmes; revenons à cet esprit sain qui habite les corps sains, il n'y a que les forts qui aient le moyen d'être bons.

Revenons à ce que je demande depuis si longtemps : que le maître d'école donne les leçons au centre d'un grand jardin qu'il cultive avec ses élèves et d'où sortent toutes les bonnes doctrines et toutes les bonnes semences, toutes les bonnes greffes.

Renonçons à l'agrandissement des villes — et à

l'élargissement de la zone pestiférée qui les entoure, — rappelons-nous ce que disait Numa Pompilius, que « les villes sont l'excrément de la terre ».

Et ce ne sont pas seulement les enfants que je voudrais voir aux champs, avec l'espérance qu'ils prendraient l'habitude et le besoin de cet air, de cette richesse, de cette liberté, et y resteraient toute leur vie;

Mais aussi tous les ateliers, toutes les usines dont les travaux peuvent se passer du séjour des villes : les ouvriers seraient plus riches, plus heureux et plus sages.

J'en aurais long à dire là-dessus. Mais ceux qui pourraient mettre en pratique ces idées indiscutables tiennent à leurs habitudes, veulent jouir paisiblement de leurs vices, de la facilité qu'ils viennent d'acquérir de les satisfaire, ils ne veulent pas en être dérangés.

Ils me rappellent cet homme d'une santé misérable, qui, le soir, ne demandait pas à Dieu la guérison, mais disait avec componction :

« Mon Dieu, puisque votre volonté est décidément que j'exerce la profession de malade, accordez-moi du moins une maladie dont le remède consiste dans le pâté de foie gras. »

IL ÉTAIT UNE FOIS...

Il était une fois un directeur de troupe de comédiens, qui s'était installé dans une ville de province où j'ai passé quelque temps ; le public, privé de théâtre depuis plusieurs années, lui avait fait et lui continuait un bon accueil, la troupe du reste qu'il avait rassemblée n'était pas trop mauvaise ; les acteurs un peu vieux, un peu fatigués, un peu usés ; les actrices, quelque peu défraîchies ; d'aucunes même fanées ; mais les uns et les autres avaient une longue habitude de leur profession, ils conservaient religieusement certaines traditions des célèbres comédiens qui avaient « créé » et joué les principaux rôles ; les femmes, avec un peu d'art, maintenaient une beauté suffisante, — à la lumière, et à distance. On jouait la tragédie, la comédie et le vaudeville ; les acteurs et actrices de comédie jouaient le vaudeville, mais les tragédiens et tragédiennes se seraient crus déshonorés de quitter un instant le cothurne pour le brodequin et de réciter quelque chose qui ne fût en vers de douze syllabes.

Mais un jour Aricie s'enfuit avec un commis voyageur ; on la remplaça par une actrice demandée en toute hâte à Paris.

La débutante ne plut pas au public, qui la « chuta » d'abord et la siffla ensuite. Agrippine fut accusée de n'être pas tout à fait étrangère au mauvais accueil fait à la nouvelle venue. Elle fut mise à l'amende et se déclara enrhumée une demi-heure avant une grande représentation de *Britannicus*. Il fallut faire relâche. Ces débats intérieurs avaient transpiré dans le public. De plus, la nouvelle Aricie s'était promptement fait un ou deux amis dans la ville ; Agrippine, sifflée à son tour, sortit brusquement de la scène, se refusa de faire des excuses au public. Le directeur écrivit à Paris pour la remplacer. Mais Burrhus, qui était son amant, et Achille, qui espérait l'être bientôt, refusèrent de jouer à leur tour. Ils entraînèrent dans leur révolte Chimène et le Cid. Si bien qu'une belle nuit ils décampèrent tous, et laissèrent le directeur et la ville sans troupe tragique. Il y eut relâche pendant plusieurs jours. Il vint de Paris de nouveaux acteurs qui n'avaient pu, ce qui était mauvais, signer, prendre d'engagement ailleurs. Ils étaient détestables, on leur jeta des pommes dont quelques-unes seulement étaient cuites. L'agent dramatique de Paris répondit à une nouvelle demande du directeur qu'il n'en avait plus à son service que de plus mauvais encore jusqu'au renouvellement de la saison théâtrale. Le directeur, d'abord au désespoir, crut enfin trouver un expédient.

Garrick, se dit-il, et Baron, jouaient les deux genres ; Talma a joué dans une comédie, l'*École des Vieillards* ; mademoiselle Mars a joué le rôle tragique de la duchesse de Guise, dans le *Henri III* d'Alexandre Dumas ;

Frédérick Lemaître faisait frémir dans les rôles tragiques et mourir de rire dans l'*Auberge des Adrets* et *Robert Macaire;* Potier et Bouffé arrachaient, dans certains rôles, de douces larmes à leurs spectateurs, etc., etc. Il rassembla ses « artistes » et prononça un petit discours, dont le point le plus saillant et le plus efficace fut que, outre leurs appointements, ils auraient cinq francs de « feux » quand ils joueraient un rôle tragique. Après quelques objections qui ne demandaient qu'à être réfutées, on se mit à la besogne; on recommanda au souffleur le zèle le plus attentif.

Je ne m'étendrai pas sur les résultats de cette courageuse entreprise. Il suffit de dire que le Cid, Horace, Auguste, Pyrrhus, Achille, Hippolyte, etc., furent représentés par des gaillards qui n'avaient jamais joué que des rôles comiques, des rôles de valets, de grimes, de niais, de pères ganaches, etc. Crispin, Scapin, Mascarille, Jeannot, Jocrisse, Sosie, Dromon, Lolive, Lafleur, etc., quelques comparses et quelques figurants, et un assez bon nombre de ces « artistes » qui doivent un succès assez enthousiaste à cela qu'ils ont trop ou pas assez de nez, une excessive maigreur ou une monstrueuse obésité, une physionomie niaise, un défaut de prononciation, etc.

Andromaque, Chimène, Esther, Phèdre, etc., parurent sous les traits de la *Déjazet* de la troupe, des soubrettes Lisette, Marton, Manette, etc.

Grâce à cette « distribution », des tragédies, des scènes, des morceaux qui, depuis deux cents ans, avaient le privilège de faire verser d'abondantes et délicieuses larmes, ou d'inspirer une terreur profonde, firent tout d'abord « crever de rire » pendant huit jours, la salle ne put contenir la foule qui assiégeait les portes du théâtre, et l'on devait chaque soir refuser des billets. — Après huit jours, quelques spectateurs, fatigués de rire, se fâchèrent, mais d'autres que ça amusait encore, applaudirent. Aux applaudissements, on répondit par des sifflets, puis on échangea des injures, puis quelques coups de poing; — deux partis se dessinèrent; la ville, éveillée de sa torpeur accoutumée, prit un vif intérêt à l'affaire; on n'allait plus au théâtre pour voir le spectacle, mais pour se braver, pour se quereller. Le sous-préfet appela le directeur et le menaça de faire fermer son théâtre; le directeur répondit qu'il était en train de former par correspondance une troupe comme en n'en avait jamais vu dans la ville de ***. Le journal de la localité publia cette promesse.

Il se passa encore une semaine; on ne riait plus beaucoup, et on somma le directeur de montrer sa nouvelle troupe. Il répondit que l'affaire était manquée et qu'il allait s'en aller en fermant le théâtre. Grand tumulte, grande anxiété. Où ira-t-on le soir? Où exhibera-t-on les toilettes faites pour le théâtre?

Les femmes vont au théâtre au moins à moitié pour être elles-mêmes le spectacle; les hommes y vont plus d'à moitié pour voir les femmes. On promit au directeur de patienter et de tolérer ses acteurs. Cela dura encore quelque temps, puis quand le maître de l'auberge où demeurait la troupe comique refusa de faire plus longtemps crédit, quand les divers fournisseurs menacèrent de l'huissier, une belle nuit, directeur et acteurs décampèrent en emportant tout ce qui se pouvait emporter. Heureuse la ville, s'ils ne mirent pas le feu au théâtre!

***

Eh bien, c'est absolument le spectacle que nous présente la politique. Des hommes qui, dans la sphère que leur intelligence ou leurs études leur assignaient, auraient pu rendre quelques services en jouant les rôles de leur emploi, des troisièmes rôles, des comiques, des bouffons, des comparses, des « utilités », des figurants, prennent hardiment l'emploi des grands artistes, jouent audacieusement les Mirabeau, les Robespierre, les Bonaparte, etc., etc., tous les grands rôles de tragédie. Le public s'en amuse d'abord; les plus délicats ne tardent pas à s'en fâcher, veulent protester, mais la claque et les « billets de faveur » leur imposent silence, les insultent, les menacent, et la troupe fera la saison.

Il faut savoir prendre son parti — et, pour mon compte, je ne vous dirai aujourd'hui que des choses capables de vous porter à la patience et à la résignation.

Vers l'an III de la première République, un certain Lacroix ou Delacroix, dont on trouva le nom dans les comparses de la Convention, publia par fascicules :

> *Le Spectateur français*
> *pendant le gouvernement*
> *révolutionnaire.*

Dans une préface assez naïve, Delacroix explique que les diverses livraisons qui composent le volume paraîtront présenter des contradictions. « Quand je commençai, dit-il, Robespierre était dans toute sa puissance; les comités de surveillance recueillaient tous les discours, épiaient toutes les paroles, promenaient des regards inquisiteurs sur tous les papiers..., c'est dans ce moment de terreur que j'osai prendre la plume. L'embarras était de dire la vérité sans irriter l'imposture, de dévoiler l'iniquité sans s'exposer à sa vengeance. Il faut donc en lisant mon ouvrage l'apprécier moins par les idées que j'y exprime que par celles que je fais naître. On sera frappé de la gradation des pensées qui deviennent moins timides à mesure que la raison et la justice reprennent des forces. »

C'est ainsi que Delacroix s'exprime hardiment sur les prisons : « Quel spectale, dit-il, que celui d'une République où les principaux édifices suffisent à peine pour contenir la foule des captifs qu'on y amène des cités et des campagnes, où le noble, le cultivateur, l'artisan se trouvent mêlés et confondus comme dans un vaste sépulcre, où celui qui arrête et qui garde est lui-même dans la crainte d'être arrêté et gardé à son tour, où on se rend dénonciateur pour ne pas être dénoncé, où l'on craint de recevoir un ami et de lui confier sa pensée, où le captif n'a pas seulement à redouter le tribunal, mais la fureur des émeutes populaires, etc. »

Mais bientôt l'auteur s'arrête effrayé, et reconnaît que la prison a du bon.

« A la République, à la prison, on doit de voir se révéler des vertus sublimes que sans la République et la prison, ceux qui les manifestent eussent peut-être ignorées eux-mêmes. C'est là qu'on voit la jeunesse compatir aux besoins du vieillard, l'indigence secourue par le malheur ; une résignation courageuse à la mort. Pourquoi faut-il que l'homme ait besoin du malheur pour devenir sensible et bon ? S'il est riche et puissant, le bonheur l'endurcit, il se croit au-dessus des atteintes du sort, etc. ! »

Donc, tout est pour le mieux, et il serait à regretter

que la prison et la guillotine n'eussent pas donné à ces touchantes vertus l'occasion de se manifester. Malgré cet adoucissement à sa sortie sur les prisons, l'auteur n'est par tranquille, il pense qu'il est opportun de donner quelques gages à la Convention, et de faire un peu l'éloge de Marat. C'est à propos de l'apothéose dudit Marat et de la translation de son corps au Panthéon :

« Je vois encore Marat, l'Ami du peuple, ramené, précédé par les acclamations, au sein de l'Assemblée ; ses dénonciateurs n'eurent pas le courage de soutenir sa présence et s'éclipsèrent devant lui, — la puissance passa de son côté avec la victoire. Ses rivaux se dispersèrent ; plusieurs d'entre eux, saisis dans leur fuite, ou découverts dans leurs retraites, expièrent leurs erreurs et leurs crimes sur l'échafaud. »

« ... Le jour consacré aux récompenses est arrivé ; autant il a été ignominieux pour les cendres de Mirabeau, autant il a été honorable pour celles de Marat. Les cendres de Mirabeau ont fait place à celles de l'Ami du peuple ! »

Après cet hommage rendu à Marat, Lacroix pense avoir payé sans trop de danger le droit de dire quelque vérité. « Qui le croirait, dit-il, si un de nos représentants n'en eût fait l'aveu à la tribune, que tous ces membres de comités stipendiés pour entretenir la terreur, exciter les délations, multiplier les emprisonnements et les meurtres, ont occasionné chaque jour la dépense de « un million six cent vingt mille livres » ? Quel empire, dans l'univers, depuis la réunion des hommes en société, aurait jamais produit dans ses comptes un semblable article de dépenses ! » « Si l'on y ajoute les frais de geôle, de translation, de nourriture des prisonniers, d'exécution des condamnés, etc... »

IL ÉTAIT UNE FOIS

... « Ces cinq cent quarante mille membres de divers comités salariés à trois livres par jour ne forment-ils pas une armée plus dévorante que ne l'aurait été celle de tous les tyrans dont nous abhorrons si justement le souvenir ? »

Ici l'auteur s'arrête et pense à expier son mouvement d'indignation. Tout à l'heure il expliquait ce qu'il y avait de bon et d'heureux dans les prisons, il va maintenant développer les avantages de la ruine et de la misère, il feint de recevoir une lettre :

« J'ai moins de revenu et plus de richesse. La cause de cet heureux prodige est dans la Révolution. J'avais des domestiques, qui me faisaient payer chèrement leurs services, et me servaient mal. Je n'ai plus qu'une vieille servante. Ma femme fatiguait quatre chevaux pour ses visites et ses emplettes, elle ne fait plus de visites ni d'emplettes, elle marche et se porte mieux. Nous avions des loges à tous les théâtres, je ne me plais plus qu'au spectacle de la nature, etc.

» Je ne m'attendais pas à m'enrichir par ma ruine, et à être ramené à la raison par ce qui me semblait être un délire national, etc. »

— Vous voyez que la ruine et la prison, la guillotine et le délire national ont leurs bons côtés.

A PROPOS DE FÊTES

« *Le huitième empereur de la neuvième dynastie des souverains de la Chine respectait et aimait le peuple; sous son règne, les hommes vivaient en paix; ils se promenaient gaiement en se frappant doucement le ventre, comme si c'eût été un tambour, et ayant toujours la bouche pleine. Ils goûtaient une joie pure. Après avoir donné le jour au travail, ils donnaient la nuit au repos. Quand ils avaient soif, ils buvaient; quand ils avaient faim, ils mangeaient. Cet empereur s'appelait He-sou. A sa mort, il alla jouir de l'immortalité sur la montagne Tsien.* » (Recherches sur les temps antérieurs à ceux dont parle le *Chou-King*, par le père de Prémare, missionnaire en Chine.)

Paris menace de devenir un vrai pays de cocagne, non plus seulement pour « le riche », comme le disait Boileau du Paris de son temps, — mais pour tout le monde, ce qui vaut mieux.

Pour mon compte, je n'ai rien contre les fêtes publiques, pourvu qu'on me prévienne assez à temps pour que j'aie le loisir de m'en absenter en allant ailleurs. La foule, le tumulte, le bruit ne sont pas si réellement joyeux qu'ils s'efforcent d'en avoir l'air. En voyant les fêtes officielles, où le peuple de Paris s'entasse et se bouscule dans les rues, je regrette le bon dimanche d'autrefois qui a disparu de nos habitudes. Le bourgeois comme l'ouvrier s'en allait avec sa famille passer la journée dans un des charmants villages des environs de Paris, selon la saison, ou son goût particulier. L'île Saint-Denis était célèbre pour ses fritures de goujons, la Rapée pour ses matelottes de carpe et d'anguilles, Nanterre pour les gâteaux, Montmartre pour la galette, Saint-Cloud pour la gibelotte ; à Belleville, à Romainville, qui depuis..., on allait au temps des lilas ; à Argenteuil, au temps des vendanges ; à Montmorency, à la cueille des cerises, etc. On venait de finir une semaine laborieuse, on allait en recommencer une autre. Le dimanche gai, joyeux, sans autre préoccupation que le plaisir, reposait de la première et donnait de la force pour l'autre. Hommes, femmes, jeunes gens et enfants des deux sexes, s'amusaient, riaient, chantaient des chansons où il n'était question que du plaisir, du bon vin de l'année, et de l'amour. On rentrait le soir aussi gai qu'en partant, avec une légère fatigue qui était un grand repos. La femme s'appuyait sur le bras de son mari, qui portait en outre le dernier petit sur ses robustes épaules ; les jeunes filles rapportaient des bouquets de bleuets, de lilas, de muguet, qui orneraient et embaumeraient leur petite chambre pendant toute la semaine, en leur rappelant et les plaisirs du dimanche, et une main pressée, et un mot dit à l'oreille.

Qu'est devenu le dimanche ? Qu'est devenue la gaieté ? C'est ce que nous allons chercher tout à l'heure.

Certes, nous ne les retrouverons pas dans les fêtes qui viennent d'avoir lieu sous prétexte de *centenaire*.

Je m'étonne d'abord que, pour fêter la mémoire des grands écrivains si peu lus par quatre-vingt-dix-neuf sur cent de ceux qui leur viennent rendre un bruyant hommage, on choisisse, comme anniversaire, la date non de leur naissance, mais de leur mort, si bien qu'on a l'air de se réjouir de ce qu'ils ne sont plus.

N'est-il pas, de plus, triste et humble à la fois de chercher les sujets de joie et de sympathie à des époques antérieures de cent ans? Ne serait-il pas plus agréable d'avoir à se réjouir de ce que tels ou tels, vrais amis du vrai peuple, gloire vivante de la France, sont venus au monde et se portent bien, que de se réjouir de ce que Voltaire et Rousseau sont morts en 1778? Ne vaudrait-il pas mieux avoir des sujets actuels de joie que d'en chercher laborieusement en remuant des cendres?

Et puis, quel est le but réel de ces fêtes? Est-ce de s'amuser? Non, ce sont des fêtes pour attrister ou vexer tels et tels; ce sont des fêtes contre quelqu'un : point de gaieté, mais de l'insolence, de la haine, de la menace.

Ce n'est plus le dimanche où l'ouvrier, où le bourgeois consacrera une petite partie de son gain ou de son revenu de la semaine à des plaisirs, à des amusements qu'il partageait avec sa femme, avec ses filles et ses garçons, où « un litre » à douze sous, bu par toute la famille avec de l'eau, suffisait pour les mettre tous en gaieté. Le bourgeois, l'ouvrier, aujourd'hui, n'ont pas attendu le dimanche; ils sont allés au cabaret ou au café toute la semaine, boire de l'eau-de-vie et de l'absinthe et « parler politique », c'est-à-dire lire et répéter les sottises emphatiques, les mensonges empoisonnés, les inepties insolentes que leur vendent des écrivains sans conscience, sans talent, sans études. — Sur le produit de leur semaine de revenu ou de travail, semaine rarement complète, ils ne rapportent à la maison qu'une petite partie, à peine suffisante pour que la famille ne meure pas de faim tout à fait; le reste est pour les marchands de vins sophistiqués et de liqueurs vénéneuses. Quant à « sortir » le dimanche la femme et les enfants, il n'en est même pas question; il n'y a pas trop d'argent pour le cabaret ou le café de l'homme seul. D'ailleurs, la femme et les filles n'ont même pas la robe fraîche, le bonnet simplement coquet d'autrefois et dont elles ne se contenteraient plus d'ailleurs aujourd'hui. Plus de promenades, plus de dîners sur l'herbe, plus de danse sous les arbes; on reste à la maison, on s'ennuie, on attend l'homme qui rentre tard, à moitié ou tout à fait ivre, excité, de mauvaise humeur, qui se fâche de trouver un mauvais souper ou de n'en pas trouver du tout, qui gronde, qui jure, qui bat.

Puis les émeutes, puis les chômages, — puis les clubs, — puis les réunions publiques et « privées », les « manifestations », les ovations, — puis les grèves, — la prison, etc.

Et, dans la maison, la misère, la faim, le désespoir. Parfois la femme n'attend pas d'être usée, vieillie, détruite par le chagrin et les privations, pour avoir recours au vice pour manger et nourrir ses petits. Les filles qui n'espèrent plus se marier vendent leur jeunesse et ce qui leur reste de beauté, — pour avoir des robes et des chapeaux.

Ah! misérables et criminels rhéteurs, ineptes bavards, qu'avez-vous fait du dimanche? qu'avez-vous fait de la gaieté proverbiale de ce peuple autrefois heureux, aimable et bon?

Ce peuple, vous l'avez empoisonné pour l'exploiter au bénéfice de vos ambitions, de vos appétits; vous l'avez bercé ou mieux berné d'espérances absurdes; vous lui avez inspiré des besoins factices, des envies, des haines sauvages; vous lui avez ôté l'amour du travail en lui faisant accroire qu'il pouvait être riche et heureux autrement que par le travail; vous lui avez enlevé l'amour et les joies de la famille; au nom de la liberté vous l'avez envoyé à la misère, à la prison, à la mort, l'abandonnant pendant la bataille, et vous unissant contre lui, après, à ceux contre lesquels vous l'aviez lancé.

C'est de ses sueurs, de ses misères, de ses déceptions que vous payez la satisfaction de votre vanité, de votre rapacité.

Et ce sont des gaillards qui s'intitulent audacieusement et exclusivement les « amis du peuple » qui lui ont rendu la vie rude, triste, haineuse, — qui ont corrompu son jugement, en renouvelant pour lui toutes les « blagues » qu'employaient autrefois les racoleurs et recruteurs sur le quai de la Ferraille pour amener de pauvres diables à « s'engager » sans le savoir, chez le marchand de vin. Moins coupables, moins dangereux ces recruteurs et racoleurs d'alors que ceux d'aujourd'hui, car ils n'amenaient leurs victimes qu'à faire partie de l'armée régulière, disciplinée, honnête, qui offrait une carrière quelquefois brillante aux meilleurs, et à tous une existence assurée et une amélioration de leurs habitudes et de leurs mœurs.

Louis Blanc, — un de ces amis du peuple — et un des plus dangereux, parce qu'il a du talent, quand, sous prétexte de République, il trônait au Luxembourg en 1848, qu'enseignait-il au peuple? Il lui parlait avec emphase de prétendus droits qui n'étaient jamais doublés de devoirs, — d'une prétendue royauté de droit divin appartenant au « peuple »; et qu'appelait-il le peuple? Non pas comme il serait juste et sensé de le faire, l'universalité de la nation. Non! une partie de la nation, dans laquelle on ne faisait même pas entrer les ouvriers de la terre, les agriculteurs, ceux qui nourrissent tous les autres. Ce peuple-roi ne se composait que des ouvriers de Paris et de trois ou quatre autres grandes villes, et alors, ces hommes étant rois, on ne se serait pas permis de leur offrir un salaire en échange d'un travail, on leur payait une liste civile, de là les ateliers nationaux : de là la terrible insurrection de Juin.

Entre autres billevesées prêchées par Louis Blanc en vue d'une popularité malsaine qui néanmoins lui a échappé, il faut mettre au premier rang, « l'égalité des salaires », c'est-à-dire la diligence et la paresse, le talent et l'incapacité également rétribués.

Je dis que cette popularité acquise en tenant boutique d'idées fausses, sophistiquées, vénéneuses, lui échappe comme elle avait échappé à Ledru-Rollin, comme elle échappe à Madier de Montjau. La « nouvelle couche » des « amis du peuple » ne veut pas partager avec les « vieilles barbes » du parti. Les morceaux ne sont déjà pas trop gros au gré de leur voracité.

Louis Blanc le sait, et ne manifeste plus que de temps en temps, pour s'efforcer de rester jusqu'au bout « ami du peuple ». C'est ainsi que, dernièrement, Louis Blanc, pour ne pas se laisser oublier de ses électeurs, a essayé de rajeunir la vieille rengaine de « l'abolition de la peine de mort » pour les assassins, qui pourraient alors avec moins de risques et une plus entière sécurité exercer leur industrie, encore un peu gênée aujourd'hui. C'est ainsi qu'il présidait, il y a quelques jours, une petite fête « privée » sous prétexte de l'anniversaire de la mort de J.-J. Rousseau.

Quant à Voltaire et à Rousseau, s'ils avaient assisté à cette autre petite fête de la Terreur de 1792 et de la Commune de 1870, il est facile de savoir le rôle qu'ils y auraient joué : Voltaire se serait prudemment enfui et caché chez le roi Frédéric ou chez l'impératrice Catherine, et Rousseau eût été guillotiné.

Car Rousseau était, lui, un vrai républicain, un véritable ami du peuple ; il lui eût dit la vérité, et se fût ainsi rendu coupable de lèse-majesté du peuple-roi.

Il suffit de relire quelques-unes des idées de Rousseau pour deviner l'acte d'accusation qui eût été formulé contre lui.

De quel front, ô pseudo-républicains d'aujourd'hui, osez-vous présenter comme un des vôtres celui qui disait :

« Tout progrès en civilisation et en gouvernement est trop chèrement acheté, s'il coûte une goutte de sang. »

« Grâce à Dieu, je sais gagner mon pain, et au besoin je sais comment on s'en passe. »

Mais qu'aurait dit le bon Louis Blanc — si, au sein de cette réunion « privée », J.-J. Rousseau, imprudemment évoqué, était apparu et avait dit : « Taisez-vous, gamins, et voyez si je suis d'accord avec vous, et si vous avez bien fait de me déranger.

» Commencez par ne plus vous permettre de faire jouer dans vos tumultueuses, haineuses et sottes réunions, la vieille et douce musique d'un poète, en même temps que la *Marseillaise*, ce très bel air, sur des paroles féroces, fait pour exciter les cœurs à une guerre légitime contre un ennemi envahisseur, et dont vous avez fait, en le déshonorant, une horrible chanson de guerre civile et de combats impies contre la mère-patrie.

« Puis, écoutez-moi.

» Tout malfaiteur attaquant le droit social devient par ses forfaits rebelle et traître à la patrie. Il lui fait la guerre. La conservation de l'État est incompatible avec la sienne, il faut qu'un des deux périsse. C'est comme ennemi qu'on fait mourir le coupable. (*Abolition de la peine de mort.*)

» Sous la République romaine, jamais le Sénat ni les consuls ne tentèrent de faire grâce. — Les fréquentes grâces annoncent que bientôt les forfaits n'en auront plus besoin, et on voit où cela mène. (*Amnistie aux assassins et aux incendiaires.*)

» La loi de la pluralité des suffrages est une convention et suppose au moins une fois l'unanimité pour l'établir.

» On trompe souvent le peuple, — et alors il paraît vouloir ce qui est mal.

» Le peuple délibérant, les citoyens n'ayant aucune communication entre eux, la délibération serait bonne ; mais quand il se fait des brigues, des associations partielles, il n'y a plus autant de votants que d'hommes, mais seulement autant que d'associations. Quand une de ces associations est si grande qu'elle l'emporte sur toutes les autres, — il n'y a plus de volonté générale, et l'avis qui l'emporte n'est qu'un avis particulier. Il importe donc, pour avoir l'énoncé de la volonté générale, qu'il n'y ait pas de société particulière dans l'État.

8.

» J'appelle République tout État régi par des lois, sous quelque forme d'administration que ce puisse être.

» Comment une multitude aveugle, qui souvent ne sait ce qu'elle veut, parce qu'elle sait rarement ce qui lui est bon, exécuterait-elle une entreprise aussi grande qu'un système de législation ?

» De lui-même, le peuple veut le bien, mais souvent il ne le voit pas ; il faut le garantir de la séduction des volontés particulières, il faut lui apprendre à savoir, à connaître ce qu'il veut.

» Il n'est pas possible au peuple, à l'universalité de la nation, en un mot du souverain, de conserver l'exercice de ses droits, si la cité n'est très petite.

» Il est parfois difficile de distinguer un acte régulier et légitime d'un tumulte séditieux, et la volonté de tout un peuple des clameurs d'une faction.

» Dans une véritable démocratie, les magistratures ne sont pas un avantage, mais une charge onéreuse.

» Je n'aurais pas voulu habiter une République de nouvelle institution.

» Il est de la liberté comme de ces vins généreux propres à fortifier les tempéraments robustes qui en ont l'habitude, mais qui accablent, ruinent et enivrent ceux qui n'y sont pas faits.

» Les peuples prennent souvent pour la liberté une licence effrénée. Leurs révolutions les livrent presque toujours à des séducteurs qui ne font qu'aggraver leurs chaînes.

» Chacun ne doit pas pouvoir à sa fantaisie proposer de nouvelles lois.

» C'est une fausse République que celle où le peuple, croyant pouvoir se passer de ses magistrats, ne leur laisse qu'une autorité précaire.

» Il n'y a pas de gouvernement si sujet aux guerres civiles et aux agitations intestines que le démocratique.

» S'il y avait un peuple de dieux, il se gouvernerait démocratiquement, un gouvernement si parfait ne convient pas à des hommes.

» La liberté n'est pas un fruit de tous les climats, n'est pas à la portée de tous les peuples.

» La liberté est un aliment de forte digestion, il n'y a que de très bons estomacs qui puissent s'en accommoder.

» Quand on demande absolument quel est le meilleur gouvernement, on fait une question insoluble.

» Le gouvernement sous lequel les citoyens peuplent et multiplient davantage est le meilleur, celui sous lequel ils diminuent est le pire.

» Toute assemblée du peuple qui n'aura pas été convoquée par les magistrats préposés à cet effet, doit être tenue pour illégitime et tout ce qui s'y fait, nul.

» Chez les Grecs, tout ce que le peuple avait à faire, il le faisait lui-même, il était sans cesse assemblé sur la place, il habitait un climat doux, il n'était pas avide, etc. N'ayant pas les mêmes avantages, comment observer les mêmes droits ? Vous donnez plus à votre gain qu'à votre liberté, et vous craignez bien moins l'esclavage que la misère.

» Avant d'élever un grand édifice, l'architecte observe et sonde le sol, pour savoir s'il en peut soutenir le poids. Le sage instituteur ne commence pas par rédiger de bonnes lois, mais il examine auparavant si le peuple auquel il les destine est propre à les supporter. C'est pour cela que Platon refusa de donner des lois aux Arcadiens et aux Cyrénéens, sachant que ces deux peuples étaient riches et ne pouvaient souffrir l'égalité.

» Les peuples, ainsi que les hommes, ne sont flexibles que dans leur jeunesse. Quand une fois les coutumes sont établies et les préjugés enracinés, c'est une entreprise dangereuse et vaine de vouloir les réformer.

» Quand le ressort civil est usé, un peuple n'a que faire d'être libre, les troubles ne peuvent que le détruire ; aussitôt que ses fers sont brisés, il tombe épars et n'existe plus.

» Il n'a jamais existé de véritable démocratie, et il n'en existera jamais ; il est contre l'ordre naturel que le grand nombre gouverne et que le petit soit gouverné. On ne peut pas imaginer que le peuple reste incessamment assemblé pour vaquer aux affaires publiques ; s'il délègue, tout est changé.

» Le peuple, qui ne voit pas que ses vices sont la première cause de ses malheurs, s'écrie en gémissant : Tous mes maux ne viennent que de ceux que je paye pour m'en garantir !

» La seule introduction du scrutin serait un renversement épouvantable, et donnerait plutôt un mouvement convulsif et perpétuel à chaque partie qu'une nouvelle vigueur au corps. Qu'on juge des dangers d'émouvoir une fois les masses énormes qui composent la monarchie française. Qui pourra retenir l'ébranlement donné, ou prévoir tous les effets qu'il peut produire ?

» Quel homme de sens oserait entreprendre de changer une forme qui dure depuis treize cents ans ?

» Il ne suffit pas de considérer les moyens qu'on veut employer, si l'on ne regarde encore les hommes dont on peut se servir, etc., etc.

» Cette petite partie des opinions que j'ai émises autrefois suffit pour démontrer que je ne suis nullement d'accord avec vous autres prétendus socialistes et soi-disant républicains, que vous êtes des ennemis publics et de sinistres polissons.

» Ne me dérangez donc plus de mon éternel repos. »

Ainsi parlerait Rousseau et il disparaîtrait, laissant Louis Blanc abasourdi.

P. S. — Quant à la *Marseillaise*, déshonorée par l'émeute, il faudrait, tout en déplorant la perte de cette belle musique prostituée, faire d'elle ce qui arriva en 1830 de la *Parisienne*, — mauvaises paroles, musique vulgaire. — On ne tarda pas à en faire une « scie » agressive contre le pouvoir existant. Mais il y avait en ce temps-là au pouvoir des hommes d'esprit, qui en firent une « contre-scie ». Ordre fut donné aux orgues de Barbarie de ne plus jouer autre chose. A tous les théâtres, la claque demandait la *Parisienne*. Aussitôt qu'un rassemblement se formait, quelques agents de la police entonnaient la *Parisienne*. Au bout de huit jours les Parisiens en avaient assez; au bout de quinze, ils en avaient trop; et si un gamin s'avisait de la fredonner dans la rue :

> En avant, marchons
> Contre leur canon, etc.,

à l'instant même le passant le plus près de lui lui donnait un coup de pied au derrière.

Si on ne veut pas réserver la *Marseillaise* pour les cas où elle a été composée, il faut la déclarer obligatoire, et... la regretter, car c'était un beau chant.

ECCO IL VERO PULCINELLA

Il faut que je dise une bonne fois ce qui me fâche le plus : 1° contre les soi-disant républicains ; 2° contre les soi-disant conservateurs.

Ce qui me fâche le plus contre les soi-disant républicains, c'est qu'ils inscrivent sur leur drapeau trois ou quatre principes raisonnables, honnêtes, justes, dont ils ne se soucient à aucun degré, que le plus souvent ils ne comprennent pas, et qui ne sont que le « boniment » du dentiste en plein vent. Mais à ces principes ils créent, par cela seul qu'ils les arborent, des adversaires parmi des braves gens qui ne les comprennent pas plus qu'eux, si bien que lesdits principes sont renversés et foulés aux pieds par les deux armées.

Ce qui me fâche le plus contre les soi-disant conservateurs, c'est que lorsqu'ils se trouvent les maîtres, ils n'ont pas le patriotisme et l'esprit de s'emparer de ces principes, de les déclarer leurs et d'en assurer le triomphe.

Il arriva un jour, à Athènes, qu'un citoyen taré

émit une opinion raisonnable et utile. Un des chefs de la République pria Aristide de monter à la tribune et de donner cette opinion comme sienne, pour qu'elle fût nettoyée de son origine et pût être honorablement discutée et adoptée.

J'ai lu dans une vieille édition de Racine une anecdote supprimée, je ne sais pourquoi, dans l'édition Didot de 1842 : Un jour, à Naples, un prédicateur en plein vent se vit subitement abandonné de son auditoire par l'arrivée d'un impresario de marionnettes qui, la « pratique » entre les dents, fit entendre la voix connue et aimée de Polichinelle (Pulcinella). — « Mes enfants, s'écria le prédicateur, en élevant le crucifix au-dessus de sa tête, revenez à moi, revenez, — *ecco il vero Pulcinella*, — voici le vrai Polichinelle! »

Je ne veux parler aujourd'hui que de deux de ces principes : le *socialisme* et l'*impôt sur le revenu*.

Deux questions sur lesquelles personne ne s'entend, deux expressions que chacun traduit dans un sens différent, et pour lesquelles on se querelle avec acharnement, comme ces deux Italiens qui s'étant battus à la suite d'une discussion sur la supériorité que l'un donnait au Dante et l'autre à l'Arioste, s'enferrèrent réciproquement et avouèrent en mourant que ni l'un ni l'autre de ces deux enthousiastes n'avaient jamais lu ni l'un ni l'autre des poètes pour lesquels ils mouraient.

En bon français, socialisme voudrait dire : *Système qui, subordonnant les formes politiques, se propose des progrès ou des améliorations dans l'état social.*

Pour les pseudo-républicains, c'est un terme de comparaison. — Exemple : Dans un cabaret, ou dans une assemblée publique ou « privée », un citoyen dit :

A moi cette préfecture, et le traitement y attaché, parce que je suis républicain.

Non, dit un autre citoyen, c'est à moi que reviennent la place et l'argent, car je suis socialiste.

Que veulent dire pour eux et pour leur auditoire, « républicain » et « socialiste? » Rien du tout ; si ce n'est qu'à la roulette politique, ils ont mis leur enjeu sur la rouge ; — quant à socialiste, c'est le « comparatif » de républicain — républicain, plus républicain, *republicanus, republicanior*. Ainsi le socialiste l'emporte sur le républicain simple, mais il est primé à son tour par « l'anarchiste communard et athée », — *republicanissimus*.

Une fois la partie jouée et gagnée par les dupes que les chefs ont envoyées à la bataille en tenant soigneusement leur précieuse peau à l'abri des coups, — les mots « républicain, socialiste », etc., qui avaient auparavant un sens vague et détourné, n'ont plus de sens du tout. — M⁰ Gambetta déclare qu'il n'y a pas de question sociale, et un autre qu'il ne demande qu'un quart d'heure pour la résoudre; un troisième, l'illustre Cotte, qui représente à l'Assemblée à la fois et le département du Var et l'industrie des pots de chambre, fait cet aveu précieux : « Pourquoi des élections, puisque nous sommes au pouvoir? » — En effet, la farce est jouée. — *Plaudite cives*.

Quant aux soi-disant conservateurs, ils entendent par socialisme un gros mot qui leur fait à la fois et trop peu et pas assez peur, — au lieu d'étudier sérieusement les questions qui, aujourd'hui, non seulement se présentent, mais s'imposent.

Il y a ceci de particulier et de difficile dans notre situation, que le pouvoir n'est disputé que par des révolutionnaires et des émeutiers de diverses... promotions; car j'appelle aussi une révolution le retour des Bourbons à la suite de deux invasions étrangères, et Charles X essayant de sortir de la Charte était un émeutier en 1830, — comme l'était le prince Louis Bonaparte en 1852.

Or, une révolution est une crise grave et dangereuse; — c'est surtout à la politique qu'on peut appliquer le dicton populaire que « trois déménagements valent un incendie », en ne parlant même pas des déménagements accompagnés d'incendie, comme on en a vu.

Une révolution qui n'est pas « sociale », — c'est-à-dire qui n'est pas faite au nom et dans l'intérêt d'un progrès social, — ne « fait pas ses frais », est un crime de la part de ceux qui la font, et une bêtise de la part de ceux qui l'acceptent ou la subissent.

Or, tout progrès social doit consister en ceci :

La société est fondée sur un apport mutuel, un pique-nique, où chacun donne une part de son argent et une part de sa liberté, pour assurer le reste de son argent et de sa liberté.

LE PROGRÈS SOCIAL DOIT CONSISTER A DONNER AU MOINS LA MÊME SOMME DE SÉCURITÉ, DE PAIX, DE CALME, DE BONHEUR, POUR UNE MOINDRE SOMME D'ARGENT ET UNE MOINDRE SOMME DE LIBERTÉ.

Si la « révolution », au contraire, n'a pour résultat que de donner à Jean le portefeuille de Pierre, à Paul la préfecture d'Ernest, à Édouard les appointements d'Alfred, d'asseoir Galimafre à la table mise pour Tartempion, de donner à Mathieu la flûte de Richard pour qu'il joue le même air, c'est un jeu de dupes; et ceux qui ont aidé à faire la révolution, sauf un très petit nombre qui en profitent, servent eux-mêmes d'allumettes pour brûler leur propre maison.

Mais, voici la situation : les révolutionnaires promettent des côtelettes de sphinx à la purée de chimère, ou toute autre chose qu'ils ne connaissent pas, et qu'ils n'ont même pas la moindre intention de chercher, — les « conservateurs » repoussent les côtelettes de sphinx, — sans s'occuper d'offrir un mets plus réel et dont le fumet attire les ayant faim.

Quant au « peuple », il ne sait pas ce qu'il veut et ne restera en paix que lorsqu'il l'aura obtenu. Et il n'en est pas encore à comprendre que tous ces bavards se moquent de lui, et qu'après s'être donné tant de mal, avoir subi tant de misère, avoir versé tant de son sang, et tant du sang des autres, après avoir dépensé tant de courage, avoir fait tant de bêtises et tant de crimes, il n'a fait que remplacer les « castes » des rois, des nobles, par les « castes » des avocats de bec et de plume, etc., qu'il est plus malheureux et plus triste qu'auparavant.

J'ai dit — du moins pour aujourd'hui — quant au « socialisme ».

Disons un mot de « l'impôt sur le revenu ».

Pour les « tignasses » comme pour les « perruques » l'impôt sur le revenu consisterait en ceci : vivre des rentes des autres, faire payer tous les impôts aux « riches » qui ne seraient pas riches longtemps, — c'est-à-dire dépouiller ceux qui possèdent une fortune, fruit de leur travail et de leurs services, ou du travail ou des services de leurs pères.

Et un pauvre petit vieux journaliste, — qui est en ce moment si mal et si justement accueilli par ceux auxquels il se livre, après avoir été un de leurs plus bruyants adversaires, traduit aussi, — en le demandant dans son journal, « l'impôt sur le revenu » par la même énormité.

Les impôts indirects sont des impôts hypocrites, — au moyen desquels personne ne sait en réalité ce qu'il paye, et chacun paye énormément. Je ne sais plus quel ministre disait : « Je préfère l'impôt du sel à toutes les mines du Pérou. »

Un des inconvénients de l'impôt indirect, à cause de la diversité des matières qu'il frappe, à cause de la lutte à soutenir contre la fraude qu'il excite, est de coûter *deux cent cinquante millions* de frais de perception.

A l'avènement de la troisième République, on pouvait s'attendre à voir au moins tenter l'essai de l'impôt sur le revenu, un des grands principes inscrits au drapeau, — non dans le sens absurde, injuste, qu'on lui prête généralement, mais dans un sens logique, équitable, dont je m'étais empressé de donner la formule :

Qu'est-ce que le revenu ? Le produit d'un travail actuel et personnel, ou d'un travail ancien, du père ou des ancêtres.

Avec quoi paye-t-on les impôts, quels qu'ils soient, directs, indirects, etc. ? — Avec son revenu, naturellement.

Eh bien, l'impôt sur le revenu doit consister en ceci, que chacun contribue aux besoins de l'État pour un nombre égal de journées de son revenu, c'est-à-dire de ce qui lui arrive de gain, de travail, de bénéfices, de rentes, de propriétés, etc. Ainsi les Chambres, ayant examiné les besoins de l'année, décrètent que chacun payera dix, vingt, cinquante journées de son revenu, quelles qu'en soient l'origine et la nature. Par exemple, je vais arrondir les chiffres, pour ne pas me jeter dans des difficultés d'arithmétique, difficultés qui arrivent vite pour moi.

L'ouvrier qui gagne 3 francs par jour donnera 30 francs; l'employé, le marchand, l'artiste qui gagnent 3,600 francs, payeront 100 francs, et le gros propriétaire, le banquier, le spéculateur qui possèdent ou gagnent 365,000 ou 730,000 francs payeront 10,000 ou 20,000 francs, le double si c'est à vingt journées que s'élève le budget.

Mais tout autre impôt est aboli; les matières premières, les denrées nécessaires à la vie, les marchandises qui correspondent à tous les besoins ne sont plus vendues et achetées que pour leur valeur réelle et intrinsèque, et tous les prix s'abaissent en même temps que la consommation augmente.

L'État et subsidiairement les contribuables économisent la plus grande partie des 250 millions de frais de perception, la vie devient singulièrement plus facile et... plus gaie, — ce qui n'est pas à dédaigner pour des hommes politiques... sérieux.

La main-d'œuvre s'abaisse avec les besoins de l'ouvrier, et nos produits peuvent de nouveau entrer en concurrence avec ceux de l'étranger, avec lesquels les impôts sur les matières premières et les nécessités nouvelles de l'ouvrier, sous le régime des impôts indirects exaspérés, ne nous permettent plus de lutter : d'où la production supérieure à la consommation, — d'où le malaise des industries, — d'où l'abaissement des salaires concurremment avec l'augmentation des besoins, — d'où les demandes d'augmentation, — d'où les grèves, si vous y ajoutez les idées empoisonnées et le vin frelaté.

En 1870, je fus effrayé lorsque je vis comment procédaient des hommes qui s'intitulaient profonds politiques et grands financiers ; je ne m'arrêterai pas aujourd'hui sur « la mode » amenée par l'attrait du jeu et de l'agiotage, de préférer les emprunts aux impôts, tandis que les emprunts ont ceci de particulier qu'ils sont toujours suivis d'impôts nouveaux pour payer les intérêts de ces emprunts plus ou moins usuraires.

Je m'empressai de soumettre à ceux de mes amis qui avaient, au commencement, quelque influence sur le gouvernement, un projet très simple, si simple qu'on ne le prit pas au sérieux, et qui nous eût permis de payer notre rançon sans faire d'emprunt, sans créer de nouveaux impôts, dans une situation où toutes les forces vives de la France étaient intéressées à les voir diminués ou abaissés.

Mais voici comment procédèrent les grands hommes d'État et les profonds financiers.

Ils se mirent à une fenêtre et dirent :

Tiens ! un parapluie vert ! Imposons les parapluies, imposons la soie, et les vers à soie, et les cocons, et les feuilles de mûrier ; imposons les baleines, imposons les manches de parapluie, imposons la couleur verte, imposons le bleu et le jaune qui produisent le vert, imposons les pots où on met la couleur, imposons le mortier et le pilon qui les broient, imposons les chaudières dans lesquelles on fait bouillir la couleur avec la soie, imposons les cordes sur lesquelles on fait sécher la soie et les perches qui soutiennent les cordes, imposons le terrain dans lequel on plante les perches, etc.. etc.

Mais alors les parapluies seront plus chers, et ceux qui en achetaient en achèteront moins ou n'en achèteront plus, ou demanderont, pour en acheter, une plus forte rétribution de tout autre travail qui jusqu'ici leur suffisait pour vivre et acheter un parapluie ; et les pays où les parapluies se peuvent vendre encore à meilleur marché en vendront plus que nous, jusqu'au jour où nous n'en vendrons plus du tout. — Et ainsi de tout.

Alors j'indiquai, pour obvier à notre détresse, un procédé que je n'inventais pas, que j'empruntais naturellement et simplement aux expédients auxquels ont naturellement recours tous les particuliers, à quelque classe qu'ils appartiennent, qui se trouvent dans une situation analogue, — gênés ou ruinés.

Le riche vend ses chevaux, ses tableaux, etc. ; — sa femme vend ses diamants ; — le bourgeois aisé, son argenterie ; — l'ouvrier, sa montre et les boucles d'oreilles de sa femme.

Il ne vient à personne la pensée de supprimer le pain et la viande.

Il y a, ou il doit y avoir, serrés quelque part, dis-je alors, un certain nombre de bibelots, connus sous le nom de « pierreries de la couronne ». Je dis : il doit y avoir, car je ne les ai jamais vus, et je doute fort que cinquante Français, sur les trente et quelques millions que nous sommes, les aient vus plus que moi. Nous voici en république, il n'y a plus de roi qui s'en pare comme Louis XIV ; et il n'y en aura plus, quand même on reviendrait à la royauté, comme je le crois. — Un roi qui, comme le Roi-Soleil, se couvrirait de ces pierres brillantes, ameuterait les gamins de Paris, et M. le préfet de police ne pourrait les empêcher de crier à la chienlit.

Si Napoléon Ier mettait parfois « le Régent » au pommeau de son épée, c'était à une épée de parade et non à son épée de combat ; ce n'était pas avec ce joujou et le manteau impérial aux abeilles d'or que se le représentent ceux qui aiment ce genre de grandeur qui appartient aux conquérants, c'est avec le vieux petit chapeau et la vieille redingote grise.

Le bon roi Louis-Philippe auquel la France a dû dix-huit années d'une prospérité inouïe en tous genres, devait une partie de sa popularité à son chapeau gris et à son parapluie. Je ne me représente guère la place qu'auraient occupée sur ce chapeau et sur ce parapluie « les pierreries de la couronne ». Sa femme, ses filles et ses brus, qu'on ne voyait du reste jamais et qui « filaient de la laine », s'habillaient avec une simplicité qui ferait sourire de pitié les sous-préfètes républicaines.

A qui peuvent servir aujourd'hui ces diamants? Cherchez-moi trois Français qui puissent dire qu'ils ont en quelque chose contribué à leur bonheur. En est-il un pour qui la pensée des « pierreries de la couronne » puisse remplacer une botte de radis roses — une bouchée de pain?

En ce moment, en 1870, — une partie seulement des Français avaient mérité leurs malheurs, — nous excitions les sympathies du monde entier.

Mettons, disais-je, en loterie les diamants de la couronne; ajoutons-y, si c'est nécessaire, un peu plus tristement, mais en obéissant à la nécessité, une partie des richesses de nos musées.

Les pierreries sont estimées trente millions.

Il y aurait là certains lots de deux, de trois millions et au-dessus; beaucoup de lots d'un million, de 600,000, de 500,000 francs.

Il n'est que très peu de personnes, dans l'univers civilisé, qui hésiteraient à prendre au moins un billet de 20 francs pour courir ces chances, en témoignant une générale sympathie pour la France, cette « seconde partie du monde ».

Vous placerez de ces billets autant que vous en voudrez faire.

On resta sourd à cette proposition, on montra un attachement superstitieux à la piaffe et aux bibelots de la royauté proscrite. Je ne sais si les avocats héros du gouvernement provisoire rêvaient d'attacher le Régent et le Sancy à leur toque de combat, — ou si Régère, Jourde et Pyat les avaient promis à leurs amantes.

On préféra l'emprunt et les impôts qui ne sont pas pour peu dans les graves difficultés d'aujourd'hui, — peut-être dans les impossibilités de demain.

Je comprendrais cet attachement aux pierreries, si on y attachait encore les idées d'autrefois. Elles avaient alors de grandes vertus. Suidas a négligé de nous dire quelle était la pierre précieuse qu'on attachait au col du roi d'Égypte, et dont la vertu le détournait de toute injustice : των αδικηματων.

Le diamant servait à vérifier la chasteté des femmes et chassait les démons. Le rubis mettait de belle humeur, excitait des songes agréables, et avertissait son possesseur, par les changements de nuances, des dangers qui pouvaient le menacer.

L'émeraude attirait les richesses, écartait les démons, augmentait la mémoire et la vue; elle était gardienne sévère de la chasteté, elle éclatait au doigt de la femme adultère au moment même du crime. Néron, quand il chantait en public, pensait avec beaucoup d'autres qu'une émeraude au doigt assurait son triomphe, — cela explique les bagues de certains pianistes. L'agathe rendait éloquent, et quand un avocat romain n'était pas assez riche pour en posséder une enchâssée dans un anneau, il la louait pour plaider une cause importante.

L'hyacinthe augmentait les vertus et les richesses.

La turquoise garantissait de toute chute de cheval, pourvu qu'elle n'eût pas été achetée, mais reçue en présent.

Le saphyr guérissait de la fièvre et préservait de toute insulte; mais il trahissait, en devenant d'un bleu pâle et sale, les vices de celui qui le portait.

L'améthyste préservait de l'ivresse et conciliait la faveur des princes.

La topaze bannissait l'avarice et la luxure, détruisait la sottise et la lâcheté (Cardan).

Le corail dissipait les craintes superstitieuses et disposait à la gaieté; il écartait la foudre, la tempête et la grêle (Zoroastre). Puis, à l'intérieur, il garantissait de la peste et de tout venin (Anselmus Bœtius).

Selon Pline, la pierre hématite faisait découvrir les embûches des barbares.

Les perles donnaient de la vigueur à l'esprit, sauvaient les pestiférés et les phtisiques.

L'opale réunissait les vertus de toutes les pierres, comme elle en réunit les couleurs. Je ne sais plus quel César fit tuer un Romain qui lui avait refusé une très belle opale, etc., etc.

Mais tout cela n'était peut-être pas vrai, ou du moins ne l'est plus aujourd'hui, et pour ne parler que du diament et de l'émeraude, quand ces pierres autrefois si sévères gardiennes de la chasteté, se mêlent aujourd'hui de celle des femmes et des filles c'est pour leur jouer les plus mauvais tours.

Autrefois même la médecine réunissait toutes les vertus des pierres précieuses en une seule drogue ou poudre dite des « fragments précieux ». Ambroise Paré recommande dans un de ses chapitres les cinq fragments précieux auxquels il ajoute les perles, et doute beaucoup de son efficacité dans un autre chapitre ; — on n'est pas toujours d'accord sur la composition de cette panacée, — dans *Littré* on lit : Saphyr, grenat, hyacinthe, émeraude, cornaline.

Valmont de Bamore cite rubis, saphyr, émeraude, topaze et hyacinthe.

Boiste et l'Académie ne savent pas ce que c'est — et n'en parlent pas.

— Ce n'aurait pas été la première fois qu'un gouvernement aurait trouvé des ressources dans ce genre de bibelots. La République de Gênes, en un besoin pressant, mit en gage chez les juifs son fameux plat d'une seule émeraude, fausse il est vrai ; — mais ce mystère à sauver était une garantie de plus pour les prêteurs, — ainsi que certains usuriers font faire à leurs victimes des lettres de change signées d'un faux nom, — pour se réserver de les faire mettre aux galères s'ils ne payent pas à l'échéance.

Le comte Baudoin avait engagé aux Vénitiens des reliques enchâssées dans l'or et les pierreries rapportées de Jérusalem, que Louis IX dégagea en remboursant les sommes prêtées.

N'est-ce pas Catherine de Médicis qui fut accusée d'avoir vendu en Italie les reliques de la Sainte-Chapelle de Paris ?

On lit dans la *Satyre Ménippée* que le trésor et les reliques de Saint-Denis avaient été apportés à Paris par deux religieux chargés de les garder, mais qui les livraient à mesure que les chefs de la Ligue les envoyaient demander pour les recettes en gage, ou les faire fondre à la Monnaie. « Si les ennemis tiennent la ville de Sainct-Denis, où les vieux Roys sont enterrés, nous en tenons les joyaulx, reliques et ornements royaux, qui sont fricassés pour eux, par la sainte dévotion de mon frère de Nemours qui a faict fondre la couronne. » (Harangue du duc de Mayence.)

Aujourd'hui, on ne s'en fait pas faute; le gouvernement de Portugal, se trouvant gêné, en vertu d'une loi de 1876, vient de vendre ses diamants pour 38 millions de réis.

L'ex-reine d'Espagne, Isabelle de Bourbon, a fait vendre ses pierreries à Paris à l'hôtel des commissaires-priseurs.

Et nos « impures », comme on disait au xviiie siècle, se les sont disputées.

La France a donc manqué une belle occasion de donner une fois l'exemple du bon sens.

UTOPIE

Le plus souvent, ce n'est pas précisément en mauvaise part que je prends ce mot d'*utopie*, que je viens de tracer au haut de ce feuillet, pas plus que le mot *paradoxe* que j'ai vu, sans m'en chagriner beaucoup, être appliqué plus d'une fois, à plusieurs des idées que j'ai émises, depuis que j'écris. — Quant aux utopies, ce qu'il y a de meilleur dans la vie est souvent ce qui n'y est pas — ce qu'on rêve; quant aux paradoxes : émettre un paradoxe, c'est parler contre l'opinion du moment, c'est-à-dire fréquemment contre la folie régnante, et si j'ai eu rarement la fortune qu'on dise ou qu'on ait dit de moi : il a raison, j'ai eu bien des fois celle d'entendre dire : comme il avait raison à telle ou telle époque ! On appelle souvent utopie et paradoxe une vérité je ne dirais pas qui n'est pas mûre, mais pour laquelle les auditeurs ne sont pas mûrs; le vrai et le simple viennent trop tôt quand les hommes n'ont pas encore, sur un sujet donné, épuisé, selon leur coutume, toutes les variétés, toutes les combinaisons du faux et du compliqué.

※

Le hasard des quais et des bouquinistes en plein vent a fait tomber entre mes mains un livre publié en 1823 par un prélat diplomate, un peu brouillon.

L'abbé de Pradt, envoyé comme royaliste aux états généraux, émigra, puis rentra et se dévoua à l'Empire qui le fit baron, évêque, archevêque, ambassadeur, etc.

— Il mécontenta le maître en ne suivant pas ses intentions et, disgracié, « désaima » Napoléon, redevint royaliste et ennemi de l'Empire. — Mais la Restauration l'accueillit mal; Alexandre de Russie ne l'accueillit pas du tout. — Alors, il « r'aima » Napoléon et prit place dans ce parti « libéral » si étrangement composé de bonapartistes et de républicains qui finit par renverser la Restauration aux cris singulièrement contradictoires de : Vivent Napoléon et la liberté.

Ce volume de l'abbé de Pradt, ancien archevêque de Malines, dont je vais citer et analyser quelques passages, est curieux en ceci : qu'il donne avec les idées de cette époque sur une question flagrante aujourd'hui des documents d'une certaine valeur, des aperçus dont quelques-uns sont entachés de parti pris, mais d'autres méritent d'être pris en sérieuse considération; on y voit ce que le temps a contredit en réalité des idées et des choses d'alors ; ce qu'il a changé, modifié ou confirmé. Enfin l'abbé de Pradt indique plus qu'il n'émet, à la fin d'un autre ouvrage que je me suis rappelé et que j'ai cherché, une *solution* de la question d'Orient, qui peut choquer les vues de la diplomatie, science en laquelle j'avoue que je ne suis que médiocrement versé, mais qui a un air de vérité et de bon sens qui pourrait ne pas frapper que moi seul. L'ouvrage est intitulé : *Parallèle de la puissance anglaise et russe relativement à l'Europe.*

**

Au fond c'est un plaidoyer affectant des airs d'impartialité en faveur de l'alliance anglaise contre l'alliance russe, — l'Angleterre, en 1823, était fort à la mode, le parti libéral, l'opposition, la donnait comme l'exemple d'un gouvernement libre et le type de la perfection. Alexandre, cependant, venait de se montrer à l'égard de la France ennemi aussi généreux que l'Angleterre s'était montrée ennemie acharnée.

L'abbé part de ce principe que, en 1823, « deux drapeaux s'élèvent aux deux extrémités de l'Europe, l'un sur terre, l'autre sur mer; le continent est placé entre ces deux bannières, et, quoi qu'en ressente l'orgueil, dans le fait il faut se ranger sous l'une ou sous l'autre; il ne reste aux peuples du continent de liberté que pour le choix du protecteur nécessaire. »

L'abbé reconnaît cependant que « deux États puissants existent encore sur le continent, la France et l'Autriche »; il ne nomme même pas la Prusse, qui, écrasée par Napoléon, se recueillait et soignait ses blessures; mais, dit-il, « la France et l'Autriche sont loin d'égaler l'Angleterre et la Russie en puissance et en indépendance. — Voyez ce qui se passe, et lisez la situation du continent dans l'anxiété avec laquelle dans toute affaire un peu importante, on se demande dans cette contrée ce que l'on peut, ce que l'on fait, ce que l'on veut à Londres et à Pétersbourg ; en tout évènement, on attend un visa signé dans une de ces deux métropoles de la politique ».

※

« C'est ainsi, ajoute l'abbé, qui « r'aime Napoléon », que, du temps de Napoléon, l'Europe entière suivait d'un œil inquiet, écoutait d'une oreille attentive tous les pas et toutes les paroles de son dominateur, le théâtre est transporté de Paris à Londres et à Pétersbourg, le dictateur est changé, mais la dictature et son poids sont restés.

» La diplomatie, depuis Charles-Quint, avait laborieusement travaillé à fonder en Europe l'indépendance par l'équilibre. Où se trouve aujourd'hui cette balance? D'un côté, en Russie, dont, du temps de Richelieu, le nom n'était pas même alors fixé en Europe, derrière un rideau tissé et épaissi par la barbarie, se formait silencieusement le géant du Nord; d'un autre côté, l'Angleterre, enfantant péniblement sa réformation politique et religieuse, s'essayait sur l'Océan et ignorait les Indes; aujourd'hui, elle enserre le monde dans ses bras aussi robustes que longs. »

L'archevêque de Malines ne semblait pas prévoir que cette France si vivace allait, en peu d'années, reprendre son rang parmi les nations, qu'elle n'en serait bientôt plus à chercher un protecteur; mais qu'elle pourrait choisir ses alliés, rang que lui a follement fait reperdre pour un temps, espérons-le, la folie outrecuidante du second empire.

« S'il existe en Europe deux grands pouvoirs, par cela même, il existe deux grandes rivalités. »

Ce qui donne à M. de Pradt la pensée de faire le parallèle des deux puissances, parlant très haut d'impartialité et de désintéressement, mais laissant passer très visiblement ses préférences.

L'anglomanie n'avait eu qu'une éclipse de trente ans. On revenait à l'époque où un gentilhomme, escortant à cheval le roi de France à la portière de son carrosse, un jour de pluie, répondit au roi qui lui disait : « Monsieur ***, vous me *crottez*. — Oui, sire, je *trotte* à l'anglaise. Ou un autre : au roi qui lui demandait ce qu'il était allé faire en Angleterre? lui répondit : J'y suis allé apprendre à penser. — A panser les chevaux? » répondit le roi.

On se servait en France de l'Angleterre pour faire la satire de la France, et surtout de son gouvernement, comme Tacite s'était servi des Germains pour faire la satire des Romains, Thomas Morus du pays d'utopie, Fénelon de la ville de Salente.

Passons au « parallèle » établi par l'auteur et commençons, comme lui, par l'Angleterre. Acceptons ce qui est juste et vrai, et laissons le reste de côté.

« La population européenne des trois royaumes unis, Angleterrre, Écosse et Irlande, qui était en 1792 de 18 millions d'habitants, s'est accrue d'un cinquième de 1792 à 1822, c'est-à-dire en trente années de guerre; cet accroissement s'explique par la constitution sociale de l'Angleterre; ce qui fait reculer ailleurs, fait avancer chez elle; ce qui ailleurs éclaircit les rangs, les épaissit chez elle. La guerre n'atteint que les coffres de l'Angleterre; ses cités et ses champs restent intacts; les dévastations, compagnes ordinaires de la guerre, viennent expirer sur ses rivages.

» Bien plus, — pendant cette guerre générale, tandis que presque toutes les capitales de l'Europe étaient occupées par l'ennemi, tandis que vingt princes fuyaient — ou rentraient humiliés dans leurs États morcelés, l'Angleterre immobile, inébranlable au milieu des flots, attirait dans son sein toutes les marchandises et tout l'or de l'univers, — elle nourrissait, elle habillait, elle armait amis et ennemis. »

Dans ses alliés, dans ses ennemis, l'Angleterre ne cherche et ne voit que des consommateurs et des clients, des « pratiques ».

***

Il est curieux de voir l'archevêque de Malines s'efforcer de traduire ce soin d'étendre son commerce en unique et désintéressé souci de répandre la civilisation.

Selon lui, l'Angleterre se sacrifie pour les Indes. Les Indes exigent pour les garder intérieurement et extérieurement une partie de la population déjà restreinte de l'Angleterre.

L'abbé fait ensuite un tableau magnifique et féerique de la puissance financière de l'Angleterre.

« Prononcer le nom des finances anglaises, c'est nommer l'immensité ; elles ont réalisé les richesses que, dans ces fictions, libres enfants de leur imagination, les Orientaux se plaisent à créer. — ... Un des plus petits États de l'Europe, celui qui a reçu le moins de faveurs de la part de la nature, aujourd'hui les surpasse tous par la richesse, et les domine presque tous par la puissance... L'Angleterre tient la bourse du monde et dispute le sceptre. »

L'abbé s'emporte dans son enthousiasme dithyrambique jusqu'à prétendre, que « en 1814, de grands souverains visitant Londres, pressés par les flots de la multitude portant les livrées de l'aisance, tous bien portants, gras, colorés, — ces souverains étonnés de ne pas voir l'aspect de leurs propres sujets pauvres, hâves, déguenillés, demandèrent : Où donc est le peuple? »

**

La populace et la misère anglaises sont cependant faciles à découvrir, et nulle part la misère ne se présente sous une forme aussi cruelle, — l'abbé était bien décidé à ne pas les voir.

M. de Pradt se demande si les Indes et les autres colonies appartenant à l'Angleterre, qui « a sa tête en Europe et son corps aux Indes » partout, à force de recevoir d'elle, de gré ou de force, les bienfaits de la civilisation, c'est-à-dire les besoins nouveaux, les besoins de tout ce que l'Angleterre récolte, fabrique et a à vendre, — ne finiront pas comme l'Amérique par réclamer et conquérir leur indépendance. Il déclare que ce sera une excellente affaire pour l'Angleterre, ce dont l'Angleterre ne paraît pas précisément convaincue. L'enthousiasme qui a enflammé l'archevêque pour les finances de l'Angleterre s'accroît encore quand il parle de sa marine :

« Un Oriental disait que l'on compterait plutôt les grains de sable du désert que l'on ne compterait la marine anglaise. » Mais le prélat veut bien avouer que c'est de la poésie, peut-être même de l'exagération. Il réduira la chose à une grande vérité, c'est qu'il n'a jamais existé rien de pareil à la marine anglaise, et que toute la marine réunie de l'Europe ne peut et ne pourra lui arracher ni même lui contester la supériorité; tout vaisseau construit contre elle finira par avoir été construit pour elle, et ne partira du Texel, de Brest ou de Cadix que pour aller prendre place à Portsmouth au milieu des vaisseaux pontés par des mains anglaises.

Il faut savoir reconnaître cette vérité, quelque dure qu'elle puisse être.

*_**

Il est vrai qu'elle est dure, — mais est-il vrai qu'elle soit vraie?

L'abbé ne tarde pas à entrevoir que son enthousiasme l'a entraîné un peu loin, — à force d'exalter la puisssance de l'Angleterre, on ne verrait plus quels dangers on aurait à craindre de la Russie, et l'Angleterre inexpugnable prendrait plutôt l'aspect d'un tyran invincible que d'un protecteur fidèle.

Il s'agit de démontrer que l'Angleterre ne peut jamais faire courir le moindre danger au continent, — cette démonstration est fondée d'abord sur les vertus de celle qu'on a appelée souvent la Carthage moderne, et dans les journaux la perfide Albion, — et ensuite sur les « freins » qui modèrent sa puissance et l'empêchent de devenir excessive.

*_**

1° Sur terre. — L'Angleterre ne peut mettre à terre, hors de chez elle, qu'une armée de 50,000 hommes, défalcation faite de ses forces employées pour la défense de ses colonies, défense pour elles et contre elles. L'entretien d'une armée anglaise est beaucoup de fois plus coûteux que l'entretien de toute autre armée. En effet, elle est composée d'hommes accoutumés à une subsistance large, certaine, réglée; à des soins, à des luxes, à des jouissances inconnues aux soldats d'une armée continentale. Cet entretien exige donc non seulement de grandes dépenses et une grande exportation de numéraire, mais encore des communications dont la difficulté s'augmente, s'aggrave à proportion des distances.

2° Sur mer. — L'Angleterre vit des consommations, des besoins, des luxes, des vices du monde entier. Elle périrait si elle était atteinte par une interdiction combinée, par une fin de non-recevoir générale, par un blocus continental, idée conçue par Napoléon, pensée vaste, dit l'abbé, redevenu bonapartiste, qui a survécu à son auteur, qui ne pourra jamais être tout à fait éteinte, et place son Napoléon bien au-dessus de tous ceux qui ont cherché le côté faible de l'Angleterre.

Les deux pivots de la puissance anglaise sont sa marine et son commerce : la marine étend, défend, protège le commerce. Le commerce alimente la marine. Mais quand un pays a presque tous ses intérêts hors de lui-même, ces intérêts peuvent être atteints plus facilement.

Que peut donc faire l'Angleterre, quel mal peut-elle faire à une autre nation?

« Elle peut agir contre le commerce de ses ennemis et sur leurs richesses confiées à la mer, — mais la multiplicité des pavillons, les privilèges légaux de la neutralité, l'invention des *assurances* ont émoussé l'instrument terrible dont elle dispose.

Bombarder quelques cités maritimes? Mais le profit ne vaut pas les frais. Un dey d'Alger disait à un envoyé de France sous Louis XIV, après le bombardement de la ville : « Vraiment! ça vous a coûté si cher que ça? Ce que c'est que de ne pas s'entendre! Je vous aurais délivré ma ville moi-même pour la moitié de ce que vous avez dépensé; » et l'amiral anglais Rodney, qui avait bombardé le Havre du temps de Napoléon, résumait ainsi l'opération : « C'est casser des vitres avec des guinées ».

Sur terre, que fera l'Angleterre de ses 50,000 hommes? Les jettera-t-elle en Russie? autant de morts et de prisonniers. Elle achètera des soldats? il n'y a plus de soldats à vendre ni à louer. Cela s'est vu en 1756 et dans les guerres contre Louis XIV et contre Napoléon. Cela ne peut plus se faire aujourd'hui; la Suède, le Danemark, la Prusse accepteraient-elles des subsides pour combattre la Russie? ce serait mettre en jeu leur existence. Les princes qui, au temps de Napoléon, ont accepté les subsides de l'Angleterre, y ont perdu leurs États.

Voici à peu près ce que dit de l'Angleterre le prélat diplomate; puis il passe à la Russie. Passons à la Russie.

« Le territoire occupé par la Russie correspond à la septième partie du globe. »

Les conquêtes de la Russie, la Pologne surtout, l'avaient fait entrer dans le corps même de l'Europe — auparavant elle devait tirer les approvisionnements militaires du cœur de ses États; aujourd'hui elle a ses arsenaux aux portes de l'Allemagne; elle n'a qu'un mouvement à faire pour séparer un tiers de la Prusse du corps de la monarchie prussienne; elle peut ouvrir la guerre à cinquante lieues de Vienne.

Chez elle, la Russie comme l'Angleterre par son état d'île, et au moins autant qu'elle, est défendue par son climat qui a vaincu les Français vainqueurs de ses soldats. Elle est défendue par son éloignement du reste du monde; elle a pour elle l'espace et le temps ; elle est comme à l'escrime, un homme de grande taille qui tient à son gré son adversaire plus près ou plus loin de lui que ne le peuvent faire ses adversaires à son égard.

Chez elle on arrive fatigué au pied d'un rempart de glaces. Une petite armée ne peut rien contre la Russie, une grande n'y peut pas subsister. Un printemps tardif touche à un hiver précoce ; — le peu de mois propres à l'action se consume à arriver ; — arrivé, l'ennemi trouve le froid et un tombeau ouvert ; — les ombres de Charles XII et de Napoléon errent à ses frontières comme des spectres chargés d'avertir les téméraires.

*
* *

La Russie peut mettre sur pied une armée d'un million de soldats recrutés à la volonté de l'empereur dans une population de plus de cinquante millions d'hommes. Le pays abonde en chevaux et en métaux propres au matériel de guerre. Les Russes vont apprendre au dehors, et savent attirer chez eux les étrangers dont ils ont besoin. Le soldat russe est robuste, brave, obéissant, dévoué et accoutumé à vivre de peu. La Russie s'est étendue comme une tache d'huile, elle est encore chez elle et peut ouvrir la guerre à quarante lieues de Berlin, à cinquante lieues de Vienne (c'est toujours l'abbé qui parle ou à peu près, ce qui suit est déjà changé depuis, à un certain point), elle n'a ni commerce maritime, ni colonies, ni aucun objet saisissable qui puisse servir de compensation ou de rançon à ce qu'elle peut s'approprier aux dépens d'autrui. Chez elle elle est inattaquable.

» Depuis Pierre le Grand, la politique de la Russie n'a pas cessé d'être conquérante, elle n'a eu qu'une seule pensée, l'agrandissement méthodique. Cette persévérance a conduit la Russie au fond de ses déserts, à la racine des grands États de l'Europe. Dans ses conflits comme dans ses épanchements avec Napoléon, l'éclat était pour celui-ci, le solide pour la Russie, car il a tout perdu et elle a tout gagné. — Ces envahissements successifs ont amené la Russie à la porte des grands États, au milieu de l'Europe. — Elle ne peut plus faire un pas en avant sans déranger l'ordre général de l'Europe. — L'Europe ne peut, dans aucun cas, tolérer qu'elle fasse un pas, un seul pas au delà du Danube.

» La Russie a de nombreuses alliances de famille dans les cours d'Allemagne, et y exerce de l'influence. Partie principale dans la fédération qui avait abattu Napoléon, elle ne pouvait être exclue de la décision des intérêts que sa chute rendait indécis. Mais cela fait, l'Europe devait se resserrer, se renfermer et se concerter pour interdire toute participation dans les affaires à une puissance qui n'y a pas un intérêt direct et qui a la force de faire pencher la balance au gré de tous les intérêts. On doit reprocher à la *Sainte-Alliance* l'imprudence d'avoir introduit la Russie dans la décision des affaires du midi de l'Europe, de faire juge de paix de l'Europe le maître d'un million de soldats, pour qui le séjour du midi de l'Europe, la jouissance de fruits inconnus dans leurs climats, est la plus douce des récompenses, le plus puissant attrait. Que peut promettre de mieux un empereur de Russie à ses serviteurs de Novogorod, comme Mahomet à ses croyants, que de leur promettre le soleil et les fruits de la France, de l'Autriche ou de l'Espagne? Ceux qui ont appelé la Russie à la signature de tous ces actes ont signé l'acte de tutelle de l'Europe. »

*_**

« On objectera que la Russie est loin, qu'elle n'a pas d'argent, dit M. de Pradt, que la modération réglera l'exercice de son pouvoir, etc. La Russie n'est plus loin depuis qu'elle occupe le duché de Varsovie. La Russie n'est pas riche d'argent, mais elle est riche de tout ce que les autres n'ont qu'avec de l'argent, de tout le matériel de guerre qui coûte si cher aux autres; d'ailleurs, quand on est plus fort que les autres, on n'est pas loin d'être le maître de leur argent. La modération, dans le pouvoir, est une chose fort rare, que la politique admet peu, et dont il serait fort honorable pour la Russie de montrer le modèle. La force, dans sa brutale nudité, se ferait honte à elle-même, elle se revêt de nobles apparences, elle est subtile, capricieuse, et un million de soldats couvrent beaucoup de fautes de logique ou de sincérité. »

« L'Europe (en 1829) a pour garantie un homme rare et modéré, mais qui garantit que son âme magnanime passera à ses successeurs avec son sceptre? Cet empereur Alexandre lui-même ne répondit-il pas aux félicitations que lui adressait madame de Staël sur sa modération, et sur le bien que son pays en attendait : je ne suis qu'un accident heureux. Dire que ce pouvoir sera toujours immense et toujours modéré, c'est dire qu'il ne sera plus le pouvoir ou qu'il ne sera plus exercé par des hommes. »

*_**

Voici enfin le résumé de l'archevêque de Malines :

L'Angleterre et la Russie sont les deux puissances prépondérantes de l'Europe; elles exercent sur cette contrée un protectorat ou une menace qu'aucun ne peut décliner.

Toutes deux sont inattaquables sur leur propre sol.

La population de l'Angleterre ne peut pas croître de manière à peser sur l'Europe.

Celle de la Russie peut l'écraser.

L'Angleterre peut enlever à ses ennemis quelques parties de leur richesse.

La Russie peut enlever l'existence même.

L'Angleterre est vulnérable dans son commerce, et l'étendue de celui-ci la force à des ménagements et à une certaine modération.

La Russie n'a point de commerce extérieur qui l'expose à de grandes pertes.

L'Angleterre est régulièrement constituée.

La Russie l'est despotiquement et asiatiquement; elle est gouvernée par une volonté unique, versatile, passagère, hors de toute remontrance et de toute répression.

L'Angleterre possède des institutions propres à ramener son gouvernement quand il erre.

Et il finit « par adjurer les Européens de ne pas permettre que le centre de l'Europe devienne le grand chemin des armées du Nord vers le midi de l'Europe. Abstenez-vous de haine, mais ne soyez pas un moment sans vigilance et sans prévoyance. »

* *

J'ai trouvé cet écrit de l'abbé de Pradt, curieux dans la situation actuelle de l'Europe, — tout en tenant compte de certaines exagérations de parti pris dans les deux sens ; de certains changements ou certaines modifications apportées par le temps et par les évènements ; d'ailleurs, c'est un avocat qui plaide, — libre aux juges d'accepter de la plaidoirie ce qu'ils jugent utile à former leur opinion.

Quant à la solution de la question d'Orient, que l'archevêque de Malines, tout en se trompant sur un fait accompli en 1822, laisse entrevoir, et qui mérite d'être étudiée, — j'en remets l'analyse à un autre jour.

En attendant, félicitons-nous des chances qui se présentent en ce moment d'éviter ce spectacle étrange mais cruel, et dangereux même pour les spectateurs, de la lutte entre deux puissances qui, s'égalant et inattaquables chez elles, ne peuvent se battre que chez les autres et à leur détriment — de ce duel terrible et bizarre entre l'éléphant et la baleine.

RÊVE, PARADOXE, UTOPIE

Soldat assez déterminé à l'occasion, je laisse quelque peu à désirer sous le rapport de la discipline — je n'ai jamais combattu qu'en volontaire, et ne suis guère propre à faire la guerre autrement; ce n'est donc qu'à moi seul que peuvent s'en prendre ceux qui ne partagent pas mes idées. — Mais s'agit-il d'idées aujourd'hui ?

Je viens de passer quelques jours à Milan, — je suis depuis une semaine à Venise. — Dans ces deux villes, les journaux ont bien voulu dénoncer ma présence avec une bienveillance sympathique dont je suis reconnaissant, mais qui, je le crains, a quelque peu surexcité et enflé ma vanité, et m'a fait faire le rêve que voici : Je viens d'aller jeter quelques poignées de maïs aux pigeons de Saint-Marc, qui viennent manger dans la main, je rentre et je vais vous raconter mon rêve.

J'ai rêvé que j'étais appelé à faire partie du congrès de Berlin; à quel titre? je ne le sais absolument pas, — mais je n'en paraissais pas étonné, — et les autres semblaient trouver de leur côté la chose toute naturelle. Il est vrai que j'y jouais le rôle modeste d'auditeur et de personnage muet. Personne ne paraissait surpris non plus de la présence de quelques personnages qu'on ne pouvait cependant guère s'attendre à y rencontrer.

*
* *

Henry IV de France demande la parole :
« Ne serait-il pas temps, mes chers frères et beaux cousins, d'en revenir un peu à un projet que j'avais roulé dans ma tête avec mon compère Sully, de chercher les moyens d'établir entre les différents peuples une paix perpétuelle? Les raisons qu'on en pouvait donner se sont accrues depuis mon temps d'autres raisons si puissantes, qu'il me semble évident que ce projet, alors et depuis considéré comme un rêve, est aujourd'hui une nécessité et une condition d'existence.
» La guerre est devenue non seulement plus meurtrière, mais aussi beaucoup plus chère, beaucoup plus ruineuse qu'autrefois, et disons aussi, beaucoup moins jolie. La force du corps, l'adresse, l'audace n'y comptent plus guère pour rien pas plus que les belles armes, les riches uniformes et les beaux plumets. On tue et on est tué à la mécanique; ça se passe entre gens qui ne se voient pas, la bravoure ne consiste plus qu'en résignation et en fatalisme.
» Ces armées immenses qui ont succédé à nos petites armées de 15, 20, 30,000 hommes, coûtent si cher que le vainqueur ne fait pas ses frais; si bien que la guerre est devenue un malheur et un fléau aussi bien pour les vainqueurs que pour les vaincus. Les impôts ne peu-

vent suffire aux frais de la guerre, telle qu'elle se fait aujourd'hui ; les gouvernements sont obligés à des emprunts qui nécessitent, pour payer les intérêts, l'aggravation des impôts.

» Cette idée immorale et sauvage, pratiquée, hélas! de tout temps, mais qu'on n'avait pas encore osé formuler en maxime : « La force prime le droit », tient les peuples et leurs gouvernements vis-à-vis les uns des autres, dans un état de défiance réciproque qui nécessite l'entretien de grosses armées permanentes, rend les peuples pauvres, et à une époque où on parle tant de libertés, laisse en arrière et en qualité d'exception la liberté de boire, de manger, de respirer et de dormir que les gouvernements sont obligés de vendre tous les jours plus cher à leurs sujets, qui sont régulièrement plumés au lieu de la poule que j'avais promise au pot des miens, et que je leur aurais donnée si on ne m'avait assassiné. »

**

Le comte Schouwaloff. — La guerre entreprise par la Russie doit être envisagée avec plus d'indulgence ; il s'agissait uniquement de protéger les sujets chrétiens du sultan.

Henri IV. — Vous vous y entendez à protéger les gens! Et ces cent mille soldats russes que vous avez menés mourir par la mitraille et la maladie, n'étaient-ils pas chrétiens? Il aurait fallu bien du temps à la tyrannie turque, même en ne la supposant pas exagérée par vos récits, pour faire périr cent mille chrétiens; et croyez-vous que cette guerre ait beaucoup adouci les Turcs à l'égard des chrétiens établis parmi eux? Croyez-vous que, attaqués par vous, ils se soient occupés surtout à leur offrir des sorbets et des pipes? Mais nous y reviendrons tout à l'heure.

Je ne veux parler de la nécessité où sont tous les peuples et leurs « pasteurs » de vivre en paix entre eux; chacun a chez soi une besogne dont on n'a pas le moyen de se distraire. La secte antisociale appelée « socialisme » par antiphrase, comme des *tarets* souvent invisibles, perce et ronge les digues élevées par la civilisation, et menace l'Europe d'une rechute en sauvagerie; au lieu de vous battre entre vous, réunissez vos efforts contre l'ennemi commun, et songez que, pour le vaincre, il ne suffit pas de compression; il est urgent surtout, en rendant le sort des peuples, de ceux qui vivent en travaillant, plus heureux, plus facile, de ne pas les livrer, recrues faciles et dupes inconscientes, à l'armée de l'Internationale. Pour cela, il faut diminuer les impôts, pour faire rendre à la terre les seules vraies richesses qu'elle contient et les lui faire rendre toutes, comme mon compère Sully et moi nous nous efforcions de le faire. Pour cela il faut supprimer la guerre.

**

Mirabeau. — Je l'écrivais, étant prisonnier à Vincennes : Il y a toujours en Europe, à tour de rôle et pour un temps, une puissance dominante, inquiétante et envahissante; ç'a été plus d'une fois la situation et le rôle de la France; elle aurait pu alors amener le désarmement universel en désarmant la première.

L'empereur Guillaume de Prusse. — C'est vrai et disons aussi que le sort des armes est changeant; parmi ceux qui faisaient dernièrement le siège de Paris, il en était encore quelques-uns qui, comme moi, avaient vu les Français à Berlin. Je vais rendre à la France l'Alsace et la Lorraine en échange d'un bon et loyal traité de paix et d'amitié; en même temps je réforme de mes armées tout ce qui n'est pas indispensable à la sécurité intérieure. La France qui n'a rien à craindre que de nous désarmera également. Ainsi feront l'Italie, l'Autriche et l'Angleterre, après que nous aurons amené la Russie à en faire autant dans ses intérêts les plus impérieux.

Henri IV. — Bravo! c'est un tort d'assassiner les bons rois, les rois qui aiment leur peuple comme vous et moi; ça n'encourage pas les autres. Votre projet accompli, les gouvernements de l'Europe, comprenant qu'on ne grandit qu'en hauteur, tandis qu'en largeur on ne fait que grossir et s'enfler, n'auront plus de lutte que pour se devancer dans les vrais progrès, les véritables améliorations.

**

J.-J. Rousseau. — Au lieu d'entendre les rois se dire entre eux : Mon cousin, vous ne m'avez tué que dix-sept mille hommes; je vous en ai couché par terre dix-huit mille : j'ai gagné. Donnez-moi trois villes et soupons ensemble. — Votre revanche quand vous voudrez...

Un poète. —

Sur votre piédestal tout formé de ses os,
Le peuple applaudira, — pour quelques tabatières;
Les rimeurs vous mettront au nombre des héros.

J.-J. Rousseau. — On entendra les rois se dire: Mon cousin, vous savez, j'ai encore supprimé ou réduit les impôts; venez voir comme le peuple est heureux, comme il travaille en chantant.

— Et moi, mon cousin, je vous engage à chercher un pauvre chez nous, vous ne le trouverez pas.

— Et moi je puis vous dire ceci, c'est que les soi-disant socialistes ne font plus de recrues; l'autre jour un de ces gaillards était venu prêcher le désordre, les grèves, l'anarchie, etc., dans un atelier, on l'a jeté dans un bassin peu profond, dont il s'est retiré ruisselant et s'est enfui poursuivi par les huées.

Montesquieu. — Il faut prendre garde que tout ce qui arrive de mauvais, fléaux quelconques, épidémie, guerre, disette, sécheresse prolongée, pluie intempestive, tout cela fait des atouts dans le jeu des socialistes, nihilistes, etc.

L'empereur Guillaume. — Or, mon beau neveu Alexandre Nicolaiewitch, vous avez aussi vos *tarets*, vos nihilistes, ils n'ont pas encore tiré sur vous, parce que vous avez obéi en faisant cette guerre que vous ne vouliez pas faire; — beau rôle pour un despote! Mais vous aurez votre tour. Quant à la guerre et à la question d'Orient, pour laquelle nous sommes réunis, vous n'avez pas compris que mon compère Bismarck voyait en vous la seule puissance pour le moment rivale possible de l'Allemagne. Mirabeau disait tout à l'heure avec raison qu'il y a toujours et à tour de rôle une puissance momentanée prépondérante; il faut ajouter qu'il s'élève en face d'elle une puissance rivale dont les forces se grossissent de tous ceux que les excès presque inévitables de la puissance prépondérante ont mécontentés; il n'a pas été fâché de voir la Russie dépenser son argent et ses hommes dans une guerre, que, en cas de victoire, on saurait bien limiter, et se ruiner pour dix ou vingt ans.

Vous n'avez pas compris non plus que, grâce au commerce, aux emprunts, aux chemins de fer, les intérêts de tous les peuples sont devenus solidaires; que celui d'entre nous qui déclare la guerre à un autre ne la déclare qu'à un seul, mais la fait à tous. Voyez comme votre guerre d'Orient a entravé, suspendu les relations de commerce et d'affaires dans le monde entier, comme la crainte des complications et d'une conflagration générale a obligé tous les pays à se ruiner en armements et en entretien d'armées sur le pied de guerre, et conséquemment les a forcés à multiplier et les impôts et les emprunts, pères de nouveaux impôts, et à fournir des arguments à l'anarchie.

***

Comte Gortschakoff. — Si l'Angleterre n'avait pas soutenu les Turcs, la guerre eût été moins longue, les Turcs auraient cédé tout de suite.

Lord Beaconsfield. — La politique de l'Angleterre a été ce qu'elle a été de tout temps; n'est-ce pas l'Angleterre qui, en 1790, a fait lâcher prise sur la Turquie à la puissante et superbe Catherine? L'Angleterre a besoin de l'équilibre et de la paix — elle obtiendra la paix même au besoin par la guerre. — En présence de la politique d'envahissement de la Russie, elle reçoit de la nature des choses une politique obligée; la surveillance et, le cas donné, l'opposition. — Quand il s'agit de ses intérêts nationaux, l'Angleterre obéit infatigablement à ses instincts de conversation; elle n'a reculé devant aucuns sacrifices contre Napoléon — et cependant

Napoléon, un homme, n'était qu'un accident, et les dangers qu'il faisait courir finissaient avec lui, — il n'en est pas de même d'une nature qui est éternelle. L'Angleterre n'est pas conquérante — ou du moins elle ne tend à conquérir que des consommateurs, des clients pour des produits ; — sa politique est donc simple : le maintien de la paix sur le continent — l'opposition constante à tout pouvoir susceptible d'opprimer le continent.

L'empereur Guillaume. — Ou de lui chipper des clients et des pratiques.

Les intérêts de tous les peuples étant aujourd'hui, par les progrès de la civilisation, devenus solidaires, celui qui leur nuit ou qui les menace devient pour tous un ennemi commun. Une guerre d'un peuple contre un autre ne peut plus être entreprise qu'avec l'approbation et l'assentiment de tous les autres. Sans les idées que je vous dénonçais tout à l'heure de mon compère Bismarck, c'est au commencement de cette guerre d'Orient et non à la fin que ce congrès eût dû avoir lieu, et qu'on vous eût dit, mon beau neveu, ce que je vous dis aujourd'hui. Le czar de Russie voudra bien se contenter de régner sur la septième partie du globe qu'il possède aujourd'hui et renoncera à s'étendre sous aucun prétexte jusqu'à ce qu'il soit prouvé : 1° que ses États sont trop peuplés ; 2° que toute la superficie de ses terres est cultivée et rend tout ce qu'elle peut rendre ; 3° que toutes les industries qui lui sont propres sont en pleine prospérité ; 4° que la diminution des impôts et leur répartition ont donné à ses peuples la vie facile et réduit les nihilistes à l'impuissance de faire des recrues. Cela nous laisse de la marge.

Si les Français avaient appliqué à l'agriculture, à l'industrie, au dégrèvement des impôts les dix milliards et les hommes que la guerre nous a coûté; si nous avions fait de même et de nos tués et de ce que nous avons dépensé de plus que les cinq milliards de la France qui nous ont laissés plus pauvres qu'auparavant; si vous et l'Angleterre et la Turquie avaient agi ainsi, la face du monde serait changée aujourd'hui.

L'empereur Alexandre. — Mais, mon bel oncle, les vainqueurs ne peuvent cependant pas être traités comme des vaincus; il est impossible que tant d'hommes et d'argent aient été dépensés en pure perte. Il faut au moins nous laisser quelques bribes de ce que nous avons conquis. Les slavophiles ne me pardonneraient pas d'avoir cédé.

L'abbé de Pradt. — Je demande la parole.

Madame de Gasparin. — Je la demande aussi, après Mgr l'archevêque de Malines.

L'abbé de Pradt. — Prenez-la d'abord, madame.

Madame de Gasparin. — Ah! monseigneur.

L'abbé. — Je vous en prie!

Madame de Gasparin. — Je suis allée à Constantinople. Ces Turcs sont-ils donc aussi méchants et aussi dangereux qu'on le dit? Ne pourrait-on les laisser tranquilles chez eux? Nous ne sommes plus au temps où les Turcs assiégeaient Vienne, enlevaient des femmes sur la plage de Marseille, — où Pierre le Grand ne devait qu'à l'adresse et au dévouement de sa femme et à la corruption d'un général turc de ne pas être prisonnier avec toute son armée. La guerre contre les Turcs conservant une vieille tradition qui devrait être morte, fait encore semblant d'être défensive; — elle n'est qu'agressive et vorace. La Russie, qui s'est faite la garde-malade de la Turquie, et qui annonce de temps en temps qu'elle est mourante, qu'elle sent déjà mauvais, qu'il est temps de l'enterrer, et qui se prépare à s'en porter héritière, d'après un prétendu testament de Pierre qui la lui aurait léguée assez incorrectement, la Russie a vu qu'elle s'était trompée sur l'état de la malade, et qu'elle est encore vigoureuse et brave, et elle a vu ainsi qu'elle demande à l'Occident ce qui lui manque, comme a su faire la Russie, en attirant chez elle les étrangers dont elle avait besoin, et en allant apprendre chez eux ce qu'elle ignorait. La plupart des hommes d'État turcs ont étudié en France, ont habité la France; la plupart des officiers supérieurs appartiennent à des pays plus avancés en civilisation. N'est-ce pas la marche du czar Pierre qui eut toute sa vie à la tête de ses armées un tiers d'officiers étrangers? Et puis le costume des femmes turques est tout à fait joli.

**

Pierre le Grand. — Vous venez, madame, de me rappeler un doux souvenir; — l'histoire a-t-elle enregistré la lettre que j'écrivis du camp de Pruth en 1711 à mon sénat?

Dans cette situation désespérée, je cherchais un officier qui osât se charger de la porter à travers l'armée ottomane qui nous entourait; — il s'en présenta un qui m'inspira confiance par son air résolu; — je le baisai au front, lui donnai la lettre, en lui disant : Pars avec la grâce de Dieu. — Il arriva dans la capitale après neuf jours de marche. Voici ma lettre; l'original en est conservé dans le trésor de Saint-Pétersbourg.

« Je vous donne avis par ces présentes que, sans avoir commis aucune faute, ni négligé aucune des précautions nécessaires, mais sur de faux avis qui nous ont égarés, je me trouve, avec toute mon armée, entouré par une armée turque quatre fois plus forte que la mienne, privé de vivres et de provisions de toute espèce de sorte que, sans un secours surnaturel, je ne puis éviter une entière défaite ou la captivité chez nos ennemis. Dans ce dernier cas, vous ne devez plus me regarder comme votre czar et votre maître, gardez-vous d'obéir à aucun ordre qui vous viendrait de ma part, fût-il signé de ma propre main, jusqu'à ce que vous m'ayez vu en personne. Si je péris, il ne vous reste qu'une chose à faire après que ma mort vous aura été confirmée : choisissez pour me succéder celui que vous en jugerez le plus digne. »

Napoléon III. — La lettre est belle.

Pierre. — Le secours surnaturel qui nous sauva ce fut ma bonne Catherine. Je n'ai pas voulu savoir tout ce qu'elle fit pour notre salut, mais c'était une brave et solide femme, et, comme on dit aujourd'hui, tout à fait pratique.

L'abbé de Pradt. — La gracieuse interruption de madame de Gasparin ne m'a pas été désagréable. J'ai achevé de mettre de l'ordre dans mes idées un peu confuses de mon vivant, et troublées surtout par certaines espérances, certains désappointements et certaines rancunes. Grâce à la mort, je ne me soucie plus aujourd'hui ni de mitre, ni d'ambassades, ni de baronnies ; je puis donc vous faire profiter des études sérieuses que j'avais faites sur le sujet qui nous rassemble.

À voir les dispositions que les représentants de chaque puissance apportent au congrès, il est évident qu'on va marchander, chicaner sur les détails, et à force de prétentions, de concessions, d'arguties, finir par une « cote mal taillée » qui ne tranchera nullement la question, qui ne donnera qu'un sursis, un ajournement.

Il importerait à la sécurité de l'Europe, à sa prospérité, à son salut, menacée qu'elle est, chaque nation chez elle, de la « rechute en sauvagerie » dont parlait tout à l'heure Henri IV. Il importerait de trancher une fois pour toutes cette ennuyeuse question d'Orient qui l'inquiète et l'agite depuis si longtemps.

Il s'est présenté en 1822 et 1823 une occasion et un moyen de la trancher et de la fixer définitivement. C'est la révolution de Grèce.

Kanaris. — Ah! si on nous eût seulement laissés faire! nous étions maîtres de nos célèbres défilés historiques, nous avions pris aux Turcs Coron, Modon, Patras, Lépante et la citadelle de Corinthe. — Les Turcs avaient tenté en vain de rentrer dans le Péloponèse, nous avions occupé Missolonghi par des actes dignes de l'ancienne Grèce ; de proche en proche, nous aurions étendu notre reconquête jusqu'à l'extrémité des possessions des Turcs en Europe.

L'abbé de Pradt. —En effet, dans la Turquie d'Europe, la population grecque respecte la population turque. Pierre le Grand avait porté ses regards sur la Grèce comme sur l'ennemi intérieur de l'empire turc et le plus propre à l'affaiblir. Catherine II reprit ses projets. On l'a vue inviter les Grecs à se soulever, les aider de ses armées, de ses vaisseaux, de son or, et remplir la Grèce de ses agents ; elle donnait des noms grecs à ses petits-fils, pour les faire accepter aux Grecs pour leurs futurs messies.

La révolution de Grèce fut très populaire, très sympathique aux peuples de l'Europe ; on se rappelle les souscriptions, les envois d'armes, les volontaires entre lesquels lord Byron, ce vrai poète qui, de même que

Lamartine, ne se contentait pas de parler, et si les gouvernements ne profitèrent pas de l'occasion, c'est qu'ils se défiaient les uns des autres. L'Angleterre, surtout, fidèle à ses pratiques utilitaires, redouta de voir la Grèce n'être qu'un prête-nom de la Russie, — craignant que cette révolution fût faite non à la grecque, mais à la russe ; elle vit une assistance russe amenant des plans russes, des troupes russes, on aurait agi d'après les horloges russes et on aurait obtenu un résultat russe au lieu d'un résultat grec, c'est-à-dire européen.

Alors elle prit parti pour les Turcs contre les Grecs, et fournit aux Turcs des armes et de l'argent. La Russie, qui n'avait voulu que « protéger » les Grecs et leur faire tirer les marrons du feu, les abandonna à eux-mêmes. Le reste de l'Europe laissa faire, et la Grèce devint ce qu'elle est, à peu près inutile à elle-même et à l'Europe. — Mais je maintiens que la seule chance d'en finir avec la question d'Orient qui a déjà coûté si cher à l'Europe, j'entends en finir d'une façon sérieuse et définitive, si l'on veut absolument se défaire de la Turquie en Europe, est la création d'un grand empire grec, du Danube au Bosphore, non sous le protectorat de la Russie ou de l'Angleterre, mais sous la sauvegarde de l'Europe, maintenir ainsi une digue à deux faces qui sépare à jamais (si ce mot est permis aux hommes comme « à toujours ») les Turcs et les Russes, et rejeter les Turcs dans leurs possessions d'Asie.

Toute autre combinaison n'est qu'un sursis, un atermoiement à plus ou moins courte échéance.

*
* *

L'abbé avait l'air très convaincu. J'attendais avec anxiété les objections, réponses, réfutations de la Russie, de l'Angleterre et des autres nations.

Mais je fus éveillé par les voies éclatantes des gondoliers se disputant sous mes fenêtres, ce qu'ils font toute la journée, sans haine, sans colère, sans mauvaise humeur, histoire de se distraire et de tuer le temps, en attendant les passagers pour le Lido, le grand Canal ou la Judeca.

Réveillé, j'écrivis ce rêve, « sous toutes réserves », n'ayant pas eu moi-même le temps de me faire une opinion définitive.

MISCELLANÉES

LA RÉVOLUTION — LA POLITIQUE — UNE BALEINE — LA TOUR DE BABEL — UN AMATEUR DE JARDINS — LES ASSIGNATS.

La révolution dure depuis bientôt un siècle en France, avec quelques trêves qui ne sont jamais le commencement d'une paix, mais un temps pendant lequel chacun répare, fourbit et perfectionne ses armes.

Comme guerre, la révolution pouvait s'arrêter en 89, — il n'y avait pas besoin de tuer Louis XVI ; — comme problème rien n'est résolu, — et on recommence toujours la guerre, parce que l'homme a deux bras et deux pieds et n'a qu'une tête, parce que le plus grand nombre n'a que des bras et des pieds, et qu'il lui est plus facile de se battre que de penser. Un charlatan avoue que, pour lui, il n'y a pas de question sociale. Un autre demande un quart d'heure pour la résoudre. Ils n'y ont jamais pensé cinq minutes ni l'un ni l'autre.

La guerre continue parce que de temps en temps vient un intrigant ou charlatan audacieux qui annonce qu'il a deviné l'énigme, et qu'il va dire le mot du sphinx qui nous dévore, comme il dévorait les Thébains au temps d'OEdipe. Le peuple se croit sauvé, acclame le charlatan, le revêt de pourpre, lui sert un festin splendide, et l'accompagne en chantant devant le sphinx, auquel il ne dit rien ou dit une injure ou une bêtise, et qui le dévore en même temps que ceux qui l'entourent, et toujours comme ça.

La guerre continue aussi, parce que notre société, comme les architectes et les maçons de la tour de Babel, est en proie à la confusion des langues. — Les mêmes mots ont un sens pour les uns, et un sens autre ou souvent contraire pour les autres. — On a quelquefois l'air de tomber d'accord sur une chose, et on n'est tombé d'accord que sur un mot, — qui signifie une chose opposée pour chacun des contractants, si bien que, la chose expliquée, on en revient aux coups.

Ainsi la politique, en bonne étymologie et en bonne logique, devrait être pour tout le monde l'art de gouverner la multitude et les villes, — πολυς et πολις ayant la même racine.

L'art de gouverner les villes et les peuples devrait consister en ceci :

Réunir les hommes dans des villages et leur faire adopter des lois communales, égales pour tous, chacun contribuant à la sécurité et à la prospérité de tous par l'apport d'une partie de ses gains au profit des besoins communs, — par le sacrifice d'une partie de sa liberté au bénéfice de la liberté des autres. Cela établi, la politique continuant son œuvre, étudiant, écoutant l'expérience, devrait consister à augmenter progressivement la sécurité et la prospérité de tous, et en même temps à diminuer l'apport de chacun : apport d'argent, apport de liberté ;

A donner la même somme et même une somme supérieure de sécurité et de prospérité à meilleur marché, c'est-à-dire arriver à donner à tous la plus grande somme possible de sécurité, de bonheur, en échange d'un apport, d'un sacrifice, le plus petit possible, d'argent et de liberté.

Loin d'arriver à ce but, loin d'en approcher, on ne s'y dirige même pas, et si l'on marche, tantôt c'est en sens contraire, tantôt c'est en rond.

Parce que pour presque tous — presque est une concession *polie*, — la politique est l'art de prendre la place des autres et d'empêcher les autres de prendre ou de reprendre votre place.

On ne s'entend pas davantage sur la liberté ; — la liberté, pour le plus grand nombre, n'est qu'un nom honnête du despotisme. — Personne ne comprend que la liberté de chacun a pour limite la liberté des autres.

— Les apôtres bruyants et vociférants de la liberté — veulent conquérir et conserver toute la liberté, leur part et celle des autres.

Au bon plaisir des rois qui puisaient à même sans compter, a succédé le règne des économistes, qui nous ont fait faire des expériences ruineuses de leurs systèmes variés et contradictoires.

Plaise à Dieu qu'après les économistes viennent les économes.

Et ici, il faut encore s'étendre sur le sens du mot : l'économie n'est pas l'art de ne pas dépenser l'argent, mais l'art de le bien dépenser. — Économie, c'est le gouvernement de la maison.

Vers ce but non plus nous ne sommes pas en route, et nous semblons plutôt y tourner le dos.

Les économistes se sont livrés des combats sur deux systèmes pour l'accroissement des ressources, l'impôt et l'emprunt, — c'est aujourd'hui l'emprunt qui est en faveur; — c'est logiquement le plus mauvais, car pour payer les intérêts de l'emprunt, il faut créer ou augmenter des impôts, et de préférence l'emprunt, on a les deux, et l'emprunt et l'impôt; — mais l'emprunt offre une proie à l'agiotage, et quand M. de Freycinet, en défendant ses projets, parle de donner de la besogne aux ouvriers, soyez certains qu'il compte, pour les faire accepter, surtout sur l'appât offert aux agioteurs.

Il n'est pas vrai que les frais et la rançon de la guerre de 1870 soient payés; on n'a fait que changer de créancier, et en augmentant la dette, cet emprunt a amené et de nouveaux impôts et l'aggravation des anciens, rend la vie plus difficile pour tous et impossible pour beaucoup; le but de vrais politiques devrait être, par une sage économie, de diminuer la dette et de nous dégrever d'impôts; c'est le contraire qu'on semble vouloir faire.

Si la république est le gouvernement des meilleurs, choisis par tous, dans l'intérêt de tous, il est évident que la situation actuelle où nous voyons un parti, une coterie vouloir tout prendre et tout garder, n'est pas la république.

On nous dit : Nous sommes depuis assez et trop longtemps les jouets des vagues et des vents ; voici une terre, la république, accostons la terre et débarquons.

Mais, en comparant ce qu'on dit et ce qu'on fait, il me revient à l'esprit cette histoire de naufragés qui prirent pour une île une baleine qui flottait endormie, débar-

11.

quèrent sur la baleine et s'y installèrent, puis la baleine se réveilla et plongea.

Parlons d'autre chose.

**

Il y a quelques jours, je rencontrai, chez un jardinier de mes amis, un homme qui achetait des plantes. Nous échangeâmes quelques paroles, et ma vanité fut assez flattée en voyant que ma renommée de jardinier était parvenue jusqu'à lui, et qu'à ce titre il me témoignait une certaine déférence.

— Je serais bien honoré, me dit-il, si vous vouliez, quelque matin, visiter mon jardin; peut-être y verriez-vous quelques plantes dignes de votre attention.

En général, je ne suis pas curieux et ne me dérange guère pour voir les hommes, — j'en excepte, bien entendu, mes amis.

Si je me dérange peu pour voir les hommes, je me dérange difficilement pour voir les monuments; — mais pour voir la mer, une rivière, un ruisseau, une montagne, une forêt, un arbre, une fleur, un brin d'herbe, — c'est une autre affaire.

Je regardai d'un air interrogatif mon ami le jardinier, qui me fit de l'œil et du sourcil un signe qui me parut signifier que le jardin de l'étranger méritait d'être vu, et je promis d'aller quelques jours après voir ce jardin.

Au jour dit, à l'heure convenue, j'arrivai chez lui; il me reçut poliment et parut enchanté de ma présence, puis il commença à me faire voir et admirer, en suivant un itinéraire inflexible, toutes ses richesses; je ne tardai pas à voir que mon homme n'était ni un jardinier, ni un amateur de fleurs, ni un amant de la nature : c'était un simple collectionneur, et un collectionneur de la mauvaise espèce, c'est-à-dire de ceux qui jouissent très peu de voir une belle rose, qui jouissent un peu de la posséder, mais pour qui le suprême plaisir serait de la posséder seul, et de savoir que les autres ne l'ont pas, s'il n'y avait encore une sensualité plus grande, plus délicate, plus exquise à attirer les autres chez eux, à leur faire voir, admirer et surtout envier et à les renvoyer tristes ; j'étais une victime, j'étais une proie, je me sentais dans la toile de l'araignée, et je m'aperçus seulement alors que mon hôte, dont la physionomie ne m'avait pas frappé d'abord, en effet, avait par sa forme, ses gestes, ses attitudes, une certaine ressemblance avec l'araignée.

Cependant, s'il est d'une morale vulgaire et généralement admise et professée, sinon pratiquée, de respecter l'infortune, je me sens peut-être encore plus saisi de respect, de soins, de précautions à l'égard d'un bonheur — tant j'ai le sentiment que tout bonheur est chose fragile et ne doit être touchée qu'avec la plus grande attention, la plus scrupuleuse attention. Je traverse une route pour ne pas effaroucher et déranger un oiseau qui becquète quelques grains.

Au lieu de me débattre dans la toile, je m'armai de résignation et me dis : Je ne gâterai pas le plaisir qu'il ressent de m'avoir fait tomber dans son piège ; — il a compté sur moi pour un plaisir, je lui dois un plaisir : il aura son plaisir.

Quand je me promène libre dans un jardin, j'aime à en voir d'abord l'ensemble, les masses, les divers aspects, les groupes, puis à revenir sur les détails, sur les arbres, sur les plantes ; ce n'était pas le cas où je me trouvais; mon homme a son programme, son itinéraire, auquel il n'est pas permis d'échapper.

— Monsieur, me dit-il, n'allons pas si vite, nous laisserions échapper quelques végétaux qui, j'ose le dire, ne sont pas indignes de l'attention d'un amateur : Voici un *datylirion* que je vous recommande; je ne crois pas que vous l'ayez vu ailleurs. Il ressemble au *datylirion gracilis*, peut-être un peu aussi au *datylirion glauca*; mais c'est une nouvelle plante, c'est le *datylirion glaucescens*, que je vous prie de ne pas confondre.

— Je m'en garderai bien, repris-je avec ce profond respect pour le bonheur que je professais tout à l'heure.

— Voici un *cocos campestris*, il a un demi-mètre de plus que celui que possède M. Mazel au golfe Juan, et dont il se montre, peut-être, un peu trop fier; et que dites-vous de cette liliacée, le *xeronema Mooret*. C'est M. Moore de Sydney qui l'a découvert à la Nouvelle-Calédonie, et M. Linden qui en a doté l'Europe. J'ai payé un oignon 200 francs; il ne fleurira que dans un an ou deux; mais j'ai vu le portrait, c'est une sorte d'iris à fleurs rouges.

Et ce palmier, il est encore tout petit, mais il est rare et nouveau, c'est le *cyphokentia*. Vous savez que le vicomte Vigier est orgueilleux de ses magnifiques palmiers qu'il s'obstine à appeler *phœnix reclinata*, tandis qu'ils appartiennent au *phœnix tenuis*. J'avoue que le *tenuis* est plus beau que le *reclinata*; mais enfin le *tenuis* n'est pas le *reclinata*. Voici le *reclinata* : ça n'a pas les dimensions colossales des... *tenuis* du vicomte, mais il les indigère d'engrais et les noie d'arrosements; ils sont obèses, apoplectiques. C'est égal, il a fait une drôle de figure quand je lui ai fait voir MON *cyphokentia*.

Ici, il faut monter, c'est un peu escarpé, mais votre peine sera payée. Vous allez voir un bel *araucaria*. Ici, je m'insurgeai avec modération, mais je m'insurgeai.

— Je n'aime pas passionnément les *araucaria*, dis-je.

— Vous avez tort. Il est vrai que, pour les apprécier, il faut les voir dans leur beauté, dans leur développement, comme celui que vous allez admirer.

— Et des roses? dis-je timidement.

— Des roses? il y en a dans des coins, peut-être passerons-nous devant. Mais les roses... qu'est-ce que c'est que ça? Tout le monde en a, des roses; c'est des fleurs de pauvre.

Je me sentis irrité de ce manque de respect aux roses et aux pauvres. Des fleurs de pauvre! La Providence en a fait exprès pour les pauvres, des fleurs, et de belles fleurs, et des fleurs bien riches; — et je pensais à toutes les fleurs de pauvre auxquelles j'ai dû tant de jouissances dans ma vie et dont j'ai pris plus que ma part : la giroflée des murailles, l'iris des toits de chaume, l'églantier et l'aubépine des haies, le muguet des bois, etc. Par une munificence particulière, c'est aux fleurs de pauvre, aux fleurs sauvages que Dieu semble avoir presque exclusivement réservé la couleur du ciel, le bleu! — Les bleuets (au nom du ciel, messieurs les compositeurs, n'écrivez pas bluets) et les vergiss-mein-nicht, et les bourraches, et les buglosses, et la chicorée, et certains delphiniums, et la nigelle de Damas, etc.

Ainsi je n'accordai qu'un regard discret à un *croton elongatum*, — quoiqu'il soit d'introduction nouvelle, — et que mon cicérone appelât sur lui mon admiration.

Nous allons maintenant, me dit-il, descendre par ici,

et nous remonterons par un autre côté; je vais vous faire voir un bananier, un *musa*.....

— Le *musa ensete*, lui dis-je, avec les belles côtes rouges de ses feuilles?

— Non pas l'*ensete*, j'en ai eu un que j'ai perdu; il faut dire que c'était le plus beau qu'on eût jamais vu. Linden et André, les savants horticulteurs belges, en étaient humiliés; celui que je vais vous montrer est simplement le *sinensis*, mais pas le *sinensis* de tout le monde; celui-là me donne des bananes parfaitement mûres. C'est Huber de Nice qui était vexé quand je lui ai fait voir un régime!

Or il faisait chaud — il faisait... soif, — j'avais depuis plus d'une heure parcouru un jardin étendu et accidenté, montant, descendant, remontant; mon homme, grâce à un parasol gris doublé de bleu, était, lui, à l'abri du soleil; trois fois nous avions passé devant sa maison, sans qu'il m'offrît ni de m'asseoir ni de me rafraîchir. Un moment il s'était arrêté devant la porte, mais pour me faire voir un aloës assez beau.

— Il y a des gens, me dit-il, qui préfèrent l'*aloës ferox* du jardin Thurel à Antibes, mais je ne suis pas de cet avis.

— J'ai vu, lui dis-je, chez M. Thurel, cet *aloës ferox*: il est beau, vous l'avez?

— Non, je n'en veux pas, on m'en a trop ennuyé en m'en parlant, je ne veux même pas le voir.

— Je vous prie de me pardonner le peu que j'en ai dit.

Et nous recommençons notre course au soleil. Je manifeste l'intention de borner là ma visite : — Non, me dit-il, au nom du ciel, ne partez pas encore, vous le regretterez; j'ai encore de belles choses à vous faire voir.

Un moment je me laissai aller regarder de plus près une jolie *ficoïde* — la fleur est une sorte de marguerite rose glacée d'argent. — Ah! me dit-il, vous regardez *ma* ficoïde, vous ne la verrez qu'ici.

— Mais, repris-je, vous en avez un grand tapis.

— En effet, rien ne se multiplie aussi facilement ni aussi vite que cette plante — ficoïde ou mesembrianthemum, — tout fragment mis en terre prend racine en quelques jours.

— C'est la ficoïde deltoïdes, me dit-il; j'ai un voisin qui prétend l'avoir, mais la sienne n'est que le *mesembrianthemum caulescens*. Vous ne l'avez sans doute pas.

Ici, mon hôte rougit légèrement, il n'avait pu s'empêcher de constater que je « n'avais pas ». Mais il devenait difficile de ne pas m'offrir une plante dont il possédait six mille touffes, avec lesquelles on pouvait faire deux millions de pieds. Il ne trouva de ressources qu'en essayant d'attirer mon attention sur un autre point.

— Nous allons maintenant, me dit-il, grimper là-haut; c'est un peu raide, mais, dame! vous pourrez vous vanter d'avoir vu un *pritchardia filifera*.

— Je ne manquerai pas de m'en vanter, répondis-je, mais permettez-moi de regarder encore cette charmante ficoïde, si éclatante dans sa couleur tendre; on dirait de l'or rose et presque du feu rose.

— Nous trouverons encore là-haut un *spathiphyllum pictum*.

C'est encore une de ces plantes qu'on ne trouve qu'ici.

Décidément, mon homme n'est pas bon, il serait immoral de lui laisser un petit chagrin.

— Charmante, cette ficoïde, tout à fait ravissante; je crois vraiment qu'elle est aussi jolie que la bleue.

— Vous dites?

— Je dis que la ficoïde bleue est *délicieuse*, mais que cette ficoïde rose la vaut bien.

— Une ficoïde bleue! il n'y a pas de ficoïde bleue.

— Pardon; il n'y en a pas ici, mais il y en a ailleurs.

— Où?

— Chez moi, par exemple.

— Je serais curieux de voir cela.

— Rien de plus facile, je vous en ferai voir une large bordure quand vous viendrez me rendre visite. — Seulement, je pars après-demain pour un voyage, — et à mon retour les ficoïdes seront défleuries, — ce sera pour l'année prochaine, ou pour plus tard.

— Et d'où avez-vous tiré cette ficoïde... bleue?

— Je ne me rappelle pas, il y a longtemps que je l'ai.

— Je ne l'ai jamais vue.

— Vous la verrez.

— Elle est très rare?

— Ah dame! vous comprenez que je n'en ai donné à personne.

— Vous l'appelez?

— *Mesembrianthemum azureum.*

— Allons voir le *Pritchardia.*

— Allons.

— Et votre ficoïde est d'un vrai bleu? Pas de ce que vous avez appelé le « bleu de jardinier », une couleur qui va de l'amaranthe au violet?

— Non, bleue comme le *salvia patens*, comme le *vergissmein-nicht*, comme le *bleuet des blés*, comme la *bourrache* et la *buglosse*, comme le *delphinium formosum.*

— Et vous ne pouvez pas vous rappeler d'où vous l'avez tirée?

— Non.

— C'est étonnant.

— Pourquoi? — J'ai la plante, je n'ai plus besoin de savoir où la trouver. — Voyons le *Pritchardia*.

Après le *Pritchardia*, je pris décidément congé, mais je laissais l'araignée préoccupée, soucieuse, triste; il y avait quelque chose que j'avais et qu'il n'avait pas, cela lui gâtait son jardin; dès le soir il a écrit de tous côtés pour qu'on lui envoie la ficoïde bleue. Il attend, mais il ne l'aura pas, pour une raison péremptoire, c'est qu'elle n'existe pas et que je l'avais inventée pour lui infliger un juste supplice.

**

Ce qui n'est pas très rassurant quand on lit les discussions entre soi-disant républicains, c'est que ce parti nombreux, qui s'est montré quelque temps discipliné, se divise en deux partis bien tranchés.

Les uns veulent la République à la date de 93, — les autres veulent la reprendre à 89; — mais on ne nous fait pas voir clairement comment ils s'y prendront pour éluder de passer par 93.

Après quoi, — que nous commencions à 89, pour arriver à 90, 91, 92, et 93, — ou que nous débutions par 93, où sont les raisons pour que nous ne revoyions pas ensuite le Directoire, le Consulat, l'Empire, etc.

Car les bonapartistes ont raison; la République et l'Empire sont les deux faces de la démocratie telle qu'on la pratique en France; la République, ses folies, ses excès, ses crimes amènent le despotisme de l'Empire, et le despotisme de l'Empire, ses folies, ses excès ramènent la République, qui ramène l'Empire, et toujours comme cela. Il semblerait que deux funestes exemples l'ont suffisamment démontré : la République mère et fille de l'Empire, l'Empire fils et père de la République, énigme incestueuse.

Quelques journaux — de ceux qui veulent continuer 93, — ont remplacé la frugalité, le désintéressement, l'amour de la patrie, de la justice et de la loi par des puérilités moins austères : — ils ont repris le calendrier républicain, — et datent en ce moment de floréal, prairial, etc., — pourquoi pas éphébolion — qui était chez les Grecs le mois correspondant?

Cette prétention de continuer la première République rappelle la prétention qu'on a tant et si gaiement reprochée à Louis XVIII, qui, ne tenant pas compte de la République et de l'Empire, datait le commencement de son règne de la mort de son frère. Comme tout est possible aujourd'hui, pour le cas où la République radicale prendrait la suite de ses affaires interrompues, je tire d'un vieux livre ayant appartenu à ma famille une certaine quantité d'assignats, qui reprendront sans doute leur valeur. Seulement, je suis un peu inquiet de la variété qui règne dans la rédaction de ces papiers.

Voici, par exemple, un assignat de cinquante livres :

RÉPUBLIQUE FRANÇAISE

ASSIGNAT DE CINQUANTE LIVRES

de la création du 14 décembre 1792, — l'an Ier de la République.
Hypothéqué sur les domaines nationaux.

Signé : CUPRENEL.

Au bas, la figure de la France, — le bonnet phrygien et deux haches.

Liberté, égalité.

Pas de fraternité !

En voici un autre :

RÉPUBLIQUE FRANÇAISE

ASSIGNAT DE CENT VINGT-CINQ LIVRES

Créé le 7 vendémiaire, l'an II de la République.
Hypothéqué sur les domaines nationaux.

Signé : SACHEAU.

La loi punit de mort le contrefacteur.
La nation récompense le dénonciateur.

Ce que ne dit pas le précédent.
Un timbre sec représente la loi.
Il n'y a plus de liberté ni d'égalité.
Un autre :

Loi du 4 janvier 1792, l'an IV de la Liberté.
Domaines nationaux.

ASSIGNAT DE VINGT-CINQ SOLS

Signé : HERVÉ.

La loi et la nation punissent et récompensent comme au précédent. — Pas d'égalité ni de liberté.
Un autre :

Domaines nationaux. — Loi du 23 mai 1793
L'an IIe de la République.

ASSIGNAT DE CINQUANTE SOLS
Payable au porteur.

Signé : SAUSSAY.

La loi punit, la nation récompense, une femme avec des **balances**, une autre tenant un livre ouvert.

Les droits de l'homme.
Un autre :

Loi du 24 octobre 1792, l'an Ier de la République.
Domaines nationaux.

ASSIGNAT DE QUINZE LIVRES

Signé : Buttin.

Bonnet phrygien.
Un livre : droits de l'homme.
Un autre livre : faits histo., probablement historiques.
Peine et récompense comme aux autres.
Un autre :

Hypothéqué sur les domaines nationaux.

ASSIGNAT DE CENT FRANCS

Signé : Bert.

Créé le 18 nivôse, l'an IIIe de la République française.

Etc., etc.

Cette monnaie, malheureusement, manque de cet air sérieux qui sied bien à la monnaie, ce changement perpétuel de signatures, d'emblêmes.

Les doutes qu'elle fait naître sur la véritable date de la naissance de la liberté et de la République, — sont-elles sœurs jumelles ? — pourquoi n'est-il question de la liberté qu'une fois ?

La République l'avait-elle tuée, comme Caracala tua son frère Geta ?

UN REMORDS

Il y a plus d'un an, une personne aussi distinguée par l'intelligence que par le cœur me donna un petit volume, en me conseillant de le lire.

Je fus frappé de cette lecture, et je formai le projet d'essayer de rendre à l'auteur quelque peu du grand plaisir qu'il m'avait fait, en disant tout haut ce que je pensais de son ouvrage. Au premier jour, me disais-je, où quelqu'un, en me relayant, me fournira le loisir d'interrompre un moment la mission que je me suis donnée de chagriner de mon mieux les sots, les méchants et les coquins, je me reposerai en écrivant de la *Femme studieuse,* de M. Dupanloup, un éloge mérité. J'aime à admirer, j'aime à aimer, et c'est un de mes plus grands griefs contre beaucoup de contemporains que le peu d'occasions et de prétextes qu'ils m'en donnent.

Les jours, les semaines, se passèrent, et chaque jour, chaque semaine, quelque danger, quelque insolence, quelque ineptie, quelque injustice, vinrent me provoquer, si bien que j'ai eu le chagrin de voir mourir l'évêque d'Orléans sans avoir exécuté mon désir.

M. Dupanloup était un caractère — et les caractères sont rares, — d'ailleurs, on ne les aime plus, il n'en faut plus, ça gêne ; on aurait l'air d'un pédant en chicanant quelqu'un sur le défaut d'individualité. — Le livre de la *Femme studieuse* est un ouvrage qui doit constituer un des droits les plus incontestables pour Dupanloup à l'immortalité sur la terre, survivant à son immortalité d'académicien — et à tous les privilèges que la Providence peut réserver aux honnêtes gens après les épreuves de la vie.

Cet ouvrage doit être placé dans une bibliothèque, — j'entends une bibliothèque, non des livres qu'on montre, mais de livres qu'on relit, — à côté de l'*Éducation des filles*, de Fénelon, et de la *Vie dévote*, de saint François de Sales.

Un bon saint, le premier, quoique non canonisé ! Un bon saint aussi, le second, quoique canonisé avec de puérils mensonges, — quand la vérité suffisait et au delà pour lui assurer une vie éternelle et dans la mémoire des hommes — et dans le séjour où nous devons espérer que la Providence se réhabilite en récompensant les bons de la tyrannie qu'elle permet aux méchants d'exercer sur la terre.

De tout temps l'influence des femmes a été triomphante ; de tout temps elles ont dominé les hommes avec lesquels elles se montrent surtout dans les moments de faiblesse de leurs prétendus maîtres : quand ils sont enfants, quand ils sont vieux, quand ils sont amoureux. Si l'homme fait les lois, la femme fait les mœurs sans lesquelles les lois n'ont qu'une vaine et dérisoire majesté ; et aucune méditation, aucun travail ne sont plus utiles et plus estimables que la méditation et le travail qui ont pour but l'éducation de nos mères, de nos femmes, de nos filles.

« Les femmes, dit Fénelon, ne sont rien moins que le fondement de toute la vie humaine ; ne sont-ce pas les femmes qui ruinent ou qui soutiennent les maisons, qui règlent tout le détail des choses domestiques, et qui, par conséquent, décident de tout ce qui touche de plus près à tout le genre humain ? par là, elles ont la principale part aux bonnes et aux mauvaises mœurs de tout le monde. »

« Une femme judicieuse appliquée, est l'âme de toute une grande maison ; les hommes, qui ont toute l'autorité en public, ne peuvent établir un bien effectif, si les femmes ne les aident à l'exécuter.

» Supposez, au contraire, dit l'évêque d'Orléans, une femme futile, légère, dissipée, inintelligente, inoccupée ou occupée de bagatelles, ne sachant à quoi occuper ses heures, que devient-elle, et que peut devenir sa maison ? »

Ce que chaque femme est pour chaque maison, toutes les femmes le sont pour tout leur pays.

Aux époques où les femmes sont réservées, chastes, laborieuses, fières, courageuses, — les hommes sont braves, dévoués, rigides observateurs de l'honneur, — parce que c'est le seul moyen d'être remarqués, acceptés ou choisis par les femmes.

Mais aux époques où les femmes sont vaines, légères, impudiques, « dépensières » ;

Où elles appartiennent, par conséquent, non aux plus braves, aux plus honnêtes, aux plus grands, aux plus illustres, — mais aux plus riches,

Comme l'amour est l'âme de la vie et le mobile le

plus puissant, — les hommes se contentent d'avoir, de gagner ou de voler de l'argent, — et l'amour, « ce je ne sais quoi qui vient de je ne sais où et qui s'en va je ne sais comment », qui naît de rien et meurt de tout, — l'amour ne tient plus qu'une place restreinte et secondaire dans la vie. Les femmes s'étant mises elles-mêmes au rabais, ne sont plus qu'un des plaisirs au lieu d'être le bonheur. Et, les deux sexes réagissant l'un sur l'autre, le titre de tous deux va s'abaissant.

Je n'ose pas dire tout à fait ce que je pense de ce qui s'est passé en France en 1870; mais si, à cette époque, les jeunes hommes avaient été bien convaincus que les femmes n'aimaient que les braves, que leur dédain était acquis d'avance aux lâches, aux hésitants, aux prudents; que ceux qui ne se seraient pas battus, et bien battus, seraient par elles mis à l'index et « exécutés », peut-être les choses se seraient passées autrement et il ne serait pas sorti de France un seul Prussien.

L'Exposition de Paris vient de réunir des preuves éparses que le génie humain est en progrès sur le plus grand nombre de points; mais qui oserait s'en féliciter lorsque tant d'autres preuves viennent nous démontrer que deux points principaux, les mœurs et l'art de gouverner, non seulement ne progressent pas, mais sont en pleine décadence? Je répète ici que je n'entends pas par mœurs ces puériles et si souvent hypocrites austérités que tant de gens prêchent aux autres, non seulement sans s'y astreindre eux-mêmes, mais comme « on crache au plat » pour en dégoûter les autres, — pardon de la vulgarité de l'expression, — mais elle me séduit par son énergie.

Un prédicateur venait de réciter un sermon contre l'amour des richesses et avait surtout tonné contre l'usure; — comme il descendait de la chaire, un vieillard sordide le suivit dans la sacristie : — « Quelle éloquence, mon cher père! s'écria-t-il, quelle logique puissante! quelle peinture saisissante! combien je vous remercie! »

Le prêtre le reconnut et lui dit : « Je suis enchanté de vos éloges, mon fils, non par amour pour une vaine et terrestre gloire, mais parce que *je me suis laissé dire* que vous n'êtes pas tout à fait exempt du vice que j'attaque, que vous prêtez vos fonds à de bien gros intérêts, réprouvés à la fois par l'équité, par la morale et par la loi. Je suis heureux d'avoir, par la grâce divine, touché votre âme, et amené avec le repentir une résolution salutaire. »

— Vous n'y êtes pas, mon père, je vous admire et vous remercie parce que vos arguments ont été si invincibles, votre éloquence si entraînante, que j'ai vu très ému le vieux Mardochée, qui me fait une concurrence acharnée, et que j'espère que, grâce à vous, il y renoncera.

Je n'appelle pas la vraie morale

> Ces rigides vertus, en si haut lieu juchées,
> Qu'on se lasse d'y tendre, et qu'on se dit bientôt :
> L'homme est né trop pesant pour s'élever si haut.

C'est au nom de cette morale de papier qu'on a fermé les tours pour les enfants trouvés, — et qu'on bouche sottement les égouts, sans même s'occuper de dessécher les ruisseaux. J'appelle morale — celle de Confucius et celle de Jésus-Christ, c'est-à-dire :

« Ne faites pas à autrui ce que vous ne voulez pas qu'on vous fasse. — Faites à autrui ce que vous voulez qu'on vous fasse. »

« Je veux, disait Marc-Aurèle, être l'empereur sous lequel j'aurais voulu vivre si j'avais été simple particulier. »

Soyez heureux si vous pouvez, c'est la sagesse ; — rendre les autres heureux, c'est la vertu.

***

C'est sottise vaine et sans résultat que de présenter aux femmes la vertu sérieuse, grave, triste, refrognée, grognonne et ennuyeuse.

« C'est à ceux qui cherchent comme fait au temps futur le verbe τυπτω, dit un philosophe, qu'il convient d'être sombres, préoccupés, mornes et taciturnes, mais la sagesse doit être gaie et souriante. »

Le plus grave des animaux est l'âne. Le plus grave des poissons est l'huître.

Il ne faut pas prêcher aux femmes l'éloignement de l'amour. Ce serait la ruine et la honte de la société humaine. Il faut leur prêcher au contraire — l'amour et le vrai amour — l'amour pour le courage, pour le génie, pour le talent, pour la probité, pour tous les héroïsmes, pour toutes les grandeurs réelles ; les hommes s'arrangeront ensuite pour devenir ce que les femmes aimeront.

Fénelon, comme saint François de Sales, comme Dupanloup, ne cherchait pas à faire des nonnes, des recluses; il s'occupait de faire de bonnes mères de famille. « Défiez-vous, dit Fénelon, de l'éducation de certains couvents, je crains ces couvents plus que le monde même. Votre fille doit vivre dans le monde, gardez-la dans le monde, mais auprès de vous. Au couvent elle entendrait parler du monde comme d'une espèce d'enchantement, d'un lieu d'horribles délices défendues. Rien ne fait une plus pernicieuse impression que cette image trompeuse du siècle qu'on regarde de loin avec crainte, mais avec admiration, et qui en exagère les plaisirs, sans en montrer les mécomptes et les amertumes. Le monde n'éblouit jamais tant que quand on le voit de loin, sans jamais l'avoir vu de près. »

« Il faut qu'une fille s'accoutume au monde auprès d'une mère pieuse et discrète. Votre fille est mieux auprès de vous que dans le meilleur couvent que vous pourriez choisir. » Plus loin, il dit à la mère :

« Pour les habits, évitez l'exemple de ces esprits extrêmes de femmes à qui la médiocrité est insupportable. Elles aimeraient mieux une simplicité austère qui marquerait une réforme éclatante que de demeurer dans un juste milieu, entre la négligence et une magnificence outrée. On doit sous ce rapport faire la part de la bienséance, — ou affectation de parure et de faste; mais ne vous faites pas critiquer, comme une personne sans goût, malpropre et trop négligée. »

Dupanloup, lui, de même, n'exige pas que les femmes ne lisent que des psaumes et des livres ennuyeux. Il leur conseille certaines pièces de Corneille, « ce génie des grands cœurs », de Racine, de Molière même, madame de Sévigné, madame de Motteville, etc. Il ne leur prescrit pas une excessive assiduité à la messe, aux vêpres. Il leur enseigne que la maison est leur empire et le théâtre de leurs devoirs où elles doivent faire pour la famille la cuisine du bonheur.

« Entre les vertus, dit saint François de Sales, il faut préférer les plus excellentes aux plus apparentes ; beaucoup préfèrent à tort les haires, les disciplines, les jeûnes, la nudité des pieds, etc., à la débonnaireté, à la modestie, lesquelles sont cependant d'une plus grande excellence. Choisissez les vertus qui sont les meilleures et non les plus estimées, les plus solides et non celles qui ont plus de montre et de décoration. Ayez toujours une haute opinion des personnes dont les vertus vous apparaissent mêlées de quelques défauts ; appliquons-nous avec simplicité et humilité aux petites vertus ; l'obéissance, la pauvreté, la chasteté, la suavité envers le prochain, la patience à souffrir les imperfections. » — « Prenez les affaires avec une douce tranquillité d'esprit et, tout en comptant sur l'aide de la Providence, appliquez-vous-y dans le maniement et dans l'acquisition du bien ; imitez les petits enfants qui, se tenant d'une main à leur père, se divertissent à cueillir, de l'autre, quelques fleurs ou quelques fruits sur le chemin. »

Quelqu'un disait un jour à saint François de Sales qu'on était surpris qu'une femme de grande qualité qui était sous sa conduite, continuât à porter de riches pendants d'oreille. Il répondit : « Je vous assure que je ne sais pas si elle a des oreilles. Je crois d'ailleurs que la sainte femme Rebecca, qui était bien aussi vertueuse qu'elle, ne perdit rien de sa sainteté pour porter les pendants d'oreilles qu'Eliézer lui donna de la part d'Isaac. »

Que dites-vous donc aux femmes, qu'elles se portent en foule à votre confessionnal? lui disait-on.

« Ce n'est pas ce que je dis qui les attire, répondit-il, c'est que je leur laisse tout dire. Elles aiment mieux les oreilles qui les écoutent que les langues qui leur parlent. »

**

Le livre de l'évêque d'Orléans est une lecture saine; utile et nullement ennuyeuse, tant s'en faut, hélas! qui luttera avec succès aujourd'hui contre deux grands fléaux qui attaquent les femmes, comme l'oïdium et le phylloxera attaquent les vignes, et qui tarissent la source de bonheur qui nous doit venir des premières comme le jus de la grappe des secondes :

L'égalité des dépenses qui amène tant de hideux et de sales désordres, et les expédients pour arriver à l'égalité des recettes.

La femme qui n'accepte pas et ne fait pas résolument et bravement sa part dans la bataille de la vie, — qui ne s'attèle pas à la charrette avec son mari comme la femme du porteur d'eau, cette femme-là n'est pas l'égale de l'homme, — c'est une femme légalement entretenue.

L'éducation des filles, qui est toute en brillants extérieurs, qui leur enseigne à fabriquer des filets, des appeaux, des gluaux pour prendre des oiseaux niais et béjaunes, mais non à faire des cages où elles puissent ensuite les garder bien portants, lisses et heureux, en garnissant soigneusement ces cages du mouron, du sucre, du colifichet et de l'eau claire, — en un mot de ces petites vertus — *leniores virtutes* — dont parlait tout à l'heure saint François de Sales, — qui sont l'ornement, la floraison et le parfum de la maison.

La maison! Pascal disait : « La plus grande partie

des chagrins et des malheurs qui nous frappent, vient de ce qu'on ne sait pas rester dans sa chambre. »

Encore un mot : Dupanloup et Fénelon veulent que la femme cultive les arts à un certain degré et le second va plus loin que le premier. Ce n'est pas seulement une réforme contre l'oisiveté que Fénelon demande à cette étude, c'est un moyen de lui former le goût et de lui faire rompre le joug absurde sous lequel la tiennent les couturières, les modistes et les tailleurs.

« On peut chercher, dit-il, la propreté, la proportion et la bienséance dans les habits... Mais ces étoffes qui nous couvrent et qu'on peut rendre commodes et agréables ne peuvent jamais donner une vraie beauté.

» Je voudrais faire voir aux jeunes filles la noble simplicité qui paraît dans les statues qui nous restent des femmes grecques et romaines; elles y verraient combien des cheveux noués par derrière et des draperies pleines et flottantes, à longs plis, sont agréables et majestueuses ; il serait bon même qu'elles entendissent parler des artistes qui ont ce goût exquis de l'antiquité ; elles auraient bientôt un profond mépris pour leur frisure et pour les habits d'une figure trop façonnée, elles sauraient que les véritables grâces suivent la nature et ne la gênent jamais. »

Je demande et je prends la liberté d'aller à mon tour plus loin que Fénelon.

Je voudrais qu'on ne se bornât pas à leur enseigner

la vraie beauté des femmes, ce qui leur rendrait déjà un grand service, en les affranchissant du servage ridicule des couturières, des modistes et des tailleurs, qui ne feraient plus qu'exécuter les ordres et les idées de celles qui seraient trop maladroites ou trop paresseuses pour faire elles-mêmes leurs vêtements, art qui devrait entrer dans l'éducation des filles.

Je voudrais qu'on leur apprît à discerner en quoi consiste la vraie beauté de l'homme.

Par ignorance, par timidité, par crainte, les filles pour la plupart admirent niaisement chez certains hommes les attraits qu'elles possèdent ou qu'elles envient, le teint frais, les cheveux frisés, pommadés, les petites mains blanches, certains détails féminins de toilette, certaines affectations et afféteries.

Il est juste de leur laisser, à un certain degré, faire leur choix.

Je dis à un certain degré — et je mets la même restriction à la puissance des parents. — Si les jeunes gens ne pensent qu'aux habits d'été, les vieux s'occupent trop exclusivement des habits d'hiver.

La sagesse est de ne laisser approcher d'une fille — à l'heure de la floraison — que des hommes qui conviennent à la prudence des parents, — puis de lui laisser faire son choix dans leur choix préalable.

Je reviens à mon sujet.

Il faudrait faire comprendre aux filles que dire d'un homme qu'il est joli, c'est lui faire une injure. Que prendre pour compagne de sa vie un homme joli, — je dirais presque « jolie », à la façon des femmes, — c'est le plus souvent se priver à jamais d'un appui, d'un guide, d'un protecteur, et de ne trouver qu'un visage où il faudrait une tête, — que la beauté d'un homme doit être surtout virile, comme le comprenait la Julie de Rousseau — qu'elle se compose de force qui dépend presque toujours de belles proportions, — de dignité, de distinction, d'intelligence, etc.

Ainsi instruites, quand même elles ne trouveraient pas toujours l'homme qui leur convient le mieux, elles seraient du moins très fréquemment assurées de trouver un homme, ce qui est déjà une grande convenance.

FEUILLES VOLANTES

Certes, ce n'est que justice de savoir un gré infini aux femmes du soin qu'elles prennent de cultiver, de corriger, de polir, d'augmenter à notre bénéfice ce que chacune d'elles a reçu pour sa part de beauté ou d'agrément, — comme un poète qui retouche sans cesse un sonnet qu'il doit lire le soir, et qu'il s'efforce de rendre « sans défaut », et nous devons leur rendre grâce non seulement d'accroître cette beauté et ces agréments, mais encore de les diversifier, de s'en approprier, de s'en adapter d'autres que la nature ne semblait pas leur avoir destinés ; si bien que telle femme se montre aujourd'hui plus différente de ce qu'elle était hier, plus différente d'elle-même qu'elle ne l'est quelquefois des autres femmes, et elles en sont arrivées, par ces modifications, ces retouches, ces corrections, ces ratures et ces acquisitions, à ce résultat que, la nature créant à peu près un nombre égal d'hommes et de femmes, chaque femme se fait tellement diverse, tellement plusieurs femmes, qu'elles semblent décupler leur nombre et que chacune est un harem complet.

Peut-être cependant, il faut l'avouer, il leur arrive d'exagérer un peu ce soin infatigable d'amender, de corriger l'œuvre de la nature, — et, sous l'empire absolu et tyrannique de la mode de ne plus se contenter d'imaginer de nouvelles variétés de femmes, — mais aussi d'introduire dans ce sexe charmant des êtres qui semblent n'être plus tout à fait des femmes. Ainsi, avec toute l'humilité convenable, doit-on les avertir lorsque la mode les égare et menace de gâter cette fête de nos yeux et de nos cœurs, cet aliment de nos esprits et ce but de nos plus ravissantes et plus raisonnables ambitions.

Ainsi lorsque semblable aux terribles héros de Fenimore Cooper, qui se parent des chevelures conquises sur leurs ennemis vaincus et scalpés, elles surchargent leurs têtes charmantes d'un édifice tourmenté, maniéré et répugnant de cheveux achetés, qui leur met le visage à peu près au milieu du corps.

Lorsque, à d'autres époques, au temps des manches à gigot, par exemple, elles se faisaient chaque bras plus gros que le corps; lorsqu'elles abaissent ou relèvent la gorge ou les hanches, ou exagèrent démesurément leur ampleur; lorsqu'elles détruisent l'harmonie de leur visage, en donnant à leurs cheveux une couleur empruntée; lorsqu'elles couvrent ces chers visages de fard et de céruse; si bien que :

> Pour atteindre à ce front blindé qu'on idolâtre,
> Il faut faire une brèche en un vrai mur de plâtre.

Je ne parlerai aujourd'hui que d'un détail moins important, moins attristant, mais j'en parlerai.

※

La ceinture, aux temps de la beauté grecque et romaine se plaçait au-dessous de la gorge qu'elle était destinée à soutenir. On l'a vue reprendre ce rôle naturel sous le Directoire, — auparavant et depuis, elle a fixé sa place sur les hanches qu'elle faisait ressortir en amincissant la taille souvent beaucoup plus qu'il n'est raisonnable de le faire.

Il est arrivé, il y a quelque temps, qu'une femme ayant les jambes trop longues, dans l'intention honnête et légitime de rendre à son buste ses proportions normales, a abaissé un peu la ceinture, en ayant l'air de la lâcher négligemment, et l'a fait tomber sur les hanches, et même plus bas. Cette désinvolture, ce négligé apparent, ce petit désordre, ce quasi « débraillé », outre le but atteint de rétablir, au moins pour les yeux, les proportions et l'harmonie des formes, avait une certaine grâce provocante, tant que ce n'était qu'une exception ; mais toutes les femmes ont adopté cette fantaisie de la ceinture, et j'en vois, dans les rues, dont les ceintures ont l'air de jarretières insurgées.

On ne s'en est pas tenu là, on a placé sur les côtés de la robe les poches, peut-être un peu trop multipliées, si bas, si bas, qu'il n'y a plus que les bossues, à cause de la longueur démesurée de leurs bras, qui peuvent y porter les mains et y prendre un mouchoir ou un flacon.

... Mais à quoi bon se donner imprudemment des airs de révolte impuissante ? La mode, quoi qu'on en dise, durera pendant sa courte existence de mode, et précisément parce qu'elle existe, on peut être certain qu'elle ne tardera pas à ne plus exister ; il en est comme de la politique, surtout dans notre chère et malheureuse France; les forts, les habiles, ne se préoccupent pas de ce qui est, mais de ce qui doit succéder à ce qui est.

*　*　*

Trois partis occupent en ce moment le théâtre politique :

Les *opportunistes*, qui jettent par-dessus bord tout ce qui peut entraver ou retarder leur marche, — principes, engagements, promesses, etc.;

Les *importunistes*, qui gênent et compromettent les premiers, en leur rappelant les principes, les engagements, les promesses et les compromis de leur ancienne complicité, — en les obligeant soit à démasquer leurs batteries, soit à marcher plus vite ou à aller plus loin qu'ils ne voudraient;

Et les *qu'importunistes*, qui laissent faire, comme s'ils étaient des spectateurs désintéressés, et, un jour, peut-être assez prochain, se réveilleront sottement et tristement étonnés.

J'ai déjà vu au moins assez de révolutions, de changements de gouvernements, de bouleversements politiques, et j'ai résumé mon impression et mon expérience par ces mots :

« Plus ça change, plus c'est la même chose. »

Pour ne s'occuper que d'un côté de la question, j'ai vu des gouvernements qu'on accusait de « despotisme », auxquels on reprochait de « boire la sueur du peuple », de « s'engraisser de la misère publique », de « se vautrer dans toutes les voluptés ».

J'ai vu plusieurs fois également arriver au pouvoir ceux qui avaient le plus énergiquement et le plus opiniâtrement attaqué et flétri ces Sardanaples, — et qui se disaient républicains, — j'ai été curieux de savoir si aux « festins », aux « orgies » on allait voir succéder des « agapes » simples, fraternelles, et le brouet noir des Spartiates.

Eh bien, je dois avouer que je n'ai pas vu cela. Il faudrait remonter à Apicius, à Lucullus et aux derniers Césars pour ajouter quelque chose aux bombances recherchées de nos républicains. Et encore si nous ne voyons figurer sur ces « menus », pas si menus, ni les « langues de rossignols », ni les « perles mêlées aux petits pois », cela s'explique beaucoup moins par la sobriété des convives que par les progrès de la cuisine. On a beau faire des révolutions plus ou moins sanglantes, ce sont exactement les mêmes menus. Les tyrans ne s'offraient pas un plat, pas un radis de plus que les vengeurs et les amis du peuple, et je crois que, faisant bon marché des théories, des discours, des principes, des promesses,

On pourrait définir la « question politique » un combat pour décider qui mangera les « petites bouchées de prince à la Montpensier », les « filets de lièvre à la George IV », les « faisans dorés piqués », les « truites de cascade au beurre de Montpellier », et les « glaces vanille et framboise », en les arrosant de « château Yquem ».

J'aime les hommes francs et incapables de dissimulation, c'est pourquoi j'ai déjà cité plus d'une fois M. Cotte, encore député aujourd'hui. M. Cotte était en 1871 préfet du Var. Et quand on lui disait que les pauvres jeunes gens envoyés à l'ennemi n'avaient ni armes, ni souliers, ni vêtements, il s'excusait de ne pas s'en occuper, sur la façon dont il était « absorbé par la question politique », et la question politique, il l'expliquait franchement et naïvement par un télégramme adressé par lui au gouvernement d'alors.

« Pourquoi, disait-il, pourquoi des élections puisque nous sommes au pouvoir ? »

Cette noble franchise vient d'être imitée par l'ex-sous-préfet de Carpentras, qui, exploitant sa disgrâce et sa punition, se présente comme candidat à la députation de Lyon.

— Que pensez-vous, lui demande-t-on dans une assemblée, de l'inamovibilité de la magistrature ?

— Je suis, répondit-il, pour l'inamovibilité de la magistrature, mais après l'épuration, quand ce seront nos amis qui seront magistrats.

Je suis convaincu qu'il sera également pour l'inamovibilité des sous-préfets, quand on lui aura rendu sa sous-préfecture.

***

La gazette officielle de Londres annonce une nouvelle incarnation du conquérant de l'île de Chypre. — Monsieur *Disraeli*, — devenu, depuis quelque temps, lord *Beaconsfield*, — va encore très probablement changer de nom, et prendra désormais les titres de *vicomte Garmoyle* et de *comte Tairns*.

Ce changement de nom par suite soit d'un héritage, soit d'une acquisition, soit d'une récompense, est fréquent en Angleterre, — nous en avons vu en France d'assez nombreux exemples sous le premier empire et quelques-uns sous le second. Mais ces exemples étaient exclusivement donnés par des soldats et des généraux à la suite de victoires éclatantes. Peut-être il serait avantageux, à coup sûr il serait décent, d'étendre cet usage à nos hommes politiques, de leur permettre de prendre un nouveau nom en jetant l'ancien aux orties, lors de leur avènement au pouvoir, comme font les papes, ou de l'adoption d'une seconde ou d'une troisième « manière », comme ne font pas les peintres pour lesquels l'obstination ou la mobilité dans les principes, dans les opinions, dans les manières de voir, n'engage aucunement l'honneur.

Cette remarque vient à propos surtout aujourd'hui que, par une singulière coïncidence, les plus ardents promoteurs de la république, et ceux surtout qui s'efforcent de la confisquer à leur profit en se proclamant les seuls républicains, sont presque tous des gens qui, avec plus ou moins de puissance, mais avec une égale âpreté, se sont opposés à l'installation de la République en 1848, installation très certainement plus facile alors qu'elle ne parait l'être aujourd'hui.

Les chefs alors de la République étaient des personnages considérables, ayant conquis ou une renommée éclatante, ou une notoriété honorable par le génie, par le talent, par de longues luttes, par la fixité de leurs opinions, par leur désintéressement. C'était Lamartine qui avait proclamé la République, avec Arago, avec le frère de Garnier-Pagès, avec Ledru-Rollin, avec Senard, Vaulabelle, Charras, Bastide, etc. Lamartine avait momentanément rassuré la bourgeoisie en faisant retomber le drapeau rouge dans le ruisseau.

Eugène Cavaignac, républicain de race et de religion, avait cependant donné — en Juin — de terribles gages à l'ordre. Esclave pieux du devoir, on n'avait à craindre de lui, et on le savait, aucune tentative ambitieuse.

Aucun n'était nouveau converti et néophyte et n'avait attendu la victoire de la République pour se faire républicain.

Lamartine avait achevé de se ruiner au pouvoir.

Cavaignac en devait descendre aussi pauvre qu'à son arrivée.

Ainsi allait faire *Bastide*.

Charras était resté lieutenant-colonel, comme Foissy, le cousin de Cavaignac, était resté colonel.

Vaulabelle, se considérant comme un soldat en faction, ne s'était même pas installé au ministère de l'instruction publique, et, quand on l'avait relevé, était retourné à son petit logement de l'impasse Coquenard, d'où il n'avait emporté et où il ne rapportait que trois faux-cols et trois mouchoirs à carreaux.

Senard n'avait emporté du ministère de l'intérieur que sa « serviette » d'avocat.

Marrast lui-même, le seul contre lequel on avait osé émettre des soupçons, était mort sans laisser de quoi se faire enterrer.

L'Assemblée, ou du moins la grande majorité de l'Assemblée, était prête à prolonger les pouvoirs de Cavaignac ou à le nommer premier président de la République pour cinq ans, sans avoir recours à cette cruelle épreuve du suffrage dit universel, qui devait nous amener et le second empire et la troisième invasion.

Il est presque certain que la République se serait alors et peut-être définitivement installée, et je n'ai pas besoin de rappeler quelles misères nous eussent été épargnées.

Mais :

Le « républicain » *Thiers*, chef de la réunion de la rue de Poitiers, vota, fit voter, força de voter pour le

« prince Napoléon », et ses amis et leurs journaux, comme le raconte *Véron*, le « Bourgeois de Paris », dans ses Mémoires.

Le « républicain » *Girardin* entassa les calomnies les plus absurdes, les plus odieuses contre cet honnête et ce noble Cavaignac.

Le « républicain » Victor Hugo, — je ne veux parler de lui qu'avec un tendre et triste respect, mais je dois dire une vérité qui est de notoriété publique, — et par son vote et par son journal l'*Événement*, fit une guerre si ardente à la République en faveur du « prince Napoléon » que plusieurs rédacteurs de ce journal, qui aujourd'hui écrivent dans un journal ultra-républicain, essuyèrent de fâcheuses représailles et se tirèrent assez mal d'ennuis que leur suscitèrent les rédacteurs républicains du *National* d'alors — affaire dans laquelle je fus obligé d'intervenir.

Je ne parle pas d'autres « républicains » d'aujourd'hui qui étaient hier courtisans et familiers de la cour impériale, — mais n'existaient pas en 1848.

Il est donc incontestable qu'une bonne partie des plus bruyants, des plus exclusifs, des plus absolus républicains d'aujourd'hui, ont, de leur grand ou de leur petit mieux, empêché la République de s'installer en 1848, ce qui me semble autoriser à leur conseiller plus de modestie et de tolérance et qu'il serait commode et décent pour beaucoup d'entre eux de pouvoir changer de nom en même temps et aussi souvent que de drapeau et de cocarde.

**

La justice est dans une telle anarchie relativement à la peine de mort, qu'aucun crime, quelque épouvantable que vous puissiez l'imaginer, ne la peut faire appliquer certainement à l'auteur de ce crime. — Une fille qui avait coupé sa mère en morceaux avec le « couteau au fromage » vient de mourir en prison de « sa belle mort », selon l'expression populaire.

L'application de la peine de mort est devenue une question de chance et de hasard, — grâce à la sotte pitié inspirée au jury en faveur des assassins par des gribouilleurs de phrases creuses, — et par la doctrine de « l'abolition de la peine de mort » adoptée par le parti politique qui a dans son dossier les mitraillades de Lyon, les noyades de Nantes, les guillotines permanentes, la Terreur de 1793 et la Commune de 1871, — c'est une tradition.

Robespierre lui-même prononça en pleine Assemblée un discours en faveur de l'abolition de la peine de mort, — discours que l'on peut lire au *Moniteur*, — on s'occupa alors de la remplacer par une autre peine « en faveur des assassins ». Et voici ce qu'on imagina, — voir toujours le *Moniteur* — je ne l'ai pas sous les yeux, mais mon ami le colonel G*** fut tellement frappé à cette lecture qu'il se la rappelle textuellement et me l'envoie avec les « considérants ».

« L'homme aime la lumière du jour, — le condamné sera enfermé dans un cachot obscur.

» L'homme aime la liberté de ses mouvements, — le condamné sera enchaîné.

» L'homme aime les commodités et les jouissances de la vie, — le condamné n'aura que de la paille pour se coucher, que du pain et de l'eau pour sa subsistance.

« L'homme aime la société de ses semblables, — le condamné en sera complètement privé, — seulement, une fois par mois, la porte de son cachot, au-dessus de laquelle seront inscrits son nom et son crime, sera ouverte et le public sera admis à le voir. »

Cette peine devait d'abord être appliquée à perpétuité. Cependant la commission, dont Le Pelletier Saint-Fargeau était rapporteur, recula devant la perpétuité et proposa un maximum de vingt années.

On ne m'accusera pas de tendresse excessive pour les assassins.

Eh bien, j'avoue que j'aurais peine et hésitation à voter cette peine imaginée par les partisans de l'abolition de la peine de mort.

Ce n'est certes pas une diminution, mais une aggravation de peine que demandait Le Pelletier Saint-Fargeau. Il y a loin de ce supplice ingénieusement atroce à la peine des travaux forcés à perpétuité par laquelle est le plus souvent remplacée aujourd'hui la peine de mort; surtout quand il reste au condamné deux chances contre cette perpétuité : la grâce et l'évasion.

Quant aux « travaux forcés », je me rappelle que la première fois que je vis un bagne, ce fut à Brest. Les « honneurs » m'en furent faits par un jeune enseigne de vaisseau, appelé Bouët, qui, depuis, adopté par l'amiral Villaumez, est mort vice-amiral sous le nom de Bouët-Villaumez. J'interrogeai mon conducteur sur les résultats du travail des forçats. « Je vais, me dit-il, vous l'expliquer en deux mots : — Vous êtes pêcheur et un peu marin : vous savez ce que vous coûte un manche de gaffe; il vous coûte six sous. Eh bien, ici, un manche de gaffe travaillé par les forçats revient à l'État à trois francs. »

Au nombre des « phrases creuses » adoptées et répétées contre la peine de mort, il faut mettre que le « bagne à perpétuité est pire que la mort ». On n'a cependant pas encore vu un assassin condamné aux travaux forcés appeler du jugement, et ne pas, au contraire, s'en féliciter et en remercier son avocat.

Ne pourrait-on pas rendre plus efficace et d'un résultat plus légitime le travail du forçat ?

Avant l'invention des avocats, — et chez les peuples primitifs, — il n'était qu'une peine pour tous les crimes, la peine du talion. Celui qui avait tué était tué. Celui qui avait volé était dépouillé d'une valeur égale à celle dérobée. Cette pénalité était très favorable au criminel, car la victime était obligée de mettre autant que lui à un jeu auquel elle n'avait pas consenti à jouer. La « civilisation », alors, inventa les supplices raffinés. La philosophie vint plus tard borner justement la plus grande peine à la perte de la vie et à la suppression du coupable.

Au temps du talion, en Perse, — selon Chardin, — chez les Tartares, on livrait l'assassin aux parents du mort; ils pouvaient ou le tuer, et parfois très cruellement, ou le conserver comme esclave et le faire travailler à leur bénéfice.

Ne serait-il pas juste aujourd'hui — lorsqu'un assassin a « obtenu » les travaux forcés, grâce à tels ou tels avocats et à la pitié absurde du jury, — de le faire travailler d'une manière sérieuse et effective, et de donner le fruit de ce travail à la femme, aux enfants, aux vieux parents auxquels il a enlevé leur appui ?

Pourquoi n'en serait-il pas de même pour les voleurs ?

Pourquoi le voleur condamné à l'emprisonnement ou, dans certaines circonstances, aux travaux forcés, ne ferait-il pas un travail réel, efficace, productif, dont le produit indemniserait le volé, obligé, dans la législation actuelle, de se contenter d'une vengeance platonique, de savoir son voleur en prison ?

DE QUELQUES VIEUX ORIPEAUX

Lorsque, en 1848, la République a paru être acceptée en France, j'ai dit : Je ne demanderai à la République que ce que j'ai toujours demandé à la royauté.

A la seconde République comme à la première, a succédé l'Empire, — les mêmes causes produisant les mêmes effets, — car, en 1850, ce ne sont pas ceux qui criaient vive Napoléon, mais ceux qui criaient vivent Robespierre et Marat qui ont amené l'Empire.

Alors, à l'Empire, quoique je me sois tenu à l'écart de cette parenthèse, j'ai demandé ce que j'avais demandé à la République, — je ne l'ai obtenu ni des uns ni des autres ; — je ne me décourage cependant pas, et je demanderai aujourd'hui à la troisième République ce que j'ai demandé aux divers gouvernements qui l'ont précédée, à savoir :

La liberté de chacun ayant pour limite la liberté des autres ;

La justice égale pour tous ;

Les places et les fonctions données à ceux dont les places et les fonctions ont besoin;

Le gouvernement des meilleurs choisis par tous, en République; choisis par le chef de l'État, en monarchie;

La paix, la bonne foi, la vérité, le bon sens;

Que la forme de gouvernement qui nous donnera cela se nomme ensuite : république, monarchie, empire, oligarchie; qu'on appelle le chef de l'État : empereur, roi, sultan, czar, président, shah, sophi, hospodar ou Jean-Pierre, j'avoue que je n'en ai pas le moindre souci, et que j'y suis d'avance rallié et tout prêt à l'aider de mon petit mieux. Mais, jusqu'à présent, je n'ai aucune raison de changer mon appréciation des révolutions auxquelles j'ai assisté : « Plus ça change, plus c'est la même chose. »

Je vais en donner un tout petit exemple, comme essai et pour échantillon.

**

Quand un homme a mis au service de l'humanité, de la société, de sa patrie, ce qui lui a été donné de génie, de capacité, de talent, d'énergie, de courage, de fermeté, de dévouement, une des récompenses qui lui sont dues, c'est de ne pas le laisser mourir, quelquefois, à la peine, avec la poignante et désespérante inquiétude du sort d'une compagne ou d'enfants qu'il laisse dans la vie, privés de son appui.

Qu'un roi absolu dise, comme Louis XIV : « Dans mon royaume, il n'y a pas de droit, tout est faveur de ma part », c'est absurde, c'est monstrueux; — mais ce n'est pas tout à fait sa faute. — Les rois, les princes, les hommes mêmes que l'audace, la force, le crime ou la fortune hissent au pouvoir, sont si promptement entourés d'un cordon sanitaire contre la vérité, que, lorsqu'un d'eux ne devient pas le plus sot et le plus méchant des hommes, j'admire comme il était bien né et bien doué, et je me prends pour lui d'une certaine sympathie.

Je comprends donc que Louis XIV « accorde » une pension à la veuve ou aux enfants d'un officier, d'un administrateur, d'un fonctionnaire, d'un écrivain qui, précisément à cause de leur dévouement aux intérêts de l'État, à cause de leur probité, n'ont pu assurer le sort de leur famille.

Mais je ne permettais déjà plus à un roi constitutionnel de se servir de cette formule blessante et inique pour exprimer l'accomplissement d'un de ses devoirs, et je l'ai reproché plus d'une fois au gouvernement du roi Louis-Philippe, gouvernement que je persévère à demander au ciel de ne pas nous laisser trop longtemps ni trop amèrement regretter.

Eh bien, aujourd'hui même, je lis au *Journal officiel* qu'une pension de 2,000 francs vient d'être « accordée » à la veuve d'un fonctionnaire que je n'ai pas connu, mais qui, paraît-il, a rendu de grands, de réels services au pays, et a laissé sa famille sans fortune.

Eh bien, et cette République ? est-ce qu'elle ne comprend pas l'injustice et l'insolence de ce mot « accordée » ? Cette pension est donc une faveur ? Il a donc fallu la demander, la solliciter, l'implorer ?

Si elle n'était pas méritée par les services, par la probité, par le dévouement et l'abnégation du mort, et par la situation où il a laissé sa famille, il ne fallait l'accorder ni aux sollicitations, ni aux influences.

Si elle est méritée, il fallait aller au-devant non de la sollicitation, mais de la réclamation; elle ne devait pas être « accordée », mais « offerte » mais « payée » ; le *Journal officiel* devait dire : *la* pension et non *une* pension, de la veuve de tel fonctionnaire, mort sans fortune après de réels services au pays, a été fixée à la somme de...

Est-ce trop de demander à la République le changement de cette odieuse formule? Une pension à la veuve, aux enfants d'un serviteur utile du pays, mort sans fortune, ça ne s'accorde pas, ça ne se donne pas, ça ne se jette pas d'en haut. — ça s'offre, ça se paye avec un sympathique empressement; le pays ne fait pas une faveur, il s'acquitte.

**

Il ne faut pas confondre un esclave poussé à bout, qui brave tout pour rompre ses fers, avec un domestique capricieux qui aime à changer de maîtres.

Cette distinction doit s'appliquer à un peuple aussi bien qu'à un homme.

Il n'y a pas de République, bien plus, il n'y a pas de libertés possibles, avec ce malheureux penchant à l'engouement, qu'il faut bien reconnaître chez le peuple que nous avons l'honneur d'être.

Grâce à ce défaut, si les Français n'arrivent pas à s'en corriger, toute République ne peut être qu'un interrègne, l'espace pendant lequel le peuple, après des saturnales périodiques, attend ou cherche un nouveau maître pour remplacer celui qu'il a chassé sans lui donner, dans son impatience, « ses huit jours » traditionnels.

Le peuple français, quoi qu'on en dise, a encore un vieux levain monarchique ; à travers les révolutions, qu'il aime assez, non comme chemin d'une situation à une autre, mais pour elles-mêmes, comme révolutions et comme tapage, il ne renonce pas à conserver un magasin, un *stock*, comme on dit aujourd'hui, de traditions, de panaches, de cris, de lampions, de vivats, de galons, d'ivresse publique, de cloches, d'enthousiasme impossible à décrire, de tambours, de vieilles grenouilles, de fleurs de lys, d'abeilles, d'aigles, de coqs, de révérences, de cérémonies, de trompettes, de cantates, de sceptres, de sainte-ampoule, de feux d'artifices, de dévouement inaltérables d'oripeaux, de vieux pavois, d'acclamations, de hallebardes, de couronnes variées, de débris de trônes, de discours officiels, de clous dorés, de serments de fidélité, d'ifs à illuminations, etc.

Ce trésor, ce tas de bibelots amassés pendant tant de siècles, il ne peut se décider à s'en défaire ; vous l'avez vu encore récemment refuser en pleine République de mettre en loterie, les « pierreries et joyaux de la Couronne », qui lui auraient permis de payer au moins une partie de la rançon, il a mieux aimé s'accabler d'impôts qui lui rendent aujourd'hui la vie si difficile.

Et, ma foi, il ne veut pas que ça soit perdu ; il veut s'en servir, ne fût-ce que pour leur faire prendre l'air et les empêcher de moisir. Pour quoi ? Pour qui ? On n'en sait rien. Mais on ne sait pas non plus ce qui arrivera demain.

Cela rappelle cette Espagnole qui, au moment de mettre au monde un petit Espagnol, se plaignait terriblement.

On avait, selon l'usage du pays, allumé un cierge en l'honneur de quelque saint.

La pauvre femme gémissait, criait, et protestait qu'elle ne s'exposerait plus à de pareilles tortures. Enfin elle est délivrée.

— Éteignez le cierge, dit-elle, et serrez-le, ça peut encore servir.

On n'a plus de rois, mais ce vieux trône servira de fauteuil à un président; on taillera quelques carmagnoles dans le manteau brodé de fleurs de lys ou d'abeilles; — le « Sancy » et le « Régent » feront très bien sur le bonnet rouge. Quant à « l'ivresse publique », au « concours innombrable » à l'enthousiasme « impossible à décrire », on aura bien toujours sous la main quelque héros, quelque favori, quelque personnage à la mode du jour qui s'en accommodera volontiers.

Par exemple, voyez « l'apothéose ». Ça appartenait autrefois aux Césars romains; c'était une cérémonie par laquelle un roi mort ou tué devenait dieu. Eh bien, la République qui ne veut pas du tout de rois, et qui se pique de ne pas croire en Dieu, vient de décerner l'apothéose à M. Thiers. Un tableau exposé, je ne sais si c'est au Louvre ou au Champ-de-Mars, consacre cet avancement accordé au petit homme d'État.

Aujourd'hui les sculpteurs se disputent l'honneur de faire sa statue.

On aime les statues en France. C'est un prétexte qui a l'air honnête, pour briser les anciennes statues, pour faire des matériaux, et reprendre les marbres des dieux qui ont cessé d'être à la mode.

En tête des concurrents se présente M. Carrier-Belleuse : on assure très généralement qu'il a fait de très belles choses, — je le crois, — mais je sais qu'il est l'auteur de la plus laide statue que j'aie jamais vue; la statue de Masséna à Nice.

Il est question de mettre au concours la statue du premier président de la troisième République.

J'ai remarqué, il y a longtemps, à l'égard dudit président, une bizarrerie qui a duré et devait, disais-je, alors durer toute sa vie. Il était tellement l'incarnation de la bourgeoisie, que jamais il ne vint à personne l'idée de prononcer son nom sans le faire précéder de « monsieur », comme on fait pour les hommes publics après un certain temps de notoriété, et l'apothéose même n'y a rien changé; mes prévisions ont été dépassées. Le président de la rue de Poitiers et de la République est au ciel, il est dieu, mais sous le nom de « monsieur Thiers ». On dit: maximus optimus Jupiter, divus Romulus, divus Julius Cæsar, divus Augustus, mais leur nouveau compagnon persiste à s'appeler « monsieur Thiers ».

Rien n'est si dangereux que les apothéoses.

L'engouement amène nécessairement le dénigrement et « l'angle de *réflection* est égal à l'angle d'incidence ». C'est bien pire parfois pour l'angle de *réflexion*.

M. Thiers a été un homme admirablement doué, laborieux, persévérant, éloquent d'une éloquence qu'il avait inventée, voyant que les « autres » ne convenaient pas à sa taille; il avait un fond de patriotisme qui lui a permis de rendre certains services, sans cependant l'empêcher de jeter son pays dans les plus tristes aventures, au bénéfice de son ambition, et de « mettre le feu à la maison pour faire cuire son œuf à la coque »;

— eh bien, la place où le juche aujourd'hui l'esprit de parti retardera-t-elle beaucoup le jour où sa vraie place lui sera assignée? Mis trop haut, il faudra qu'il soit jeté trop bas avant d'être remonté où il doit être.

Il suffit de se rappeler certaines dates et certaines apothéoses.

Nous voyons Mirabeau mis au Panthéon avec enthousiasme, puis expulsé haineusement et honteusement.

Le 21 novembre 1793, 5 frimaire an II de la République, le corps de Marat est porté au Panthéon, — puis la célébration de son « apothéose », — puis « une montagne élevée en son honneur au Champ-de-Mars ».

Et le 9 thermidor de la même année, 28 juillet 1794, le corps de Marat retiré du Panthéon est jeté dans l'égout de la rue Montmartre.

Lisez aussi les ouvrages écrits sous le règne de Napoléon Ier et ceux écrits sous la Restauration, et parfois par les mêmes écrivains, etc., lisez l'histoire tout entière.

Sans l'imprudence provocante de l'apothéose de M. Thiers, j'aurais cru ne pas devoir écrire les présentes lignes. Cette apothéose, ces cérémonies posthumes, livrent de nouveau à la discussion l'homme auquel ses amis (?) et sa famille veulent absolument chicaner la paix éternelle que ce petit homme si remuant a bien gagnée.

Donc, la statue devant être mise au concours, plusieurs artistes s'occupent de leur projet, de leur esquisse. Grâce à des indiscrétions d'atelier, je puis vous révéler d'avance deux de ces projets; les deux auteurs se sont inspirés de l'histoire écrite et de l'histoire vécue par leur illustre modèle, car tous deux ont lu, compulsé, étudié avec une conscience digne des plus grands éloges.

N° 1.

M. Thiers tout nu, sauf les lunettes dont l'absence aurait trop nui à la ressemblance, et la peau de « l'hydre de l'anarchie » sur une épaule ; il brandit sa massue dont il menace « la vile multitude » représentée par des hommes en carmagnole et en bonnet rouge ; sous ses pieds, une barricade démolie, un émeutier renversé et une torche éteinte.

Sur le piédestal, quatre inscriptions :

Rue Transnonain, — rue de Poitiers, — Versailles.

« La République finira toujours dans le sang ou dans le ridicule. »

N° 2.

M. Thiers, également tout nu, également en Hercule, vêtu de la peau de la « réaction ». — Une Renommée tient suspendu sur sa tête un bonnet rouge bordé d'une couronne de laurier. Il écrase du pied — un marquis et Basile, et des débris de couronnes et de sceptres brisés. Il s'appuie sur sa massue, qu'il tient de la main droite, tandis que de la main gauche il tire de sa propre escarcelle les cinq milliards de la rançon de la France.

L'Histoire, représentée par un journaliste opportuniste, écrit sur le piédestal :

« La République est ce qui nous divise le moins. »

*
* *

En fait de vieux oripeaux, — mais ceux-là je n'ai pas à en prêcher l'abandon, — on n'y est aujourd'hui que trop disposé, — il y a la « politique fantaisiste », — peut-être n'est-ce pas autre chose que ce qu'on appelait antrefois la politique de sentiments, de bon sens, de patriotisme et de probité.

Parlons-en cependant un peu.

Deux journaux s'intitulant républicains, l'un intransigeant, l'autre opportuniste, ont bien voulu cette semaine et le même jour, l'un très certainement, l'autre probablement, admettre chacun une phrase de moi dans leurs colonnes, mais tous deux d'accord en ce point de consigne scrupuleusement respectée de ne pas proférer le nom, désagréable à leurs oreilles, du seul républicain existant aujourd'hui en France.

L'intransigeant dit : *un écrivain humoristique* a écrit un jour : « Abolissons la peine de mort, mais que messieurs les assassins commencent », etc.

L'opportuniste dit : un *politique fantaisiste* a proposé autrefois une loi en un seul article.

LOI : *Article unique.* Il n'y a plus rien.

Certes, pour moi et pour les lecteurs des vieilles *Guêpes*, cette citation me concerne. Mais il est arrivé un jour à M. Rochefort d'emprunter cette idée aux *Guêpes*, probablement sans le faire exprès et oubliant qu'il l'avait lue, car il a assez d'esprit pour n'avoir besoin de rien prendre à personne, si bien que je ne sais pas si c'est lui, si c'est moi, que le journal opportuniste appelle « politique fantaisiste ».

Si c'est lui, — je ferai la remarque, quoique cela ne me regarde pas, — que ce journal et ce parti pourraient parler avec plus de respect d'un ancien ami qui a contribué beaucoup plus qu'aucun d'eux à la chute de l'Empire, contre lequel il a joué hardiment sa liberté, qui, lors de la Commune, ne s'est enfui qu'après eux, et a passé, à Nouméa, d'où il s'est plus tard courageusement échappé, le temps qu'ils ont plus utilement et plus opportunément employé à venir, après la bataille, se joindre aux vainqueurs, à les aider contre leurs complices vaincus, et à prendre une large part du butin en se partageant les places plus ou moins rétribuées, les titres, les honneurs, etc. — Je ferai encore la remarque que ce sont eux qui le tiennent en exil, car ils ont fait faire au Maréchal bien des choses plus difficiles à demander et à obtenir que le rappel de leur ancien complice.

Mais si c'est moi qu'ils désignent par cette périphrase, « un politique fantaisiste »,

Je leur dirai que la politique que je professe depuis quarante ans a été et est plus droite, plus ferme, plus sensée, plus honnête, plus inflexible, plus utile au pays, plus républicaine, plus française et plus désintéressée que la leur, qui est précisément le contraire de tout cela.

Je comprends qu'ils appellent « politique fantaisiste » une politique qui ne procure ni places, ni argent, ni pouvoir, — ni ovations,

A la façon de cette mère d'actrice, qui appelait dédaigneusement et avec indignation « amours platoniques » les fantaisies que sa fille se permettait en faveur de pauvres diables qui ne la payaient pas.

VARIA

Et moi aussi — j'ai quelque chose à dire contre l'inamovibilité des magistrats telle qu'elle est constituée en France.

Et ce quelque chose, le voici :

C'est que cette inamovibilité n'est pas complète; pour qu'elle fût complète et qu'elle ne permît pas que l'indépendance de la justice pût même être soupçonnée, il faudrait qu'elle fût établie non seulement par en bas, mais aussi par en haut; que le magistrat, non seulement ne pût être ni frappé de destitution ni de disgrâce, mais aussi qu'il ne pût être atteint ni d'avancement ni de faveur; et puisqu'il est grandement question, en ce moment, de toucher à cette institution, je ne me fais pas, d'émettre ma proposition, un scrupule que je me ferais en tout autre temps de mettre le marteau dans un vieil édifice.

Je demande donc aux gens de bon sens s'il y a un danger à ce qu'on assure en l'augmentant et en la complétant l'inamovibilité, c'est-à-dire l'indépendance des magistrats; le magistrat, une fois arrivé, promu à cette haute fonction sociale, ne doit plus avoir devant lui d'autre carrière, d'autre ambition, d'autre but que de se faire et de laisser à ses enfants « un nom honorable », ainsi que le dit un jour mon vieil ami le président de Belleyme, en refusant une faveur de la Restauration.

Il est un certain nombre d'institutions entre lesquelles la justice tient le premier rang, qu'il faut maintenir assez élevées pour que le torrent des passions et des folies humaines puisse passer par-dessous, grondant, mugissant, écumant, jaune de vase et de fange, roulant des débris déracinés et arrachés sur les rives comme d'autres torrents coulent et roulent leurs eaux sous les arches d'un pont.

Autrement, il est évident que la société est menacée d'une rechute en sauvagerie.

Ceux qui s'élèvent en ce moment contre l'inamovibilité de la magistrature ne sentent-ils pas ce qu'il y a d'absurde et de grotesque dans leur prétention?

Robert Macaire demande à élire Bertrand pour son juge, et lui glisse à l'oreille : — Ah çà, mon vieux, pas de farce, n'oublie pas que si tu t'avisais de me condamner, je te flanquerais à la porte. Tu me juges, mais je te juge aussi, et si tu me condamnes, je te condamne.

Pour beaucoup de gens la politique est une partie de cartes; les cartes sont distribuées; on attend la retourne; qu'elle arrive naturellement ou par quelque adresse, elle indique l'atout. Si cette retourne est un carreau, tous les carreaux, même les plus infimes, le quatre, le trois, le deux de carreau sont des atouts et prennent toutes les autres cartes.

En laissant de côté l'entreprise insensée faite en ce moment contre l'inamovibilité de la magistrature, il ne s'est glissé déjà que trop d'idées fausses dans l'administration de la justice. Je citerai par exemple le succès des phrases creuses contre la peine de mort ; — ces phrases donnent à ceux qui les récitent un faux air d'humanité et de force, — on ne voit pas vite que cette « humanité » envers les assassins est prise sur celle qui appartient à leurs victimes, et que l'on arrive à cette sinistre et dangereuse absurdité — dans l'échelle des crimes et des peines :

Passer pour avoir quelques milliers de francs au fond d'un tiroir ou dans un bas : peine de mort.

Laisser voir le soir, en rentrant dans un quartier désert, une chaîne de montre : peine de mort.

Étrangler un homme et le jeter par-dessus un pont : travaux forcés, à moins qu'on ne soit acquitté.

Couper une femme en morceaux : transportation dans les colonies, à moins qu'on ne soit acquitté.

Et pour ne pas reculer devant la vérité, — quelque dureté apparente qu'elle puisse avoir — n'est-il pas étrange qu'il ne soit pas du tout certain que Barré et Lebiez expient leur crime de la peine capitale? Cette question sera résolue au moment où paraîtront ces lignes, mais il n'en est pas moins vrai qu'elle ne l'est pas au moment où je les écris.

Quelques journaux voudraient bien parler en faveur au moins de l'un de ces deux atroces, cyniques et froids scélérats, qui se disent républicains, mais ils ne l'osent pas tout à fait et se rabattent sur les rengaines accoutumées contre la peine de mort. — Une feuille cependant, plus hardie, a glissé que la corporation des laitières, à laquelle appartenait la victime, a la criminelle habitude de mettre de l'eau dans son lait, ce qui pourrait, à un certain point, servir d'excuse à ses assassins.

Il est difficile d'inventer un crime plus hideux, plus froidement, plus cyniquement exécuté que celui de ces deux monstres ; cependant donnez carrière à votre imagination, rassemblez les circonstances les plus horribles, les détails les plus cruels, les plus inouïs, vous n'arriverez pas aujourd'hui à composer un crime si atroce qu'il assure à son auteur la suprême expiation. Or, comme les lois ne sont pas abrogées qui disent : « Que celui qui ne veut pas être tué ne tue pas, car celui qui tuera sera tué », la punition des crimes est devenue un jeu de hasard qui, nécessairement, encourage les assassins. Il est interdit aux avocats de plaider contre la loi, et jamais le président, ni le ministère public, ne rappellent au respect de cette loi les avocats qui n'hésitent jamais à l'enfreindre. Certains avocats passent pour avoir le privilège, à chaque instant constaté par les journaux, d'escamoter les crimes à la répression — par une éloquence vulgaire et boursouflée, qui serait plus à sa place sur un théâtre de mélodrame que dans le sanctuaire de la justice. — De temps en temps, cependant, une condamnation à mort vient frapper un assassin, non que celui-là soit plus atroce que tel ou tel autre, mais parce qu'il n'a pas pu avoir tel ou tel avocat, ou parce qu'il ne s'est rencontré dans le jury qu'une minorité imbue de ces phrases toutes faites et vides, fausse monnaie sentimentale frappée par certains écrivains, parce qu'il « n'a pas de chance ».

Alors a lieu une double injustice, injustice à l'égard du condamné, puisqu'un crime plus atroce que le sien a trouvé des juges indulgents, injustice envers la société, qui a délégué le droit de la protéger.

Ainsi, en même temps que l'on condamnait à la prison Maria Boyer, qui vient de mourir tranquillement de maladie après avoir dépecé sa mère avec le couteau à fromage, on condamnait à mort et on fusillait un soldat qui, étant ivre, avait donné un coup de poing à son caporal.

Saint-Raphaël.

Voici le jour; le vaisseau à trois ponts le *Souverain* et le *Janus* ont appareillé et, toutes voiles dehors, s'éloignent et vont quitter la rade de Saint-Raphaël; l'*Hyène* est partie cette nuit.

Il ne reste bientôt plus en vue que nos petits bateaux de pêche; et les montagnes, hier humiliées, qui entourent en grande partie notre mer et en font un grand lac, semblent avoir repris leur hauteur depuis le départ de ces grands bâtiments; on n'entend plus que le bruit de la respiration de la mer et le murmure des petites lames blanches qui, se détachant du fond de saphyr, viennent lentement se briser et s'évanouir sur nos rochers de porphyre rouge.

Il n'en était pas ainsi ces jours derniers.

Le *Souverain* — le vaisseau-école des canonniers — avait avant-hier tiré plus de huit cents coups de canon entre nos îlots des *Lions* et le phare de Camara; puis le soir il était venu mouiller en face de Saint-Raphaël, et le lendemain arrivait l'aviso la *Hyène* et le soir le *Janus*.

La *Hyène* était envoyée par M. l'amiral Dupré, préfet maritime à Toulon, pour assister aux régates de Saint-Raphaël, — car Saint-Raphaël pour la première fois donnait des régates, — et le commandant du *Souverain* consentait à rester pendant la fête avec sa *mouche* le *Janus*.

Est-ce un bonheur qui est arrivé à Saint-Raphaël ? Ce calme petit asile qui, si longtemps, n'a été connu que de quelques peintres, — naturellement discrets pour que des rivaux ne viennent pas usurper leurs modèles, — révèle son existence au monde et a fait annoncer de Vintimiglia à Marseille, pour le 1er septembre, des courses de yachts et de canots à la voile et à l'aviron, des joutes à la lance, des bigues, des courses de natation, des illuminations, un bal, un feu d'artifice, etc.

La présence des vaisseaux de guerre dans notre rade d'ordinaire si paisible était un attrait de plus pour les populations voisines ; de toutes parts on est arrivé en si grande foule que le soir plus d'un millier de visiteurs n'ont pu trouver place dans les trains du chemin de fer, et ont dû passer la nuit sous les pins et les chênes-lièges sur des lits de gazon ; l'incognito et l'heureuse obscurité de Saint-Raphaël n'existent plus, et cependant tout avait semblé les favoriser.

Deux fois Napoléon Ier était venu à Saint-Raphaël. C'est à Saint-Raphaël qu'il avait débarqué le 16 vendémiaire, en revenant d'Égypte. C'est à Saint-Raphaël qu'il s'était embarqué, en 1814, en partant pour l'île d'Elbe. Mais personne n'en savait rien, parce que, dans ce temps-là, Saint-Raphaël s'appelait San-Raphean. La plupart des historiens, et M. Vapereau d'après eux, disent à tort que c'est à Fréjus qu'eurent lieu le débarquement au retour d'Égypte et l'embarquement pour l'île d'Elbe.

Le rôle historique de San-Raphean ne se trouve constaté que dans les récits officiels contemporains.

Hier tout a conspiré contre l'heureuse obscurité de Saint-Raphaël : un temps magnifique, une brise de

N.-O., un peu fraîche, mais donnant l'occasion à nos pêcheurs et aux marins du dehors de montrer leur hardiesse et leur habileté avec des embarcations extrêmement voilées.

Pour comble de malheur, l'aimé et redouté commandant du *Souverain*, se faisant un plaisir de favoriser ces nobles et salutaires exercices en y mêlant ses embarcations et ses marins, le jeune commandant de la *Hyène*, ajoutant pour sa part aux ordres de l'amiral Dupré une grande complaisance et une expérience consommée en fait de régates, le *Janus* ne voulant pas rester en arrière, les trois vaisseaux pavoisés donnant et répétant les signaux avec leurs canons, l'entrain des marins, que leurs concurrents mêmes ont vus avec plaisir remporter un assez grand nombre de prix, cet entrain qui s'est continué à terre, après les courses, pendant le bal qui a duré une grande partie de la nuit, grâce à plusieurs corps de musique venus de diverses villes des départements, une retraite aux flambeaux, des flammes du Bengale, l'assaut donné aux hôtels, aux auberges, aux cafés, aux cabarets, ç'a été complet.

Tous ces officiers de marine ont poussé l'amabilité jusqu'à s'amuser.

Comment, maintenant, pouvons-nous espérer de garder pour nous ce charmant petit coin de la terre si longtemps ignoré? Nous allons être envahis; les nouveaux venus trouveront bientôt que nous y tenons trop de place et que nous encombrons.

Et personnellement je n'ai pas même la consolation d'avoir résisté. Ces exercices de la mer exercent sur moi une irrésistible séduction.

Car ce n'est pas simplement un jeu d'argent, déguisé comme les courses de chevaux — j'ai été, il y a bien longtemps, membre des régates du Havre en leur commencement — en peu d'années on signalait de très heureux et très grands progrès dans la construction des embarcations et dans la voilure; les équipages étaient plus exercés, les hommes plus forts, plus habiles.

Pendant les premières années, des Anglais, sorte de jockeys des courses de chevaux, venaient avec des embarcations très fines qui ne pouvaient courir que par le beau temps, avec des équipages exercés et entraînés ensemble, enlever un prix de 1,500 francs à la barbe de nos marins qui n'avaient que des embarcations solides, faites pour sortir par tous les temps, mais un peu lourdes; de plus, c'était quelques jours seulement avant les courses qu'ils formaient leurs équipages, au hasard, sans entraînement préalable.

Ils finirent par perdre patience. Les pilotes du Havre, — mon vieil ami Mazerat en tête, — firent construire un bateau de course en cèdre, plus solide que ceux des Anglais qui, quelquefois, se coupaient en deux sur une lame, mais plus fins et plus légers que leurs bateaux ordinaires et de formes étudiées. — On me fit l'honneur de me choisir pour parrain de l'embarcation et de lui donner mon nom. On forma un équipage choisi qui s'exerça sévèrement et on attendit les Anglais.

Plutarque raconte une terrible clameur poussée par les Grecs.

C'était aux jeux Isthmiques, la première année de la cent quarante-cinquième olympiade. — Flaminius, gouverneur de la Grèce pour les Romains, fit proclamer dans l'amphithéâtre le décret de la république romaine qui rendait la liberté aux Grecs.

Les cris de joie qui s'élevèrent de la foule furent tels

que des corbeaux, qui passaient au-dessus du stade, tombèrent morts étouffés par la compression de l'air.

Eh bien, à ces régates du Havre, lorsque le bateau de cèdre des pilotes français, laissant le premier bateau anglais de quatre ou cinq longueurs en arrière, vint toucher le but, il faut croire qu'il ne passait ni corbeaux ni mouettes, puisqu'on n'en vit pas tomber asphyxiés par les hurrahs les plus formidables qui se soient jamais entendus ; — les coureurs anglais se jetèrent à la côte et ne rentrèrent pas dans la ville.

Je dois donc confesser que j'ai contribué quelque peu à l'institution des régates de Saint-Raphaël, mais il en est de bien plus coupables que moi.

J'ai été séduit surtout par ce qui se passe aujourd'hui sous nos yeux.

**

Pour obvier quelque peu « assez peu » à l'encombrement des carrières dites libérales, on imagine des obstacles de plus en plus élevés, difficiles, dangereux ; seulement, par une étrange aberration, au lieu de les élever à l'entrée de la carrière, on les dresse à la fin ; de là tant de malheureux épuisés, écloppés, qui tombent aux derniers obstacles, et demeurent dans la vie aristocrates sans place, n'ayant recueilli pour prix de leurs travaux, parfois très rudes, et des sacrifices de leur famille, que des besoins nouveaux et une haine profonde contre la société marâtre dans laquelle ils n'espèrent plus trouver une place que par la violence et la guerre.

On surmène aujourd'hui intellectuellement les jeunes gens : on en rend beaucoup fous et bêtes et dangereux, beaucoup que la nature n'avait pas destinés à l'être ; on fait beaucoup trop de bacheliers et pas assez d'hommes ;

j'aime à voir à un jeune homme des cheveux, des muscles, de la souplesse, de la force, de l'audace, et quand je trouve occasion d'encourager autour de moi les exercices virils, la course, la lutte, la gymnastique, l'équitation, les diverses escrimes, la rame, la natation, etc., j'avoue que je m'y emploie de tout le mieux que je puis.

*_**

Je disais tout à l'heure que le bâtiment envoyé si obligeamment par M. l'amiral préfet maritime s'appelait : *Hyène*.

C'est une singulière et malheureuse idée que de donner ce nom à un vaisseau.

La hyène ou l'hyène est un animal laid, méchant et lâche. Pour les anciens, c'était un animal prodigieux et fabuleux. Aristote et Pline disent qu'il est hermaphrodite et encore d'une façon inusitée. Après Aristote et avant Pline, Ovide dit la même chose en vers :

...Quæ modo fæmina...
...Nunc esse marem miremur hyænam.

Elle va rôder autour des fermes, tâche d'apprendre le nom de quelque berger, puis, comme elle sait parler, elle va la nuit appeler le berger. Il sort et elle le dévore. Tout cela n'est peut-être pas vrai, mais une autre incertitude me tracasse davantage. Toute ma vie j'ai aspiré l'*h* de hyène, — et voilà que les officiers et les matelots du navire disent l'hyène, et ils sont d'accord en cela avec la plupart des grammairiens et des dictionnaires. L'Académie n'aspire pas l'*H* — Boiste ne le prononce pas et écrit h*i*ène.

Girault-Duvivier n'aspire pas l'*H*.

14.

Littré non plus, — et il ajoute : « Quelques-uns, à tort, aspirent l'*H*. » (Cela me regarde, aussi je lui fais une chicane). Il cesse ici d'être d'accord avec Girault-Duvivier, Lemaire, Restaut, etc., qui, eux, aspirent la lettre aspirée et disent : *le H.*

Il est donc bien évident que j'ai tort. Mais ce qui est bien pis, c'est que je suis décidé à persévérer dans mon tort, — malgré l'adage : *Perseverare diabolicum*, — et voici mes raisons. Commençons par la moindre, l'euphonie : l'hyène, un' hyène, est pour moi plus dur à prononcer que *la* hyène, *une* hyène. Seconde raison : en aspirant le H, le mot est plus expressif, il peint une sorte d'horreur, de dédain et de dégoût ; et ce sentiment, on semble l'avoir cherché et trouvé dans beaucoup d'autres mots. Ainsi on dit, avec le son guttural du H aspiré : la Haine et tous ses dérivés, Haïr, Haïssable, etc.; Happechair, Hargneux, Hâve, Hère, Hideux, Hernie, Hongre, Houle, Honnir, Honte et ses dérivés, Horion, Hure, Haut-mal, Hâter, Hart, Haro, Happer, coHue, Harpon, le *Hic*, Harpagon, Hognement, Happelourde (pierre fausse), Hauteur, Haridelle, Hallebreda (injure populaire), Harde (troupe de bêtes fauves), Hagard, se Harpailler, Horde, etc., Hourou (vieille femme difforme), Houle, Houspiller, Harceler, Houssine, Houx, Hurler, Hurlement, Heurt, Heurter, Hallebarde, Haleter, Hâle, Hâbler, Hâbleur, Hache, Haillon. — Ajoutons : Hanneton, Hérisson, Hobereau, Huard, Hulot, Hibou, Harpie, Héron et autres bêtes laides ou malfaisantes.

BIGARRURES

J'avais deux sujets à traiter, mais les « oratrices » m'agacent, et je cède à la mauvaise humeur qu'elles me donnent.

Eh quoi! les voilà encore! Est-il bien possible que ce soient les mêmes? La dernière fois que je les ai vues, elles me rappelaient ce personnage d'une ancienne comédie, qui, trouvant sa maîtresse absente, dit à une vieille camériste : « Ma bonne, si vous êtes encore en vie quand elle rentrera, dites-lui, je vous prie, que je reviendrai ce soir. »

Oui, ce sont les mêmes. Elles sont donc inamovibles? En vain elles ont changé leurs petits noms, je les reconnais bien. Quatre cent cinquante ans avant Jésus-Christ, du temps d'Aristophane, elles s'appelaient Lysistrata, Mirrhine, Sampito, Proxagora.

Que veulent-elles encore?

Toujours la même chose — exemple. — Voici un des articles du nouveau programme émis par le comité des oratrices.

Que les articles du code regardant le détournement des mineures soient énergiquement appliqués.

En effet; les mineures font grand tort à ces dames âgées, les hommes perdent un temps précieux à détourner les mineures, mais ça a été comme cela de tout temps. Ainsi elles se plaignaient à Athènes et ne se contentaient pas d'invoquer les sévérités des lois d'alors, — elles faisaient mieux, elles édictaient elles-mêmes des lois contre le « détournement des mineures », et se chargeaient de les faire exécuter.

Voyez!

Les harangueuses, ou la réunion privée des femmes, ΕΚΚΛΗΣΙΑΖΟΥΣΑΙ.

« *Les femmes ont décrété que si un jeune homme convoite une jeune fille, il ne pourra obtenir ses faveurs avant d'avoir préalablement prouvé son amour à une vieille.* »

Une vieille. — Il ne vient pas d'hommes. Il est cependant bien temps. Je reste là sans rien faire, bien fardée, parée de ma belle robe couleur de safran, fredonnant à demi-voix et folâtrant. Toi, mon petit ami, viens près de moi. L'art manque aux jeunes filles et ne se montre que dans l'âge mûr. Moi, je m'attache comme l'aropède aux rochers, ωσπερ λεπας. Les jeunes filles sont volages. Toi, jeune fille, personne n'ira à toi avant de venir à moi. Et toi, jeune homme, où vas-tu?

Le jeune homme. — Chez cette belle jeune fille.

La vieille. — Il est juste que la loi s'accomplisse, puisque nous vivons sous un gouvernement démocratique.

Le jeune homme. — Quelle loi?

La vieille. — Les femmes ont décrété que « si un jeune homme convoite, etc. » Pourquoi frappes-tu si fort à cette porte?

Le jeune homme. — Pour me la faire ouvrir par la jeune fille.

La vieille. — Il en était ainsi sous l'ancien gouvernement, mais maintenant nous passons les premières.

Le jeune homme. — Laisse-moi tranquille, on frappe à cette porte.

La vieille. — Après avoir d'abord frappé à la mienne.

La jeune fille. — Ce n'est pas toi qu'il cherche, vieille sorcière !

La vieille. — Par Vénus ! je ne le lâcherai pas, — je ne laisserai pas violer la loi, — la loi, ô jeune homme ! t'ordonne de me suivre et de m'aimer, etc., etc.

Voilà, quant au « détournement des mineures »; vous voyez que ce n'est pas nouveau, 450 ans avant Jésus-Christ !

**

Un autre point — « la recherche de la paternité ». Avouons d'abord que je suis de votre avis, — après qu'on aura cherché et trouvé les moyens d'empêcher les abus monstrueux qu'entraînerait une pareille loi sans correctifs. C'est assez brave d'être de leur avis, car elles gâtent même la raison et la justice :

> At subitæ horrifico lapsu de montibus adsunt
> Harpyæ, et magnis quatiunt clangoribus alas
> Diripiuntque dapes, contactuque omnia fœdant.

« Mais voici que du haut des monts, fondent d'un effroyable vol les harpies; elles pillent nos mets et souillent tout de leur contact. »

Mais ces moyens, il faut les chercher. Je sais bien qu'une de vous en a proposé un, il y a quelques années.

Ne vous avisez pas de le nier. J'ai ce document serré quelque part, et je le retrouverai.

« Quand une femme devient grosse, disait-elle, et qu'il se présente quelque incertitude sur l'auteur de l'accident, tous les hommes qui la fréquentaient à l'époque de la conception doivent contribuer à l'entretien de l'enfant. »

**

Retournons aux harangueuses : Proxagora, la communiste, explique à son mari les avantages du nouveau code voté par les femmes.

— Mais, dit Blepyros, avec ces relations mélangées, comment chacun fera-t-il pour distinguer ses enfants ?

Proxagora. — Pourquoi les distinguer? Les enfants considéreront et traiteront comme leur père tout homme plus âgé qu'eux.

Un autre point :

Des maisons LAÏQUES *venant au secours des malheureuses jeunes filles sortant des maisons centrales.*

Pourquoi *laïques*? Est-ce que, dans la situation de ces « malheureuses filles », le retour à des idées religieuses ne serait pas un des moyens de les empêcher de retomber dans le vice?

Des maisons excessivement laïques, — il y en a, et il y en a trop, dont les agents guettent ces « malheureuses jeunes filles » et leur offrent de venir à leur secours, — ces maisons sont tout ce qu'il y a de plus laïque. N'ayez pas peur, mesdames, — et ne vous effarouchez pas de ce que dans un certain argot on appelle ces maisons des « couvents », et les « dames » qui les régissent des « *abbesses* », ce sont des couvents et des abbesses, — du dernier laïque.

Peut-être des maisons moins laïques seraient préférables.

Puis — la rengaine de l'égalité.

L'Égalité. — Mais, malheureuses, vous rappelez ce fou qui, sur le pont des Arts, offrait en vente des écus de six francs à six sous la pièce.

L'Égalité. — Mais, ne craignez-vous pas, imprudentes, de voir les hommes la réclamer de leur côté « reconventionnellement », comme on dit au palais.

La femme qui a le droit d'être l'égale de l'homme et qui l'est en effet, c'est la femme du maraîcher, qui pousse par derrière la petite charrette chargée de légumes à laquelle s'attelle son mari ; — c'est la femme du marchand qui, assidue à son comptoir, accueille gracieusement le client et tient les livres de commerce ; — c'est la petite bourgeoise, femme d'employé, qui, pendant que son mari vaque dehors aux occupations dont le salaire entretient la famille, soigne son ménage, trouve, par une économie ingénieuse, le moyen de faire régner l'aisance dans la maison avec de faibles ressources ; la femme qui, ne consacrant à sa toilette et aux vêtements des enfants qu'une très petite part de ce que gagne le mari, auquel seul elle veut plaire, s'arrange, à force de propreté, d'industrie, de génie, pour être vêtue décemment et avec une élégante simplicité, qui la rend belle au dedans autant qu'au dehors.

Mais celle-là n'est pas l'égale de son mari qui, sous prétexte de « se mettre comme tout le monde », sacrifie l'aisance de la famille à sa parure :

> Ne s'inquiétant pas si, pour parer l'idole,
> Le pauvre époux travaille, emprunte, joue ... ou vole.

Celle-là, c'est une courtisane qui

A, le code à la main, droit d'être ... entretenue.

Si bien que, aujourd'hui, ou depuis qu'on parle tant d'égalité, une seule égalité a été obtenue, c'est « l'égalité des dépenses ». Dans la bourgeoisie, à tous les degrés, l'homme et la femme ne sont plus de la même classe. L'homme travaille; la femme est oisive, et, comme le disait un vieux magistrat : « L'oisif est un méchant commencé. » L'oisiveté qui empêche la femme de faire sa part dans l'association, amène l'ennui, et seul le diable sait jusqu'où peut aller une femme qui s'ennuie. Je me rappelle une autre vieille comédie : une servante familière demande à sa maîtresse si elle sort. — Oui, certes. — Où allez-vous? — Nulle part; je vais dépenser de l'argent, puisque j'en ai.

Les femmes médecins, je les admets si elles ne traitent que les femmes. Quant aux femmes avocats, aux femmes députés, aux femmes magistrats, celles qui veulent faire en jupes ce que font les hommes en culottes, ce ne sont plus des femmes, ce sont des avocats femelles, des députés femelles, et elles redeviennent des femelles comme celle qu'avait reçue l'homme au commencement; être très inférieur, dont la civilisation, la pudeur, la réserve, la timidité, le dévouement, la modestie, dont surtout l'amour ont fait cet être charmant qu'on appelle la femme! Être qui sait tout et qui devine tout, et ne se trompe que quand il réfléchit, et est trop finement doué pour vouloir faire ce qu'elle peut faire faire aux hommes, des corvées sociales dont elle est l'inspiration, le but et le prix.

Non, mesdames, vous n'êtes plus des femmes, vous êtes des ... hommesses.

*_*_*

N'ayez pas de voisins, si vous voulez vivre en paix avec eux, et — vive la solitude pour être toujours en bonne compagnie !

Par exemple, dimanche dernier, j'avais à parler de la rage. Eh bien, sans me déranger, j'ai convoqué ou évoqué Pline l'Ancien, Aristote, le vieux Caton, madame de Sévigné, Ambroise Paré, Varron, Collumelle, la jolie madame du Ludre, Valmont de Bomare, un ministre de la République actuelle, Virgile, etc., et cela sans aucune cérémonie, — moi, les pieds nus dans mes souliers de corde, — un pantalon et une chemise de toile pour tout costume. Quant à mes invités, ils se sont rangés sans façon, sans prétention, au hasard, sur une grande table, en face d'une large fenêtre ouverte sur la mer, et là, tous de bonne humeur, tous en verve, ils m'ont dit ce qu'ils savaient et ce qu'ils pensaient sur le sujet que j'avais à traiter.

Puis quand est venue l'heure où je devais arroser certains jeunes palmiers et certains jeunes lauriers-roses qui demandent encore des soins, sans avoir besoin de m'excuser, sans qu'ils en parussent blessés le moins du monde, je les ai laissés seuls au milieu d'une phrase commencée, et, quand je suis revenu, aucun n'avait l'air ni « piqué », ni boudeur, ils ont continué où ils en étaient restés.

L'autre soir, c'était Plutarque que j'avais invité à passer un bout de soirée avec moi, il a été, comme de coutume, bonhomme et charmant, et comme il en était venu à parler de l'administration des affaires publiques, je pris la liberté de l'arrêter pour écrire ce qu'il venait de dire : tout cela s'appliquait à notre temps aussi bien qu'à celui où il vivait :

« Beaucoup de gens, dit-il, s'embarquent dans la politique et les affaires publiques — pour s'en faire un amusement, en croyant qu'ils y trouveront gloire et fortune, tant il semble facile de faire mieux que ceux qu'ils espèrent remplacer. Ils ressemblent à des gens qui, séduits par la mer bleue et calme, entreraient dans une chaloupe avec l'idée de se faire un peu balancer par l'eau ; mais une brise légère les entraîne au large — ils ne savent ni aller quelque part ni revenir à terre, et se trouvent en pleine mer, où, au lieu de la gloire qu'ils s'étaient promise, ils ne rencontrent que dangers, peur et nausées. »

Et, alors, suivant un de ces fils invisibles qui conduisent d'une façon si imprévue quelquefois une conversation où une rêverie, j'en arrivais à penser à Granier de Cassagnac, Cassagnac l'ancien.

Je me rappelai que, il y a longtemps, lui et moi nous étions jeunes, comme il revenait d'Amérique, il raconta son voyage, dans je ne sais quel journal, d'une façon intéressante et spirituelle. A la lecture de ce récit, je fus frappé d'une assertion émise par lui avec l'aplomb particulier aux méridionaux. Il avait, paraît-il, horriblement souffert du mal de mer, et après avoir peint ses angoisses, il disait : « Je m'étonne d'une chose, c'est que jamais les anciens, dans aucun de leurs ouvrages, n'aient parlé du mal de mer. »

Je fus d'abord saisi d'admiration ; d'une part j'étais déjà un peu marin, et d'autre part je quittais à peine le collège Bourbon où j'avais été élève très lauréat et jeune professeur ; j'étais encore tout confit, tout praliné, tout candi de latin et de grec, et je me dis : Voilà un gaillard qui est fort; car pour affirmer que tel auteur a dit telle chose, il suffit de se rappeler une phrase, un vers, un mot. Mais, pour affirmer qu'il n'a jamais dit cette chose, il faut se rappeler tous ses ouvrages tout entiers de la première à la dernière ligne. Qu'est-ce donc de pouvoir savoir qu'aucun des anciens n'a parlé du mal de mer?

Puis à l'admiration succéda l'envie; à l'envie, un doute; au doute, des recherches dans ma mémoire, et je me rappelai que Plutarque précisément, *dans les questions naturelles*, a tout un chapitre sur « les nausées qu'éprouvent ceux qui voyagent sur mer et qu'ils n'éprouvent pas sur les rivières ».

Je me rappelai aussi Cicéron disant à Atticus : « J'ai accompli la traversée sans péril et sans mal de mer — *sine periculo et sine nauseâ.* »

Et au même Atticus : « Je ne vous presse pas de partir, parce que je crains pour vous le mal de mer. »

Et, à je ne sais plus qui : « J'ai laissé Antonie dans son vaisseau en proie au mal de mer, *eructantem et nauseantem.* »

Je me piquai au jeu, je cherchai et je trouvai vingt passages contredisant Granier.

Il en est un très curieux d'Horace dans sa première épître : « Le pauvre, dit-il, sur un bateau de louage, n'aura pas plus de nausées que le riche sur sa propre galère. »

A ce sujet, je ne sais pourquoi ou comment M. Guyard, auteur de la traduction des épîtres d'Horace dans la collection des auteurs latins édités par Dubochet, sous la direction de M. Nisard, fait un gros contresens en traduisant *nauseat* par « bâille d'ennui ».

Plaute, dans l'*Amphytrion*, nous montre Sosie, si

fatigué du roulis du vaisseau, qu'il en a encore envie de vomir : *Etiam nunc nauseo.*

Pétrone, dans le *Satyricon*, « un des passagers couché sur le bord du navire, travaillé du mal de mer », etc., *exonerabat stomachum.*

Sénèque : « Je n'aime pas un pilote qui craigne le mal de mer, *nauseabundus.* »

Et, dans une lettre à Lucilius :

« Que ne peut-on me persuader, quand on m'a persuadé de monter sur un vaisseau? La mer était calme au départ. Je comptais sur le peu de chemin qu'il y a de Naples à Pouzzolles... J'étais si malade que je priai le patron qu'il me mît à terre, *nausea segnis.* Une fois près de la terre, je me jetai à l'eau dans les rochers. »

Et plus loin :

« Ulysse était plus heureux que moi, il vomissait facilement; *Ulysses nauseator erat.* » Qui l'avait dit à Sénèque? Homère, sans aucun doute. — Et plus loin : « Ce mal ne cesse pas, comme on le dit, aussitôt qu'on a quitté la mer. »

Tibulle fut accusé d'avoir feint de prendre le mal de mer pour une maladie, afin de ne pas suivre en Asie son général Messala, et de retourner de Corcyre à Rome auprès de sa maîtresse Délie, etc.

Si bien que, ayant assez peu connu Granier, il est un de ceux de nos contemporains que je me suis rappelé le plus souvent, parce que chaque fois que le hasard de mes lectures m'a fait tomber sur un passage grec ou latin, où il était fait mention du mal de mer, je n'ai jamais manqué de penser à lui comme cela vient de m'arriver.

Si bien que j'ai parlé aujourd'hui de pas mal de choses et de gens, et que je n'ai pas dit un mot de ce que j'avais l'intention de dire aujourd'hui.

A M. HENRI DE LACRETELLE

Vous venez, monsieur, de publier un volume sous ce titre :

Lamartine et ses amis.

J'ai fait venir ce livre et je l'ai lu.

Lamartine et ses amis. — Tous ses amis ; c'est-à-dire que ceux que vous n'avez pas trouvé bon de mentionner n'étaient pas des amis de Lamartine. Vous faites de l'amitié de Lamartine, au bénéfice d'une petite coterie politique, un temple, une petite église aussi fermée que ce qu'on appelle plaisamment aujourd'hui la « République ouverte », où on n'est admis, comme dans certains bals, que masqué, avec au moins quelque chose de rouge.

Ce procédé m'a offensé. L'amitié constante de Lamartine a été une des joies, un des honneurs, un des orgueils de ma vie. Je ne puis vous permettre, et je ne vous permets pas de la nier, ni même de la mettre en doute.

Je prends donc la plume pour vous prouver que Lamartine a été mon ami jusqu'à son dernier jour, ou mieux, vous le faire dire par Lamartine lui-même,

Après vous avoir prouvé que j'ai été, que je suis encore son ami, en signalant et en réfutant les erreurs, inexactitudes, assertions plus que légères, appréciations injustes et erronées — et les manques de respect que contient votre brochure.

Commençons par le commencement, — *Ab Jove principium.* — Alexandre ne souffrait pas qu'un autre peintre qu'Apelles osât entreprendre son portrait. Chez les anciens, il n'était pas permis de faire les statues des dieux de tout bois ou de tout marbre ; — il y avait peut-être un peu d'audace de votre part à entreprendre cet ouvrage, — mais l'affection, le respect, l'admiration, la modestie, et aussi les hasards de la vie et probablement vos mérites, qui vous avaient « placé dans son ombre » et gagné l'amitié de Lamartine, pouvaient vous permettre de faire un ouvrage intéressant ; surtout lorsque, en commençant, vous disiez : « Il m'a été donné de regarder au fond d'une des âmes où Dieu a mis le plus de lui-même. » Mais j'avoue que j'ai été quelque peu désappointé lorsque, parcourant votre brochure, et y cherchant ce que vous aviez découvert dans cette grande âme au fond de laquelle vous aviez eu le privilège de regarder, voici ce que j'ai trouvé, — tous les détails sont intéressants quand il s'agit d'une aussi grande et aussi sympathique figure, mais il n'y avait pas besoin de descendre tout à fait au fond de l'âme pour nous dire :
« Il portait un chapeau gris à haute forme. » « Sa pose harmonieuse et réservée attestait la force de son génie. »
« Il avait une voix profonde qui ruisselait. »

« Il portait une veste grise et un pantalon large » ;
« un ara et des perruches de leurs notes aiguës faisaient

dans son cabinet un terrible tapage ; il fallait tous les bruits de la vie à ce grand musicien. »

« Il faisait sa barbe avant déjeuner, etc., etc. »

« Il se servait de savon de Windsor, etc., etc. »

Vous reconnaîtrez qu'aux yeux de quelqu'un qui cherche ce que vous avez découvert dans « la grande âme au fond de laquelle vous avez regardé », vous faites un peu l'effet d'un enfant à qui on prête un beau livre et qui ne regarde que les images.

Il y avait ailleurs un dangereux écueil à éviter. Les critiques de tous les temps n'ont pu se mettre d'accord sur une question dans la façon d'écrire l'histoire : Doit-on, peut-on rapporter directement les discours, les harangues de ses héros, discours et harangues qu'ils n'ont certainement pas prononcés et qui sont évidemment l'œuvre de l'écrivain? C'est ainsi que procèdent Thucydide, Xénophon, Polybe, Tite-Live, etc. ; d'autres préfèrent le discours indirect : Gracchus représente au peuple que..., Cyrus fit envisager à ses soldats que... Vous vous êtes décidé à suivre de préférence les grands exemples donnés par Thucydide, Tite-Live, etc. ; peut-être n'avez-vous pas assez réfléchi sur deux points : le premier, que ces grands maîtres compensaient à certains degrés, par un art exquis, la vérité et la vraisemblance qu'ils enlevaient à l'histoire, et ensuite que leurs lecteurs, surtout aujourd'hui n'ont jamais entendu parler ni Cyrus, ni Cambyse, ni Ciaxare, ni Annibal, ni Catilina, et conséquemment ne peuvent faire de rapprochement tandis que les vraies paroles de Lamartine sont encore en l'air. De plus, c'était à des généraux, à des tribuns, etc., qu'ils prêtaient des harangues, et non à des écrivains qui laissaient après eux des objets de facile comparaison. Ainsi vous n'avez pas évité le danger auquel vous

vous exposiez. Vous prêtez des discours à Lamartine ; je veux bien que votre mémoire vous serve quant au sens, mais quand vous lui faites dire, entre autres, page 14 :

« Nous arrivâmes à la bibliothèque, claire, reverbérant ses in-quarto dans la faïence de ses dalles luisantes, et comme parfumée de la respiration des livres pieux. »

Il n'est pas un lettré, pas un contemporain qui ne vous interrompe en criant : « Non, monsieur, Lamartine n'a pas dit cela ! » et ne se rappelle une jolie caricature de Gavarni : Un jeune peintre essaye de vendre un tableau *ancien* à un vieux marchand. « — Ça... dit le marchand, ça... un Rembrandt ? — C'est un ... comment vous appelez-vous ? »

Je pourrais multiplier beaucoup les observations de ce genre, mais je passe à un sujet plus grave.

Au bénéfice d'une petite coterie affiliée à la coterie aujourd'hui dominante, vous avez dénaturé le caractère les opinions et les idées de Lamartine.

Vous oubliez que si Lamartine a été admirable et grand en 1848, ce n'est pas tant pour avoir fait la République, que pour avoir combattu et vaincu la démagogie, pour avoir seul affronté et arrêté toute une populace ivre et furieuse, pour avoir ajourné à vingt ans la Commune, l'incendie et les assassinats.

Qu'on se rappelle comment il parlait et comment il agissait au moment du danger.

C'était au jour de l'invasion de l'Assemblée nationale ; il s'élance à la tribune, et s'écrie : « Il ne s'agit plus de parler, il faut agir. La tribune, en ce moment, c'est la selle d'un cheval ; qu'on me donne un fusil. »

Il se précipite hors de la salle, monte sur le premier

cheval de soldat qu'il trouve dans la cour, et marche calme à l'Hôtel de ville en fendant les flots irrités et mugissants d'une populace armée.

Et cet homme qui, — vingt fusils dirigés contre sa poitrine, ne trouvait dans ce danger que des inspirations éloquentes, qui faisait reculer et tomber dans le ruisseau l'odieux drapeau rouge réunissant les couleurs du vin, de l'incendie et du sang,

C'est cet homme que vous essayez aujourd'hui d'affubler du bonnet rouge que l'émeute sanglante mit sur la tête de Louis XVI, au 10 août!

Oui, Lamartine avait fait la République, parce qu'il était le plus courageux de tous. Armand Marrast disait : « Sans Lamartine, nous n'aurions jamais osé proclamer la République. » Mais la République de Lamartine, ce n'était pas celle du programme Belleville juré par vos maîtres d'aujourd'hui.

Vous prétendez que vous et quelques amis que vous citez, vous êtes les « disciples de Lamartine », et comme vos alliés, ou plutôt les chefs que vous suivez, puisqu'il vous faut suivre quelqu'un, sont dans une voie où il les aurait combattus de sa mâle et victorieuse éloquence, vous osez faire de lui un « évangile apocryphe », en lui prêtant des paroles et des opinions de fantaisie ; vous oubliez que Lamartine n'était pas, comme vos maîtres d'aujourd'hui, de ceux qui se croient forcés de « suivre ceux dont ils sont les chefs », — et vous offensez sa mémoire, lorsque vous dites (page 48) : « Il devenait le serviteur de l'opposition. » Vous allez, dans votre hallucination, jusqu'à prêter à ce grand mort vos puériles rengaines d'aujourd'hui contre la majorité du Sénat, le cléricalisme et le 16 mai, etc.

Rien n'est plus bizarre que l'assemblage des hommes

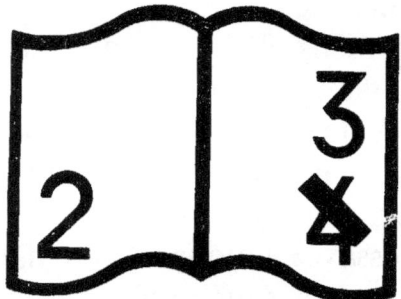

Pagination incorrecte — date incorrecte
NF Z 43-120-12

Page 263 et non 63

dont vous faites aujourd'hui les demi-dieux et les chefs de votre République — sans les consulter.

Voltaire, qui se serait enfui chez le roi de Prusse ; — Rousseau, que vous auriez mis hors la loi ; — Thiers qui a fait tuer, chaque fois qu'il a été au pouvoir, une armée de vrais et de faux républicains ; — Victor Hugo, qui a écrit des pages éloquentes contre la République rouge, — et, enfin, M. de Girardin, qui ne peut plus servir un seul parti ni une seule idée qu'il n'ait combattus antérieurement, M. de Girardin, dont vous dites si plaisamment : « Émile de Girardin, dont la République devait être un jour si fière ! »

Ce panthéon des demi-dieux républicains me rappelle Caligula. « Il était parti, dit Suétone, pour combattre les Germains, — il revenait sans avoir livré une seule bataille, et pourtant il voulait un « triomphe », il choisit — *se posuit ad pompam*, — pour l'effet, parmi les Gaulois de son armée, ceux qui étaient de la taille la plus haute, — il leur fit teindre leurs cheveux de la couleur rousse de ceux des Germains, — *rutilare*, — on leur apprit quelques mots de la langue, et il les ramena à Rome chargés de chaînes, comme des prisonniers. — Il me rappelle aussi ceux qui déclaraient Virgile chrétien, parce qu'ils trouvaient dans une de ses églogues la prédiction de la naissance de Jésus-Christ.

Vous dites, — vous le croyez peut-être : — « Je ne suis pas sorti de la ligne tracée par mon maître », mais vous ajoutez « et éclairée par ma conscience », c'est-à-dire modifiée, augmentée, amendée, etc. Eh bien, vous vous trompez, et Lamartine lui-même va vous en donner deux preuves qu'il n'aurait pas marché avec vos maîtres d'aujourd'hui.

Voici la lettre qu'il m'adressait en 1857 :

7 décembre 1857.

« Mon cher Karr,

» Je vous adresse le *meilleur de mes jeunes amis*, M. Roland, ancien maire de Mâcon et *représentant modéré* de 1848, plein de cœur, de talent et d'affection. *Homme comme il en faudrait beaucoup dans notre pays pour le rendre digne de grandes pensées :* il est un peu souffrant, il va à Nice avec sa jeune femme respirer votre air et vos roses; faites-leur respirer en toute confiance votre esprit et votre bon cœur; tout ce que vous ferez pour lui sera fait pour moi.

» De vigneron à jardinier,

» LAMARTINE. »

Voici ce qu'il écrivait officiellement pour la publicité en 1848, — j'étais entièrement d'accord avec lui, — je vous mets, vous et les autres, au défi d'établir que je me sois modifié en rien. Donc, comme vous n'êtes pas avec moi, il s'ensuit logiquement que vous n'êtes plus avec lui.

MINISTÈRE DES AFFAIRES ÉTRANGÈRES.

16 mars 1848.

« Monsieur et ami,

» La révolution qui vient de s'accomplir est la révolution de l'intelligence; il est du devoir, pour tous ceux qui y ont préparé les esprits par leurs écrits, de chercher à faire partie de l'Assemblée nationale. Je suis heureux d'apprendre que vous vous présentez comme candidat dans le département de la Seine-Inférieure. *Je connais vos sympathies*, et suis d'avance convaincu que les institutions que nous voulons fonder auront en vous un intelligent et courageux défenseur.

» Recevez, monsieur et ami, etc.

» LAMARTINE. »

« Monsieur et ami,

» Votre nom et votre talent sont trop connus pour que vous ayez besoin des offices de personne. Il y a, dans vos livres sérieux et même dans vos feuilles les plus légères, une aptitude politique dont nul ne saurait contester la portée.

» Présentez-vous donc hardiment aux habitants des côtes de Normandie qui vous estiment et vous aiment comme un des leurs. Adressez-vous au grand cœur du peuple, il comprend surtout deux choses : le courage et le bon sens. Voilà les titres qui lui plaisent et qui assurent, n'en doutez pas, le succès de votre candidature.

» LAMARTINE. »

Cela m'amène naturellement à ce qui me concerne, et c'est encore Lamartine qui va attester lui-même l'amitié qui nous a unis jusqu'à sa mort.

Il n'est pas tout à fait nécessaire, comme vous semblez le penser (pages 31 et 172), de « le suivre par derrière à la promenade », ou de « marcher à pied à côté de son cheval », pour avoir droit à être compté au nombre de ses amis.

Pas plus que d'assister à ces banquets de Mâcon, où « les bouteilles éclataient sous les bouchons et répandaient des flots de pourpre » (ça devait être propre), où vous « êtes montés sur les tables », où « la foudre croisait ses bras furieux », assourdie sans doute et intimidée par les « trépignements, les chants, les cris de joie, les rires, etc. », enfin, « un grand respect dans une grande ivresse patriotique » et « la sainteté dans le tumulte » et « un veau rôti tout entier ».

Je laisse la parole à Lamartine.

« Mon cher Karr,

» Je remets ce mot à votre ami (Léon Gatayes), qui m'a donné de si intéressants détails sur vos pénates rustiques. Je vois que nous sommes rudement traités tous les deux par les hommes, ces griffes malfaisantes de ce monstre appelé Destin. — Tant mieux, c'est que ce destin nous juge braves pour combattre et pour mépriser jusqu'à la fin.

» Quant à mon affaire, Paris est exécrable.

» LAMARTINE. »

« Mon cher Karr,

» Je lis les *Guêpes*; c'est toujours ce bon sens solide et brillant comme des cailloux de *Paros*, que j'ai foulés autrefois au bord de ces carrières d'où est sorti le *Jupiter souriant*.

» Je suis heureux quand j'y lis mon nom tout imprégné d'une amitié et d'une constance si rare de nos jours.

» Je viens de fermer la souscription de Paris ; elle me valait autant d'injures que de centimes.

» Je ne vous parle pas de la guerre (la guerre d'Italie), je n'aime pas cette guerre. Mais j'en aime l'objet. Voilà ma situation d'esprit. Je vois que c'est aussi la vôtre.

» LAMARTINE. »

« Merci des fleurs et des parfums cueillis par les petites mains de votre fille Jeanne, nous y respirons votre amitié et la pureté.

» Irez-vous à la Spezzia? c'est ce qu'il y a de mieux sur cette rive pour un ermite. »

« Mon cher ami,

» Aussitôt que j'aurai passé le difficile défilé d'une fin d'année où je dois payer 800,000 francs (prodige pour un poète), je vous adresserai une épître en vers. Je sens que votre nom m'inspirera. Alphonse Karr dans son jardin, c'est un paysage du Poussin, un coucher de soleil au bord de la mer, contemplé par un homme de seconde vue.

» 27 août 1857. — Saint-Point.

» LAMARTINE. »

« Mon cher Karr,

» Je paye mes dettes tard, mais je les paye toujours; plût à Dieu que ce fût toujours avec le même plaisir que j'éprouve à vous payer la mienne.

» Je vous avais écrit que si j'avais une matinée libre avant la fin de l'année, je vous adresserais des vers.

» Les voici.

» Je vous les envoie en manuscrit de ma main d'abord, puis soigneusement imprimés à Mâcon, ce qui sera plus facile à lire.

» Je désire qu'ils vous disent combien je vous estime, vous savez depuis longtemps combien je vous goûte.

» Amitié en prose comme en vers.

» 5 décembre 1857.

» LAMARTINE. »

22 janvier 1858.

« Mon cher ami,

» Ah! que j'ai été bien inspiré par mon amitié de cœur et d'esprit pour vous, puisque e vous ai inspiré à

mon tour un de vos chefs-d'œuvre, si ce n'est pas votre chef-d'œuvre d'amitié, de polémique, de verve, de tragique plaisanterie . . . .
. . . .

» Nous avons passé la matinée à lire, relire et applaudir ces rudes et éloquentes pages, entre cinq ou six amis qui sont aussi les vôtres.

» J'avais bien besoin de ce secours. Il vient à son heure. Béni soit celui qui s'est fait l'occasion d'une si éclatante réaction en ma faveur (M. Veuillot). Je vous ai aimé toujours. Apparemment que c'était un instinct.
. . . .

» Adieu. Serrons-nous la main et ne la desserrons jamais.

» Monaco, 22 janvier 1858. »

Après une représentation de la *Pénélope normande*.

« Légitime triomphe! Grand bonheur pour moi qui vous aime tant. Je ne lis et je n'entends que félicitations.

» Venez jeudi dîner en famille.

» Hier, j'ai cherché en vain à vous découvrir pour vous mettre la main sur mon cœur, et vous dire qu'il bat plus vite quand il vous approche et que vous êtes content.

» LAMARTINE. »

Voici maintenant les vers annoncés, et qui forment un numéro du *Cours de littérature* :

A Alphonse Karr, jardinier.

. . . .
Oh! que la liberté lente se fait attendre!
Quand pourrai-je, à ce monde ayant payé rançon,
Suspendre comme toi, ma veste à ton buisson

Et, déchaussant mes pieds saignants de dards sans nombre,
Te dire en t'embrassant : ami, vite, un peu d'ombre !
Nous avons trop hâlé notre front et nos mains
Au soleil, au roulis des océans humains.
Echappés tous les deux d'un naufrage semblable,
Faisons-nous sur la plage un oreiller de sable,
Et qu'insensiblement, flot à flot, pli sur pli,
La marée, en montant, nous submerge d'oubli.
. . . .
N'est-il pas sur le bord des champs que tu cultives,
Parmi les citronniers, etc. . . . .
. . . .
S'il est près de ta mer une telle colline,
Ami, pour mon hiver, retiens la plus voisine.
. . . .
Te souviens-tu du temps où tes guêpes caustiques,
Abeilles bien plutôt des collines attiques,
. . . .
C'était aussi le temps où, poèmes de l'âme,
Tes romans s'effeuillaient sur des genoux de femme.
. . . .
Enfin te souviens-tu de ces jours où l'orage
A la hauteur du flux fit monter ton courage,
Prompt à tout, prêt à tout, à l'insulte, à l'exil,
Quand il fallait conduire un peuple avec un fil
Et que tu traversais la grande olympiade?
. . . .
As-tu donc oublié seul combien dans ces jours,
Dans ta mâle gaîté la France eut de secours?
Ah! je m'en souviens, moi! Je crois te voir encore,
A l'heure où sur Paris montait la rouge aurore,
Quand, ma lampe jetant sa dernière lueur,
Et qu'un bain de ma veille étanchait la sueur,
Tu t'asseyais, tranquille, au bord de ma baignoire,
Le front pâle et pourtant illuminé d'histoire.
Tu me parlais . . . .
Des victoires d'hier, du danger de demain,
Des citoyens tremblants, de l'aube prête à naître,
De la crainte du joug et de la soif d'un maître,
Du défilé terrible à passer sans clarté,
Du pont de feu qui mène au ciel de liberté.
Tu regardais la peur en face, en homme libre,
Et ta haute raison rendait plus d'équilibre
A mon esprit frappé de tes grands à-propos
Que le bain n'en rendait à mes muscles dispos.

> J'appris à t'estimer, non au poids d'un vain livre,
> Mais au poids d'un grand cœur qui sait mourir et vivre.
> Ils sont passés ces jours dont tu dois être fier ;
> C'était un autre siècle, et pourtant... c'est hier.
>
> . . . .

Ainsi parle Lamartine de celui qu'il ne vous a pas plu de mettre au nombre de ses amis.

Je laisse de côté cent remarques faites au crayon en lisant votre livre, vos manques de respect, quand vous accusez Lamartine de dureté, de hauteur, de niaises superstitions, etc. (Pages 34, 41, 83, 167, 169, 175, 178, 185, 186, 215, etc.)

J'ai à vous remercier, monsieur, de la rare et excellente occasion que vous m'avez offerte de m'affranchir de la modestie qu'on est convenu de faire semblant d'avoir, en m'obligeant à revendiquer une aussi précieuse amitié.

Les quelques lettres dont je viens de transcrire des fragments sont à peu près toutes d'une date remarquable.

Lorsque Lamartine, qui avait achevé de se ruiner au pouvoir, c'est-à-dire à une époque où personne en France ne lui aurait refusé la moitié de sa fortune, dans la persuasion, alors générale, que lui seul pouvait sauver le reste,

Lamartine retourna à sa plume, comme les dictateurs romains retournaient à leur charrue.

Seulement il faut dire que, plus juste que le peuple français, le peuple romain avait pris soin du petit champ de Cincinnatus pendant son absence.

Poussé à bout, il avoua un jour sa ruine complète. La France laissa perdre une belle occasion de se montrer équitable et grande, — elle fut ingrate et tristement avare.

C'est alors que j'écrivais sur le socle d'un buste fait par Adam Salomon.

**Lamartine et la France auront fait un Homère,
L'un fournit le génie et l'autre la misère.**

C'est à ce sujet que vous dites (page 186) : « Nous restions accablés sous le poids des reproches qu'on lui faisait, — sa défense était longue et trop psychologique. » (Textuel.)

Je pense que je puis m'arrêter là.

ENCORE

On l'a dit avec raison, une vérité est un coin qu'il faut faire entrer par le gros bout, et entrer dans une matière très dure, la tête humaine. Ainsi que « l'Éternel » le dit lui-même à Moïse, à l'époque du veau d'or. Il faut donc pardonner à ceux qui se sont donné l'ingrate mission de dire la vérité, s'ils reviennent souvent sur les mêmes sujets, et frappent longtemps à la même place pour enfoncer le coin, — le clou à grosse tête.

Là d'ailleurs est la puissance de la parole; elle n'est pas toujours un marteau puissant, mais elle est l'eau qui, tombant goutte à goutte, finit par creuser le porphyre. Si je ne pouvais lire qu'un journal, je n'en lirais pas du tout. Un juge disait : « — Le plus souvent une affaire est très claire avant les plaidoiries; elle n'est obscure que lorsque les avocats ont parlé. — Silence, messieurs, criait un huissier, on n'entend pas l'avocat. — Nous n'en jugerons que mieux, » disait le juge. Que serait-ce donc si un magistrat prétendait juger après avoir entendu un seul des avocats? C'est cependant ce que font à peu près tous les lecteurs de journaux. Ils oublient ou ne savent pas que le journaliste n'est pas un juge, mais un avocat; et ils se piquent, ils se font gloire de n'en lire, de n'en écouter, de n'en entendre qu'un. Voyez l'air dédaigneux avec lequel l'homme qui demande un journal dans un café repousse celui que le garçon lui apporte, si ce n'est pas celui précisément qu'il a pris l'habitude de lire.

*
* *

J'ai raconté ailleurs l'histoire du maître d'école de mon village de *Sainte-Adresse*. Il m'avait demandé un journal, je le fis choisir dans le tas, et, tous les jours, il prenait le même journal. Un mois plus tard, je le rencontrai sur la plage, et j'échangeai quelques mots avec lui. Je fus effrayé de l'incendie qui s'était allumé dans sa pauvre tête. Je le guéris en le mettant au régime d'un autre journal qui plaidait contre le premier, et, comme le premier, plaidait sans contradicteur. Si bien qu'un jour, le trouvant trop guéri, je pris un prétexte pour ne plus lui donner de journaux.

Il est une autre condition pour qu'une idée fasse fortune. Les saint-simoniens et les fouriéristes, au milieu de bizarreries, de saugrenuités, émettaient des idées justes; eh bien, quelques-unes de ces idées ont fait leur chemin et sont acceptées aujourd'hui, mais seulement depuis qu'il n'y a plus de « religion saint-simonienne, ni de secte fouriériste », depuis que ce ne sont plus les « idées des autres » et que ceux qui les professent aujourd'hui après les avoir dédaignées ou combattues, peuvent les donner comme venant de leur cru.

On sait l'histoire d'un des plus grands bienfaits de la Providence, la pomme de terre, ces petits pains qui poussent tout faits dans le sol. Parmentier, qui l'avait introduite en France et la préconisait, fut accusé de vouloir empoisonner « le peuple », parce que la « morelle tubéreuse » appartient à une famille botanique au moins suspecte. — En vain le bon Louis XVI, pour la mettre à la mode, se montra plusieurs fois en public avec une fleur de « parmentière » à la boutonnière de son habit, — il faut dire qu'il était lui-même si « passé de mode » qu'on allait bientôt l'assassiner.

Mais Parmentier imagina d'afficher une grande crainte qu'on ne lui volât ses tubercules et, au moment de la récolte, fit garder son champ par des soldats ; c'était le bien d'autrui, c'était un « fruit défendu », on en vola, on en mangea, le bienfait fut accepté en même temps qu'on le débaptisait, la *parmentière* fut appelée pomme de terre par le peuple, et « *solanum tuberosum* » par les savants.

**

Il faudrait avoir ce courage, et j'avoue humblement que je ne l'ai pas encore, mais j'espère l'acquérir, — de ne rien dire et de faire le mort, quand on voit quelqu'un mettre en lumière et donner comme sienne et nouvelle une idée que vous avez émise et pour laquelle vous avez combattu vingt ans au milieu de l'indifférence publique, du dédain des imbéciles et des légers, et des accusations de paradoxe.

L'exécution de Lebiez et de Barré a été un spectacle encore plus hideux que de coutume, et on semble commencer à comprendre qu'il faudrait supprimer ces inutiles et épouvantables représentations.

Il y a vingt et quelques années, je publiai « sur la peine de mort » une brochure dont il n'est resté qu'une toute petite phrase ; mais il faut dire que la brochure n'était elle-même que le développement de cette toute petite phrase, et dans cette brochure je disais :

Les exécutions publiques ont eu pour but de frapper de terreur ceux qui pourraient être tentés de commettre les crimes dont ils voyaient la terrible punition.

Pour arriver à ce but, on imagina des supplices si atroces — l'homme rompu, tenaillé, mis à la torture, déchiré par quatre chevaux, brûlé vif, etc., — qu'on se demande s'il arrivait souvent que ceux qui subissaient ces supplices fussent aussi cruels, aussi criminels que ceux qui les ordonnaient.

La justice, — et on ne peut s'empêcher d'ajouter : heureusement, a renoncé à ces enjolivements, à ces fioritures cruelles ; la peine de mort ne consiste plus qu'à supprimer l'ennemi social. A la décollation par le sabre ou par la hache qui exposait le patient à voir prolonger son supplice par la maladresse ou l'émotion de l'exécuteur, on a substitué une mécanique qui donne la mort la plus rapide et par conséquent la moins douloureuse. En diminuant les souffrances des suppliciés, on a naturellement diminué la terreur que le supplice pouvait inspirer à ceux qui étaient déjà sur la pente du crime, — le spectacle n'est plus qu'affreux et répugnant.

Pourquoi, disais-je, ne procéderait-on pas ainsi : une exécution capitale doit être un deuil public ; ce jour-là les théâtres et les lieux de divertissement sont fermés ; les églises sont ouvertes et on y dit des messes de mort.

A l'heure de l'exécution, les cloches font entendre un glas funèbre. Ceux qui se trouvent ou se sont transportés sur la place où l'exécution a lieu peuvent voir le condamné traverser une sorte de pont qui, de la prison, le conduit à une espèce de tente ou de pavillon tendu de noir. Dans ce pavillon, on donne au criminel, sous la forme d'une petite pillule, un de ces poisons foudroyants que la science possède aujourd'hui, — à l'imitation de la lente et froide ciguë que les Athéniens faisaient boire aux condamnés. A ce moment, un coup de canon, chargé de façon à être entendu dans toute la ville, dirait aux habitants que « justice est faite », et les cloches cesseraient de sonner.

Cette forme de l'exécution, ce mystère, frapperaient plus l'imagination que ces laides et sanglantes exécutions dont un public spécial, quoique nombreux, a fini par se faire une petite fête.

Aujourd'hui, en Angleterre, dit-on, les exécutions se font dans la prison; je ne l'ai appris qu'assez longtemps après la publication de ma brochure, mais rien ne prouve que je l'aie appris aussitôt que c'était institué, et que ladite brochure y soit pour quelque chose.

L'exécution de Barré et de Lebiez a été encore plus salement hideuse que de coutume, et quelques journaux ont parlé enfin de supprimer les exécutions publiques. Peut-être, pour obtenir tout à fait leur assentiment, faudrait-il garantir à certains « reporters » qu'ils n'y perdront rien et qu'il leur sera réservé d'entrer dans le pavillon noir avec le condamné. Ce privilège d'assister de près aux exécutions, aux entrées de faveur et places numérotées tout près de l'échafaud, de recevoir des éclaboussures de sang, paraît leur tenir très au cœur, et un d'entre eux écrivait hier dans un journal : « Des intrus, se disant à tort membres de la presse, avaient envahi nos places, et nous étions exposés à voir très mal, lorsque heureusement un commissaire est venu rétablir l'ordre. »

Il est certaines personnes dont on comprend facilement la présence sur le lieu d'une exécution : le condamné d'abord qui y joue un rôle tout à fait principal et nécessaire ; le prêtre dont c'est la belle et noble profession ; le bourreau dont c'est l'affreux état ; mais pourquoi cette foule qui n'est pas coupable, car si quelques scélérats peuvent en faire partie, ils n'ont pas encore été pris, et ne sont pas condamnés ; pourquoi ces gens viennent-ils subir ce triste, ignoble et répugnant spectacle ?

Un vice de nos formes judiciaires, vice qui, s'il ne peut être corrigé tout à fait, pourrait au moins et devrait être amendé et diminué, c'est le long espace de temps qui s'étend entre le crime et l'expiation. Le forfait, la victime, sont presque oubliés quand arrive le jour de l'exécution, et la foule, qui sent plus qu'elle ne réfléchit, se laisse porter à la pitié pour le condamné. En même temps qu'il faudrait défendre la publication et la vente de ces lugubres et dégoûtantes facéties que l'on vendait encore cette fois sous le titre de « complainte », il serait sage de faire imprimer à un grand nombre d'exemplaires le récit du crime que le condamné va expier, avec une image coloriée, et de faire vendre ce papier un sou sur la place et les alentours. Alors ceux qui verraient cette image et liraient ce récit donneraient à la victime au moins un peu de la pitié et de la tendresse que sans cela ils réservent à l'assassin.

Il faut encore parler d'une conséquence, d'un corollaire des sottes rengaines contre la peine de mort appliquée aux assassins, qui est exclusivement réservée à leurs victimes : c'est l'intérêt de curiosité quelquefois sympathique qui suit le scélérat depuis sa condamnation jusqu'à l'expiation de son forfait, quelque épouvantable qu'il soit. On ne le perd plus de vue, on raconte comment il dort, ce qu'il mange, ce qu'il dit. Il avait bon visage hier, un peu pâle ce matin. Mauvaise digestion, les haricots n'étaient peut-être pas assez cuits ou il en avait trop mangé. Il a fumé trois cigares et joué au piquet avec ses compagnons ou les gardiens de la prison. Les journalistes, qui ne sont que les échansons du public, et doivent lui verser ce qu'il aime, fût-ce malsain, se font les Dangeau de Troppmann, de Lebiez, de Barré, etc.

Puis, si le scélérat, n'ayant pas les nerfs délicats, ne se trouve pas mal sur l'échafaud, — si la vanité, l'espoir à peu près assuré d'être honorablement cité dans les journaux lui donne la force de dissimuler sa terreur, toute la presse constate « son courage ». Comme s'il ne fallait pas plus de courage, de laid courage par exemple, c'est-à-dire de force de nerfs, pour couper une femme en morceaux que pour subir passivement un supplice d'un instant auquel on n'a aucune chance de se dérober.

Le courage consiste à affronter volontairement un danger que l'on voit, qu'on pourrait et qu'on ne veut pas éviter, parce que le but est grand, noble, généreux ; — le courage, c'est l'action de ce brave ouvrier, qui s'est fait, ces jours-ci, descendre dans un cloaque empoisonné où un homme était tombé asphyxié, qui a sauvé l'homme asphyxié, est tombé asphyxié lui-même et est mort héroïquement. Il s'en faut tellement qu'on se soit intéressé à cet homme généreux autant qu'à Lebiez et à

Barré, que je ne puis retrouver un journal qui en parle et que j'ai le chagrin et la honte d'avoir oublié son nom que je n'ai lu qu'une fois.

**

La Rochefoucauld, si audacieusement, si puérilement, si niaisement « réfuté » par M. Aimé Martin... Mais je m'arrête ici pour reproduire un « éloge » que fait de lui M. le député Henri de Lacretelle. — Ouvrons la parenthèse :

(« Aimé Martin venait d'écrire, sous le titre de l'*Éducation par les mères de famille*, un livre dont les souffles de la libre pensée soulevaient les pages. »

Tudieu! la libre pensée, — pour faire des mères libre-penseuses et des filles libre-penseuses, — la libre pensée appliquée à l'éducation des filles! — ça ne doit pas « soulever » seulement « les pages du livre », ça doit soulever aussi plus de choses que je ne le veux dire. Fermons la parenthèse.)

Je disais donc que La Rochefoucauld parle du cynisme d'un laquais qui, pour obtenir les applaudissements du public, et il les obtint, se mit à danser sur l'échafaud où il allait être roué. Aujourd'hui, aux applaudissements de la foule, il ajouterait, grâce aux journaux, ceux de la postérité, car on a crié : « Bravo, Lebiez! » et les journaux ont enregistré cet hommage.

Plusieurs journaux — qui ont l'air d'en savoir plus qu'ils ne veulent ou n'osent en dire — ont répété à plusieurs reprises pendant le temps qui s'est écoulé entre la condamnation et l'exécution de ces deux hommes exécrables, que « des influences puissantes agissaient en faveur de Lebiez », et il paraîtrait aujourd'hui que si

Lebiez n'avait pas eu un complice, ces « influences » auraient réussi à sauver l'assassin et à déshonorer ou la justice ou la clémence.

En effet, il était impossible de faire grâce à Lebiez sans étendre cette grâce à Barré, et s'il fallait absolument établir une différence, des proportions dans la responsabilité entre les deux complices, Lebiez, plus intelligent, dont la participation demandait plus de sang-froid, n'eût pas été celui auquel on eût pu attribuer la moindre part.

Qui pouvait donc valoir à Lebiez cette faveur de la part d'une « influence puissante » ? Je disais l'autre jour que, dans la politique actuelle, quand il « retourne » carreau, tous les carreaux sont de l'atout ; faut-il supposer que la protection accordée à Lebiez tient à ce qu'il faisait des discours dans les clubs, à ce qu'il allait être le gérant du *Père Duchêne*, à ce qu'il se disait républicain ? Je ne pense pas que la « haute influence » à laquelle on attribue cette sympathie ait plus envie de lever le voile qui la cache, que l'homme politique qui a crié : « Bravo, Lebiez ! » mais tous deux doivent se connaître, et sont dignes de se connaître.

Il est un autre scandale qui doit être relevé. Un « reporter » plus audacieux que ses confrères a envoyé à un journal une note que les autres journaux ont presque tous reproduite, quelques-uns, je le suppose, ironiquement.

L'auteur de cette note a indécemment imité certaines habitudes de langage des prêtres, et comme elle contient des détails qui, s'ils étaient vrais, ne seraient connus que des deux respectables ecclésiastiques qui ont assisté les deux monstres à leurs derniers moments, l'intention évidente de « l'écrivain » est de faire attribuer la note à un des deux ecclésiastiques, et, de préférence, à M. l'abbé Latour, qui « remplissait pour la première fois ce ministère » et est moins connu que M. l'abbé Crozes, qui a eu de fréquentes occasions de faire connaître sa discrétion et son respect des convenances.

Je citerai seulement deux ou trois passages de cette note, en soulignant les expressions qui trahissent la plume d'un prêtre, ou plutôt « le pastiche ».

Selon la note, « Barré a reçu le pardon de Dieu ». Il en sait peut-être, à l'heure qu'il est, plus long sur ce sujet que celui qui lui a donné cette « bonne nouvelle ». Mais si Dieu pardonne le crime de Barré, il ne faut plus nous le montrer si irrité quand on a mangé de la viande le vendredi.

« Lebiez a été admirable. M. l'abbé Latour, qui a reçu sa confession, en était dans l'admiration. Il s'est noblement conduit devant Dieu et devant les hommes. »

(Pas devant les femmes, pas devant les laitières.)

« Il est mort *comme le bon larron.* »

Pourquoi pas comme Jésus-Christ lui-même ?

« Lebiez et Barré ont donné à l'aumônier les plus grandes consolations. »

Je croyais que les aumôniers allaient auprès des condamnés porter et non chercher des consolations, — mais ce mot a été écrit à dessein par l'auteur effronté du pastiche ; c'est une sorte de tic de la plupart des prêtres, je parle de ceux qui sont d'une littérature médiocre ; ils n'avouent jamais un plaisir, ce serait mondain ; ce qui est un plaisir pour les autres est pour eux une « consolation ». J'ai entendu un prêtre de campagne dire : « J'ai eu la consolation de faire l'autre jour au château de M*** un excellent dîner, il y avait entre autres une certaine dinde truffée, etc. »

Suivent des éloges de l'humanité de M. Roch, l'exécuteur qui a, « par une heureuse innovation », trouvé le moyen de cacher le terrible couteau qui « ébranlait les plus forts courages ».

Barré et Lebiez n'ont pas eu les mêmes égards pour la laitière ; — mais il est à remarquer que dans ce pastiche on accorde encore une faveur toute particulière au gérant du *Père Duchêne*, — c'est pourquoi je n'hésiterais guère à attribuer ce pastiche ridicule et indécent, soit à la « haute influence », soit à l'homme qui a crié : « Bravo, Lebiez! » qui, du reste, ne sont qu'une seule et même personne.

Néanmoins, j'espère que d'eux-mêmes ou par les ordres de leurs supérieurs MM. les abbés Crozes et Latour vont s'empresser de répudier la paternité du pastiche que des gens naïfs ou même peu défiants seraient fondés à attribuer au moins à l'un des deux.

LA MORALE DE PAPIER

Il est quatre sujets contre lesquels la morale de papier s'est, de tous temps, exercée : le jeu, la prostitution, l'abandon et le meurtre des enfants, et le duel. Elle a si complètement échoué contre les trois premiers points, qu'il faut chercher une autre cause que son influence à la diminution des combats singuliers, diminution qui va jusque-là que ce n'est pas une exagération de dire que, aujourd'hui, il y a beaucoup moins de gens qui se battent trop, que de gens qui ne se battent pas assez.

L'insuccès de ces moralistes austères — vient de ce qu'ils n'ont pas admis qu'il est non seulement inutile, mais dangereux, de boucher les égouts tant qu'on n'a pas réussi à tarir les ruisseaux. — Personne n'a jamais essayé de barrer en travers le Rhône, la Loire ou la Seine, pour prévenir les inondations ; — on construit des quais, on creuse le lit des fleuves, ou des canaux de dérivation.

La législation sur le duel aujourd'hui est telle qu'il vaut mieux tuer son adversaire que le blesser : dans le premier cas, la loi vous applique la peine de l'homicide avec préméditation ; mais le jury recule devant cette application par un vieux reste d'esprit gaulois, de la gent porte-épée, et de bon sens, qui dit que c'est à son corps défendant et pour ne pas être tué que le vainqueur a tué son adversaire, qui faisait de son mieux pour le mettre à mort ; le jury, ne pouvant que condamner à la peine capitale ou aux travaux forcés, ne condamne pas du tout, et usant de l'équivoque que fournit la question si mal posée qu'on lui fait, — déclare l'accusé non coupable et l'acquitte.

Tandis que si un des deux combattants est seulement blessé, l'autre est certain d'une condamnation à l'emprisonnement devant la justice correctionnelle, non seulement pour lui, mais pour ses témoins, et ici surtout est le défaut de logique. On ne trouve plus trop souvent de témoins que des jeunes gens sans expérience, sans autorité, mais enchantés de « paraître » et d'être pour quelque chose dans un évènement plus ou moins grave dont le public s'occupe pendant quelques jours, même au prix d'un peu de prison, et ce n'est pas leur faute quand l'affaire ne s'envenime pas et diminue par des arrangements pacifiques la part de gloire indirecte sur laquelle ils ont compté ; de là des irrégularités parfois funestes.

Il est incontestable que les témoins ne devraient pas être punis comme témoins, mais seulement, le cas échéant, comme témoins n'ayant pas fait leur devoir, devoir qui consiste : 1° à s'efforcer d'empêcher le duel, si la chose est possible, par un arrangement qui concilie l'honneur des deux adversaires ; 2° à présider au combat en en assurant la loyauté, la régularité et l'égalité, auquel cas, loin d'être condamnés ni même blâmés, ils ont droit aux éloges du tribunal.

Il en est ainsi d'un sujet moins grave. En Italie, il y a dans tout convoi de chemin de fer des wagons « réservés aux fumeurs ». On ne fume que dans ceux-là. En Allemagne, il y a des wagons pour les « non fumeurs ». On y est à l'abri des émanations du cigare et de la pipe.

En France, il est absolument défendu de fumer, et on fume partout.

***

Quant à la prostitution, autrefois les filles publiques étaient parquées dans certains quartiers, dans certaines rues. Y allait les trouver qui voulait ; on ne les rencontrait pas par hasard, et beaucoup en étaient détournés pas l'embarras d'entrer dans ces rues, par la crainte d'être vu y entrer ou en sortir, — De plus, on leur permettait au Palais-Royal, exclusivement dans la « galerie de bois », les autres leur étant interdites, de se montrer en grande parure, décolletées, etc. ; il n'y avait pas moyen de les confondre ni de faire semblant de les confondre avec les autres femmes.

La morale de papier a fermé « la galerie de bois », les a chassées des quartiers dont elles étaient en possession, et leur a enjoint de s'habiller comme tout le monde, de se déguiser en honnêtes femmes.

Elles se sont répandues et éparpillées dans toute la ville, et tel qui n'eût pas osé aborder la fille décolletée, et en grande parure, ne se fait aucun scrupule de s'arrêter auprès d'une personne qui, à dix pas, présente l'extérieur de sa nièce, de sa sœur, de sa femme ou de sa fille.

De plus, beaucoup de filles et de femmes qui auraient reculé devant la prostitution, s'il avait fallu en revêtir la livrée et se confiner dans les antres consacrés, n'ont plus hésité lorsqu'il leur a été prescrit de s'habiller comme les honnêtes femmes, et de se perdre à leur gré dans les quartiers qui leur plaisent le mieux. De là cette classe intermédiaire appelée : lorettes, biches, etc., qui échappent à la surveillance tutélaire, morale et physique, de la police ; de là un autre inconvénient : les femmes honnêtes ayant vu ces filles habillées comme elles, et souvent mieux qu'elles, parce qu'elles ruinent le public, tandis qu'une « honnête femme » ne peut ruiner que son mari, — et, tout bas, un amant les trouvant sur leur chemin, ont accepté le combat, et suivent les modes ruineuses qu'imaginent les courtisanes. — De là le goût immonde des hommes pour des créatures qui ne sont plus habillées autrement, mais mieux et plus richement habillées que leurs femmes, qui cependant leur coûtent plus cher que des filles dont ils ne payent le luxe que pour leur part proportionnelle.

La lutte engagée dans la rue, la similitude du costume a entraîné jusqu'à un certain point une ressemblance d'allure, de tenue, de démarche et de manières, et par suite, parfois une déplorable confusion ou une fâcheuse hésitation de la part des passants.

Les ordonnances de plusieurs de nos anciens rois — celles de Louis IX surtout, contre les « femmes d'amour » et « filles folles de leur corps », sont despotiques et cruelles, et en même temps inutiles et sans résultat.

Jean le Bon attaqua le mal sur un point qui, inexorablement observé, était et serait encore plus efficace que toutes les répressions, quelque atroces qu'elles fussent, et l'emporterait même sur la permission de se montrer parées et décolletées : une ordonnance du prévôt de Paris de 1360 porte « défense à toutes femmes et filles de mauvaise vie, et faisant péchés de leur corps, d'avoir la hardiesse de porter sur leurs robes ou chaperons aucune gaze ou broderies, boutonnières d'argent blanches ou dorées, des perles ou des manteaux fourrés de gris ».

Cette défense fut renouvelée par ordonnance du prévôt de Paris, le 8 janvier et le 6 mars 1415 et 1419.

« Défense aux femmes dissolues d'avoir la hardiesse de porter de l'or et de l'argent sur leurs robes, des perles, des ceintures d'or ni dorées, des boucles d'argent à leurs souliers, ni aucun habit fourré de « gris » même voire d'écureuils, ni d'autres fourrures honnêtes. »

Un arrêt du parlement du 26 juin 1420 ajoute les « robes à collet renversé et à queue traînante ».

Un autre arrêt du parlement du 17 avril 1426 ajoute aux prohibitions le drap d'écarlate en robe, en chapeau, en collet, poignets ou « porfils », attendu que ce sont les ornements que portent les « damoiselles ». Également les ceintures tissues de soie qui sont ornements de « femmes d'honneur ».

Et contrairement à ce qui a lieu en France pour les lois et ordonnances, celles-ci furent observées pendant quelque temps. Outre l'amende et la prison, il y avait confiscation des vêtements prohibés.

Ainsi, on voit dans « les comptes des domaines du roi » :

(1446.) « Vente d'une petite ceinture, boucle mordant, et de quatre petits clous d'argent, trouvés sur Guyanne Frogière, femme amoureuse, déclarés appartenir au roi par confiscation. »

(1428). « De la valeur et vendue d'une houppelande de drap *pers* fourrée par le collet de *penne de gris* dont

Jehannette Michel, femme amoureuse, fut trouvée vêtue, et ceinte d'une ceinture sur un tissu de soie noire, et huit clous d'argent, et pour ce fut emprisonnée et ladite houppelande et ceinture déclarées appartenir au roi, etc. »

Il est incontestable que la plus grande partie des filles et femmes qui se livrent à la prostitution sont séduites surtout par l'espoir de porter de belles robes et de riches ajustements sans travailler, et qu'une ordonnance qui leur assignerait un costume uniforme — sans aucun luxe possible, et les faisant reconnaître, détournerait beaucoup de filles et de femmes du métier de courtisanes et empêcherait le plus souvent les autres de venir provoquer les passants, non seulement dans les rues, mais dans les théâtres et autres lieux de divertissement public.

Il faudrait en outre détruire une criante injustice commise quotidiennement par l'autorité, c'est-à-dire l'admission de catégories de prostituées, d'une aristocratie composée de lorettes, etc., que l'on laisse tranquillement étaler et dans les rues, et dans les spectacles, et partout, les dépouilles du public, tandis que les malheureuses qui n'ont pas eu l'occasion ou la chance de pouvoir faire les frais d'installation et se contentent d'exercer le même métier à bas bruit, au coin des rues ou dans les allées des maisons, sont à chaque instant arrêtées, maltraitées et mises en prison.

Toute fille ou femme désignée par la voix publique comme se livrant à la prostitution, doit, après une enquête prudente et sérieuse sur ses moyens d'existence et la source de son luxe extérieur, être réduite à la condition des autres prostituées, recevoir la même « carte » et être placée comme elles sous la surveillance de la police.

Ainsi, on verrait disparaître ce scandale de voir que, s'il arrive un châle, une robe d'une magnificence particulière, un diamant de grande valeur, une perle rare, la plupart des honnêtes femmes savent d'avance que robe, châle et bijoux sont destinés à ces demoiselles, épouses tapageuses du public.

Les unes passent dans les rues tristes et humiliées de la simplicité de leur costume ; les autres se jettent dans toutes sortes de désordres pour arriver à l'égalité de recettes et subvenir à l'égalité de dépenses, car vous n'empêcherez jamais la plupart des femmes de mettre la plus grande partie de leur gloire et de leur bonheur dans les beaux ajustements.

Quant à l'infanticide, depuis qu'on a fermé les tours, c'est au coin des bornes et dans les latrines qu'on expose ou jette les enfants.

Loin de repousser, de resserrer l'institution de saint Vincent-de-Paul, que les moralistes de papier songent à « décanoniser », — il faudrait étendre cette sollicitude.

Il faudrait qu'un asile fût ouvert aux filles sur le point d'accoucher, et que, tout en se livrant à des travaux au profit de « l'asile » et en compensation de leur entretien, elles fussent, dans le mystère de cet asile et à l'abri des regards, chargées de l'allaitement de leurs propres enfants, de préférence à ces femmes mercenaires que la voix publique appelle « faiseuses d'anges ».

Celles qui seraient vigoureuses pourraient allaiter un second enfant sans mère, — au besoin en faisant un mélange de l'allaitement avec le biberon.

Ajoutez à cette sollicitude l'admission par la loi, dans certains cas, et avec de rigoureuses précautions, de « la recherche de la paternité », et vous aurez plus efficacement mille fois travaillé pour l'abolition de l'infanticide que par vos sèches mesures restrictives.

* * *

Nous voici arrivés à la question du jeu et de la loterie, question actuelle et qui au fond est le sujet qui m'a aujourd'hui fait prendre la plume.

Il paraît que le jeu est une des *passions* les plus violentes et les plus irrésistibles : quelques-uns disent même la passion la plus ardente et la plus invincible.

Ici la loi n'a rien fait contre la passion. On a abandonné ce soin à l'éloquence, hélas! peu efficace des philosophes, mais on a agi, de tout temps, contre certaines formes de sa manifestation.

Pour ne remonter qu'à Louis XIV, ce prince, non seulement maintint les ordonnances de Louis XIII contre le jeu, mais les aggrava encore et les multiplia. Plus de vingt édits vinrent prouver, à la fois, et sa sollicitude et l'inefficacité de cette sollicitude.

Chose curieuse : dans la prohibition des jeux de hasard en date du 18 décembre 1660,

Il frappe de la même réprobation « les gens qui vendent du tabac ». Ce monarque, qui devait plus tard être réduit à de tels expédients pour l'argent et tout « imposer », ne songeait pas à faire payer l'impôt au nez de ses sujets et ne pouvait deviner que le tabac deviendrait bêtement un des revenus les plus gros des États.

Dans ses efforts contre le jeu, Louis XIV n'oublia qu'une seule chose : l'exemple. En effet, tandis que l'on poursuivait vigoureusement le « hocca », qui reparaissait et était de nouveau proscrit sous les pseudonymes de *bassette, pharaon, barbacole, pour-et-contre*, etc., on jouait le *hocca* à la cour et on le jouait gros jeu. Madame de Sévigné s'en plaint dans plusieurs lettres, et exprime la terreur de voir son fils en danger de s'y ruiner.

Les ordonnances et édits de Louis XIV contre cette forme du jeu appelée « loterie » ne sont pas moins nombreux et ne sont guère plus victorieux.

Plus tard, le grand roi devint si besoigneux d'argent qu'en 1715, pour se procurer huit millions en espèces, il dut avoir recours aux usuriers, et faire négocier pour trente-deux millions de billets.

Il fut obligé de créer pour les vendre cette multitude de charges grotesques, de conseillers du roi pour l'empilement des bois, — conseillers du roi essayeurs de beurre salé, — idem contrôleurs de beurre frais, — conseillers du roi inspecteurs des perruques, etc. — Lui-même manifestant son étonnement à son ministre Desmarets, de l'empressement qu'on mettait à acquérir ces honneurs bouffons, celui-ci lui répondit : « Dieu protège la France et Votre Majesté ; — aussitôt que le roi crée une nouvelle charge ridicule, Dieu crée en même temps un imbécile pour l'acheter : *Divisum imperium cum Jove Cæsar habet.* »

Alors le roi oublia ses ordonnances contre la loterie, et en créa une lui-même, en y appelant, en y amorçant son peuple avec les airs caressants des grecs qui veulent endormir un pigeon pour le plumer (11 mai 1700) :

« Le roi, désirant procurer à ses sujets un moyen commode et agréable de se faire un revenu sûr et considérable pour le reste de leur vie, même d'enrichir leur famille, en donnant au hasard des sommes si légères, qu'elles ne puissent leur causer aucune incommodité, a, pour cet effet, ouvert une loterie royale à l'Hôtel de Ville, etc. »

Ces sommes légères l'étaient moins qu'on ne croirait ; la loterie se composait de « 400,000 billets à deux louis d'or chacun », et un écrivain du temps, saisi d'admiration et de reconnaissance pour ce bienfait du roi, s'exprime ainsi au sujet de l'institution de la loterie : « Les loteries sont l'unique jeu auquel les derniers du peuple puissent décemment jouer contre le souverain ; c'est le seul jeu où l'on puisse, en ce moment, et d'un seul coup, faire fortune, et se trouver dans l'abondance en ne risquant presque rien. »

Donc, mettre à la loterie, c'était être invité et admis au jeu du roi ; c'était jouer contre le roi.

Et le roi trichait, car la loterie royale, telle que je l'ai vue de mon temps, était un jeu insolemment inégal ; en effet, *la chance la plus favorable au joueur était de jouer l'extrait simple, c'est-à-dire avec une chance pour soi et quatre-vingt-neuf contre.* Les autres chances étaient énormément plus disproportionnées.

Certes il serait facile d'émettre ici des arguments très forts, très sensés, très invincibles, contre le jeu, sous quelque forme et quelque déguisement qu'il se présente, et de prouver qu'on ne gagne pas au jeu ; mais ce n'est pas mon but, du moins pour aujourd'hui.

Aujourd'hui je veux admirer les scrupules de la morale de papier qui a refusé de mettre en loterie, en 1871, les diamants de la couronne qui auraient payé au moins une partie de notre rançon et qui se plaint de l'immoralité de la loterie actuelle. Oui, tout en est immoral, dangereux, absurde. Mais aujourd'hui se plaindre de la loterie de l'Exposition, c'est imiter un malade souffrant d'une phtisie incurable, qui se plaindrait d'un cor au pied ou d'un petit bouton sur le nez.

On a fermé les maisons de jeu —comme on a fermé les tours, et le jeu s'est repandu, infiltré partout — au lieu du jeu public, inégal, absurde, mais soumis à des conditions connues d'avance et respectées sans des fraudes dont les banquiers n'ont pas besoin, vu les combinaisons proposées aux joueurs ; joue-t-on moins ? personne n'oserait l'affirmer, mais on joue avec moins de sécurité, on joue contre des grecs et des filous, et tandis qu'on ferme les tripots, il y a des catégories et une aristocratie de joueurs comme de filles ; on poursuit les pauvres, et les riches jouent et raccrochent impunément ; mais ce n'est pas seulement sur les tapis verts plus ou moins clandestins que l'on joue, le jeu est partout : à la Bourse, dans les affaires, dans les spéculations de tous genres, où plus hard's que les Chinois qui, dit-on, jouent leurs femmes et leurs enfants, on met son honneur sur le tapis.

* *

Le jeu est *l'aléa*, surtout dans la politique, jeu d'autant plus couru que la plupart des *pontes* ne mettent pas leur enjeu et jouent sur parole.

On ne lutte plus pour tel ou tel principe, telles ou telles idées, telle ou telle conviction.

On parie simplement pour la rouge ou la noire. Quelques-uns, et ce n'est pas assez de dire quelques-uns, changent placidement de couleur, quand celle sur laquelle ils ont d'abord « ponté » rencontre une « série contraire » et leur semble trop lente à sortir, d'autres mettent leur enjeu « à cheval » sur deux ou quatre numéros.

Rien n'est si immoral, n'est si périlleux, n'est si *dimi-*

nuant que cette invasion du jeu dans la politique ; on n'étudie plus, on ne travaille plus, on *ponte*. A quoi bon, en effet, étudier et travailler ? J'aurais beau être ou devenir le plus savant, le plus habile, le plus brave, le plus intelligent des hommes, si je « ponte sur la noire », cela ne me servira de rien tant que sortira la rouge, et si la noire vient à sortir à son jour, je n'ai pas besoin de ce bagage.

Tacite raconte (*Annales*, l. XVI, p. 13) qu'un fourbe déclara en plein Sénat qu'il savait où étaient enfouis les trésors de Didon. Tout travail fut suspendu pour se mettre à la recherche de ces trésors, et, de toutes ces espérances, il ne resta qu'une misère générale.

Plutarque, dans la *Vie de Pompée*, raconte également que quelques soldats, pendant la guerre d'Afrique, ayant trouvé quelques pièces d'or dans un vieux pot, toute l'armée, sourde aux ordres du général, qui voulait marcher en avant, se mit à fouiller la terre trois jours de suite.

Tous les jours s'augmente le nombre des gagnants à la loterie des affaires et de la politique. Le public ne remarque pas que si beaucoup trouvent les honneurs et la fortune à moitié chemin des galères, il y en a un plus grand nombre qui trouvent les galères à moitié chemin de la fortune et des honneurs. Les perdants, les éclopés, les blessés, les tués tombent dans l'obscurité et dans l'oubli, les autres sont en vue et excitent l'envie et l'émulation.

Il n'en savait pas plus long que moi, il n'avait pas rendu plus de services que moi, il n'était ni plus honnête ni plus intelligent que moi, et cependant le voici en haut ; pourquoi resterais-je en bas ? Laissons le travail, et allons *ponter*.

J'arrête ici ce discours dans lequel tout lecteur de bon sens et de bonne foi trouvera plus de sentiments vraiment et sainement républicains que dans tout ce qui s'est dit dans les clubs et assemblées privées ou publiques depuis huit ans.

REMINISCERE

Il y a un proverbe allemand qui dit : « La pie ne vole jamais si haut que sa queue ne la suive. »

La loi du nombre sous laquelle nous vivons pour le moment et l'agitation, le bouleversement, le tohu-bohu qu'elle amène nécessairement, rendent souvent embarrassés et même dignes d'une certaine compassion ceux mêmes que cette agitation a aidés à escalader le pouvoir. Ceux-ci qui ont accepté, provoqué, imploré tous les concours et qui ont promis au moins tout et souvent davantage, — se voient sommés de payer la carte des dévouements plus ou moins intéressés, et, même en divisant à l'infini des morceaux que les premiers arrivés ne trouvent déjà pas trop gros, il n'y aurait pas de quoi assouvir tous les appétits et satisfaire toutes les soifs, car il n'appartient qu'à un Dieu de nourrir cinq mille hommes avec cinq pains et deux poissons.

Il ne faut donc pas s'étonner si de temps en temps un créancier matinal, ou bruyant, ou harcelant, ou insinuant, obtient au moins un acompte, et montre au public, dans une place à laquelle il ne semblait pas destiné, une figure aussi étrange que satisfaite et épanouie.

En temps de révolution et de sens dessus dessous, il est sage de se tenir en bons termes avec tout le monde, parce que tout le monde peut devenir tout, et, — pour ma part, j'ai quelquefois envie de saluer les chevaux que je rencontre, en me rappelant de combien peu il s'en fallut que « Incitatus », le cheval d'Héliogabale, fût nommé consul.

Mais tout le monde n'a pas autant de mémoire, — et j'ai plus d'une fois constaté et prouvé que les Français, en général, ne se rappellent rien après six mois; — pour eux, ce qui s'est passé il y a six mois n'a jamais existé, — et on risque de les ennuyer en leur en parlant.

Autrement, on ne s'expliquerait pas l'étonnement, le scandale, l'indignation qu'a causés la lettre de l'ex-sous-préfet de Carpentras.

Le ministère actuel ne passe pas pour représenter exactement la pensée de la majorité de l'Assemblée, — et la majorité de l'Assemblée est loin de représenter les sentiments de la majorité des électeurs soi-disant ou soi-croyant républicains. — Si l'ex-sous-préfet de Carpentras appartient à une couche inférieure du pouvoir actuel, il fait partie en même temps d'une couche très supérieure encore à trois ou quatre couches qui s'intitulent nouvelles, — et qu'on se rappellerait, si on se rappelait quelque chose, avoir déjà vues et sous la Terreur de 93, et sous la Commune de 71.

Je taxerai donc les étonnés, les scandalisés, les indignés, de bégueulerie en entendant tout le bruit qu'ils ont fait à propos de la fameuse lettre, et je leur rappellerai qu'en France on en a vu bien d'autres auprès desquelles le style de cette lettre paraîtrait précieux, recherché, fade et alambiqué, — en ajoutant qu'il y a assez de gens qui désirent et espèrent le retour de ces temps-là — pour qu'on doive se demander avec un peu d'inquiétude si ceux qui se chargent de les contenir en auront la force, — il est malaisé de gouverner la poudre quand on y a mis le feu, — et si on ne doit pas s'efforcer, d'un accord commun, de se mettre en mesure de résister.

Je vais chercher, parmi mes paperasses, une certaine grosse brochure de 408 pages, où nous trouverons, — sans qu'il y ait aucun moyen d'en nier ni même d'en contester l'exactitude et l'authenticité, — quelques spécimens du style, des formes et des idées des « patriotes » de 1792 et 1793, dont ceux d'aujourd'hui prétendent accepter l'héritage et la solidarité. On verra combien, en comparaison, est innocente et enfantine la lettre de l'ex-sous-préfet de Carpentras.

Cette brochure a pour titre :

RAPPORT

Fait au nom de la commission chargée de l'examen des papiers trouvés chez Robespierre et ses complices, par E. B. COURTOIS, *député du département de l'Aube, dans la séance du 16 nivôse,*

An IIIe de la République française une et indivisible.
Imprimé par ordre de la Convention nationale.

Certifié conforme aux originaux, par nous, représentants du peuple, membres de la commission chargée de l'examen des papiers trouvés chez Robespierre et ses complices.

» *Signé* : COURTOIS GUFFROY, LOMONT et CALÈS. »

Je vais transcrire un très petit nombre des pièces de cette correspondance. Quelques-unes des plus intéressantes ont rapport à la ville de Lyon. Les lecteurs, après ette communication, s'étonneront peut-être de voir cette cité, si longtemps la « seconde ville de France » par l'industrie, le travail, l'intelligence, le commerce, le goût des arts et la richesse, aspirer aujourd'hui, par une singulière émulation, à devenir la première pour l'agitation, le trouble, l'anarchie et... la misère.

Quand on voit Lyon choisir pour la représenter, non pas les plus intelligents, les plus laborieux de ses enfants, — et elle ne manque pas de ceux-là, mais nommer M. Barodet, un inconnu quelconque, dont l'élection a renversé M. Thiers, demi-dieu aujourd'hui, M. Ranc, que les Lyonnais ne connaissaient absolument pas, sur l'injonction insolente d'un comité parisien, — M. Ranc, condamné pour participation à la Commune, — M. Bonnet-Duverdier, qui ne paraît pas se tirer nettement de graves accusations plus que politiques; — quand on voit Lyon chercher un nouveau représentant parmi les condamnés, quand on se rappelle l'assassinat d'Arnault, quand je me rappelle, pour ma part, la situation embarrassée et périlleuse où j'ai vu M. Challemel-Lacour, en traversant Lyon en 1871, on se demande si cette grande et noble ville a perdu la mémoire de son histoire, ou si elle se rappelle trop et se rappelle avec terreur ce qu'il lui en a coûté en 1792, pour ne pas s'être montrée suffisamment ardente pour la révolution et le sans-culottisme.

Je recommence, et je copie.

Fouché et Collot-d'Herbois à la Convention nationale.

        Citoyens et collègues,

Nous poursuivons notre mission avec l'énergie de républicains qui ont le sentiment profond de leur caractère, nous ne descendrons pas de la hauteur où le peuple nous a placés, etc....

Convaincus qu'il n'y a d'innocent dans cette infâme ville que celui qui fut opprimé par les assassins du peuple, nous sommes en défiance contre les larmes du repentir; rien ne peut désarmer notre sévérité, l'indulgence est une faiblesse dangereuse; — les démolitions sont trop lentes, il faut des moyens plus rapides à l'impatience républicaine, — votre décret sur *l'anéantissement de la ville de Lyon* doit être exécuté avec la rapidité du tonnerre, — l'explosion de la mine et l'activité dévorante de la flamme peuvent seuls exprimer la toute-puissance et la volonté du peuple.

FOUCHÉ, COLLOT-D'HERBOIS.

Ville affranchie (Lyon), 26 brumaire an II.

Collot-d'Herbois à Robespierre.

. . . .

... J'ai donné un plus grand caractère à tous les moyens employés jusqu'ici; l'armée révolutionnaire arrive enfin après-demain, et je pourrai accomplir de plus grandes choses : *il faut que Lyon ne soit plus* et que l'inscription que tu as proposée soit une vérité.

. . . .

... Il faut faire évacuer cent mille individus, travaillant à la fabrique, bien éloignés de la dignité et de l'énergie qu'ils doivent avoir; en les disséminant parmi les hommes libres, ils en prendront les sentiments. Nous avons créé deux nouveaux tribunaux, plusieurs fois vingt coupables ont subi la peine due à leurs forfaits le même jour. Cela est encore lent pour la justice d'un peuple entier qui doit foudroyer tous ses ennemis à la fois et nous nous occupons à forger la foudre.

COLLOT-D'HERBOIS

Ville affranchie, 3 frimaire an II.

Collot-d'Herbois à Couthon.

... Il y a ici soixante mille individus qui ne seront jamais républicains, il faut les répandre avec précaution sur la surface de la République. Ainsi disséminés et surveillés, ils marcheront au pas; réunis, ce serait un foyer dangereux; les générations qui en proviendraient ne seraient même jamais entièrement pures.

Concerte-toi avec Robespierre pour finir le décret concernant cette commune qui ne peut subsister sans danger. La population licenciée, il sera facile de la faire disparaître, et de dire avec vérité : LYON N'EST PLUS.

... Des mesures révolutionnaires, continuellement rééditées et mises en action, vont consommer le grand évènement de la destruction de cette ville rebelle.

Je t'embrasse, respectable ami.

COLLOT-D'HERBOIS.

Ville affranchie, 17 brumaire an II.

Collot-d'Herbois et Fouché à la Convention nationale.

... Point d'indulgence, citoyens collègues, point de délais, point de lenteurs dans la punition du crime; les rois punissaient lentement parce qu'ils étaient faibles et cruels. La justice du peuple doit être aussi prompte que la volonté. Nous avons pris des moyens efficaces pour marquer la toute-puissance de manière à servir de leçon à tous les rebelles.

... Quant aux prêtres, leur arrêt est prononcé.

... Nous saisissons chaque jour de nouveaux trésors, nous avons découvert chez Tholosan de la vaisselle cachée dans un mur et beaucoup d'or et d'argent.

COLLOT-D'HERBOIS, FOUCHÉ.

5 frimaire an II.

Collot-d'Herbois au citoyen Duplay père.

... Nous avons tiré les patriotes de la tiédeur où de faux principes et des idées de modération les avaient entraînés.

Nous avons ranimé l'action d'une justice républicaine; elle doit frapper les traîtres comme la foudre, et ne laisser que des cendres; en détruisant une cité infâme et rebelle, on consolide toutes les autres, voilà nos principes; nous démolissons à coups de canon, et avec l'explosion de la mine autant que possible...

La hache populaire faisait tomber vingt têtes par jour, et ils n'en étaient pas effrayés, les prisons regorgeaient, nous avons créé une commission aussi prompte que peut l'être la conscience de vrais républicains. Soixante-quatre de ces conspirateurs ont été fusillés hier, deux cent trente vont tomber aujourd'hui. Ces grands exemples influeront sur les cités douteuses.

COLLOT-D'HERBOIS.

15 frimaire an II.

Les représentants du peuple envoyés dans « Commune affranchie » à la Convention nationale.

21 ventôse, an IIe de la République démocratique, une et indivisible.

La justice a bientôt achevé son cours; dans cette cité rebelle, il existe encore quelques complices de la révolte lyonnaise, nous allons les lancer sous la foudre, il faut que tout ce qui est opposé à la République ne présente aux yeux des républicains que des cendres et des décombres.

...L'opulence qui fut si longtemps et si exclusivement le patrimoine du vice et du crime, est restituée au peuple. Vous en êtes les dispensateurs ; les propriétés du riche conspirateur lyonnais acquises à la République sont immenses ; elles peuvent porter le bien-être et l'aisance parmi des milliers de républicains. Ordonnez promptement cette répartition ; ne souffrez pas que des fripons enrichis enlèvent les propriétés des sans-culottes ; ne faites rien à demi.

FOUCHÉ.

Buissart à Robespierre.

...Il faut tuer l'aristocratie mercantile, comme on a tué celle des nobles et des prêtres. Les communes doivent être seules admises à faire le commerce.

Collot-d'Herbois à ses collègues du Comité de salut public.

La ville est soumise, mais non convertie ; les sansculottes laborieux n'y voient pas encore clair, il faut les animer pour la République ; les hommes sûrs étant extrêmement rares, la démolition allait lentement, les ouvriers gagnaient leurs journées à ne rien faire ; la commission militaire a perdu à juger et à élargir des accusés contre lesquels elle n'a pas trouvé de preuves, des moments dont chacun devrait être un jugement terrible, elle en a fait fusiller plusieurs. Ce tribunal va plus ferme, mais la marche est lente, il a encore peu opéré ; les exécutions mêmes ne font pas tout l'effet qu'on en devait attendre, la prolongation du siège et les périls journaliers ont inspiré une sorte d'indifférence pour la vie.

La mine va accélérer les démolitions ; sous deux jours, les bâtiments de Belcour sauteront. J'irai de suite partout où le moyen sera praticable de miner les bâtiments proscrits. Les accusateurs publics vont marcher plus rapidement. Les jacobins arrivés seront employés utilement; enfin je me concerterai pour des mesures nouvelles grandes et fortes.

17 brumaire an II.
COLLOT-D'HERBOIS.

Du même aux mêmes.

Bien des embarras naissent de l'insuffisance des premières mesures prises et de la disette d'hommes sûrs. Nous avons donné aux tribunaux et commissions une marche bien plus vive. Hier, six coupables ont reçu la mort. Un nouveau tribunal va se mettre en action. La guillotine pour *Feurs* a été commandée hier, et partira sans délai.

Le 19 du 2ᵉ mois de l'an II.

Vilot à Gravier.

Ville affranchie, 13 frimaire an II.

Mon ami, si j'ai tant tardé à te donner des nouvelles de *Ville affranchie*, c'est que je voulais que ma citoyenne t'instruisît elle-même, mais son départ a été retardé par ma maladie. Ma santé se rétablit chaque jour par l'effet de la destruction des ennemis de notre commune patrie. Mon ami, je t'assure que cela va on ne peut mieux : tous les jours il s'en expédie une douzaine, on vient même de trouver cet expédient trop long, tu apprendras sous peu de jours des expéditions de deux à trois cents à la fois, — les maisons se démolissent à force avec le temps, et la fermeté des républicains, la liberté et l'égalité s'assureront à jamais. Sous huit à dix jours, ma citoyenne partira, *elle empor-*

tera les objets de consommation pour le citoyen Du-
playe.

VILOT.

Du même au même.

24 frimaire an II.

La guillotine et la fusillade ne vont pas mal. Soixante, quatre-vingts, deux cents à la fois sont fusillés, et, tous les jours, on a le plus grand soin d'en mettre de suite en état d'arrestation, pour ne pas laisser de vide aux prisons.

Du même au même.

25 nivôse an II.

Notre tribunal va toujours bien. Hier, Guichard a porté sa tête à la guillotine. — Du moment où j'aurai pu me procurer les bas pour Robespierre, je te les ferai passer. — Je t'ai fait passer un jambon, je souhaite que tu le manges en bonne santé.

Le sans-culotte VILOT.

Du même au même.

7 floréal an II.

..... Le comité de salut public, dont les membres qui le composent offriront bientôt à l'univers entier cette force de caractère qui découle de cette vertu sans mélange et de la probité la plus sévère qu'ont jamais offertes les siècles les plus mémorables à aucun gouvernement démocratique.

VILOT.

Emery, officier municipal de Commune affranchie, *à Gravier, frère du juré.*

Le 2 pluviôse an I.

Le conseil général de la commune de Grenoble vient de faire parler de notre commune, etc.

Permets-moi de te dire que cet ouvrage est un des plus mauvais, que le tout annonce le modérantisme, et l'aristocratie y montre à découvert le bout de l'oreille.

Vous dites que « vous avez préservé votre cité de ces spectacles de sang qui révoltent ».

N'est-ce pas dire que vous blâmez les mesures qui ont été nécessaires pour faire la Révolution, et même celles qui s'exécutent présentement dans les départements pour purger la terre de la liberté de toute cette secte qui la trouble.

Vous dites que « vous êtes assurés des traîtres et que vous les tenez sous le verrou national ».

Le seul verrou national doit être celui de la guillotine : tout autre est mauvais, — en doutes-tu encore?

« Vos mains sont encore vierges de sang. »

Comment osez-vous le dire? N'est-ce pas insulter cette vengeance populaire qui a été si nécessaire? Où diable avez-vous puisé ce langage? Je vous l'aurais à peine pardonné du temps de l'Assemblée constituante.

Réveillez-vous donc et faites juger ces traîtres à mort, oui à mort; sinon, que diable voulez-vous que la République dise de vous? Selon moi, cela finira mal; — certes, si on me demandait mon avis, je voterais pour votre arrestation.

Tu dois protester contre ta signature.

Salut, santé, courage, nos ennemis à mort. Vive la République!

L. EMERY.

Achard à Gravier.

28 nivôse an II de l'ère républicaine.

Quelle est donc cette rage qu'ont tous ces crapauds de vouloir coasser, encore qu'à la fin dame Guillotine soit obligée de les recevoir tous, les uns après les autres, à sa croisée salutaire? La société se ranime par les orateurs qui prêchent les principes. Le tribunal poursuit avantageusement sa carrière. Il aurait certainement besoin de bons renseignements, mais il ne se donne pas la peine de les rechercher. Néanmoins, hier, dix-sept ont mis la tête à la chatière, aujourd'hui huit y passent, et vingt et un reçoivent le feu de la poudre. Nous sommes à la piste des intrigailleurs, agents de Pitt et de Cobourg. Quatre cent mille livres par décade pour les démolitions. Encore si l'ouvrage paraissait! mais l'indolence des démolisseurs démontre que leurs bras ne sont pas propres à bâtir une république.

ACHARD.

Du même au même.

Commune affranchie, 17 frimaire an II.

Frère et ami,

Encore des têtes et chaque jour des têtes tombent! Quelles délices tu aurais goûtées, si tu eusses vu, avant-hier, cette justice nationale de deux cent neuf scélérats! Quelle majesté! quel ton imposant! Tout édifiait! Quel ciment pour la République! Quel spectacle digne de la liberté! En voilà plus de cinq cents, encore deux fois autant, et ça ira. — Salut et fraternité!

ACHARD.

Du même au même.

15 nivôse.

J'ai reçu 1,400 livres en assignats ; j'en ferai le plus digne emploi : celui de soutenir avec courage les principes d'une société républicaine. Nous sommes une vingtaine de bons b...... qui avons pris cette résolution.

Lettre anonyme adressée à Robespierre, timbrée de Commune affranchie.

Collot-d'Herbois et Roussin, deux mois après l'entrée dans Lyon des troupes de la République, ont fait massacrer par des canons chargés à mitraille une grande quantité de pères de famille, dont dix à peine avaient pris les armes. Ils ont fait tuer à coups de pelles et de pioches ceux qui n'avaient été que blessés. Collot-d'Herbois s'en est vanté devant la Convention. Il a fait jeter dans le Rhône une grande partie de ses victimes, — plus de six mille, — dans le dessein d'envoyer la peste aux départements de l'Isère et de la Drôme.

Je m'arrête un moment pour vous rappeler que Lyon n'était pas la seule ville ainsi traitée par les « sans-culottes », et que la même correspondance peut présenter de quoi édifier des villes qui se montrent aujourd'hui également ardentes pour le retour de ces néfastes époques. — Quelques petites citations et j'ai fini.

Julien fils à Saint-Just.

Bordeaux est un foyer de négociantisme et d'égoïsme. Là où il y avait beaucoup de riches, le peuple était pressuré par eux. J'ai fait nommer un comité de surveillance et j'ai déclaré que la terreur serait à l'ordre du jour.

Je t'embrasse. JULIEN.

Bordeaux, 25 prairial.

Le même Julien à Robespierre.

Je t'ai promis quelques détails sur Carrier et sur Nantes. On a fait fusiller aux portes de la ville une foule innombrable de soldats royaux, et cette masse de cadavres entassés a corrompu l'air ; des gardes nationales de Nantes ont été envoyées par Carrier pour enterrer les morts ; et en moins de deux mois deux mille personnes sont mortes de maladies contagieuses. Une justice doit être rendue à Carrier, c'est qu'il a écrasé le négociantisme, et tonné avec force contre l'esprit mercantile ; mais depuis, etc. JULIEN.

Maignet à Couthon.

Avignon, 4 floréal an II.

Il est urgent d'employer de grands remèdes ; autorise-moi à former un tribunal révolutionnaire. Je porte à quinze mille hommes ceux qui ont été arrêtés, on verra ceux qui doivent payer leurs crimes de leur tête, il faut épouvanter. Je vous rendrai bon compte de ce département. Ton sucre, ton café, ton huile d'olives sont en route. J'ai la certitude de faire du bien ici. Une embrassade à ton petit Hippolyte. MAIGNET.

Lavigne, secrétaire de Maignet, au brave Couthon.

Il y a nécessité, au département de Vaucluse, de purger la terre de neuf ou dix mille contre-révolutionnaires. Maignet sollicite des mesures urgentes.

Salut et amitié au bon Couthon. LAVIGNE.

Viot à Payan.

Orange, 9 thermidor an II.

Nos opérations, mon cher ami, continuent avec activité. Plus de trois cents contre-révolutionnaires ont payé de leur tête ; bientôt ils seront suivis d'un bien plus grand nombre.
Ton ami,
VIOT.

Juge à Payan.

Valréas, 6 thermidor an II.

Ami, la sainte guillotine va tous les jours. Tu verras par ma prochaine lettre comment Maignet travaille. Tout ira bien dans ces contrées.
Salut et fraternité.
JUGE.

Agricole Moureau à Payan.

Avignon, 9 messidor an II.

Mailleret et Fonrosa sont esclaves des formes, les trois autres ne veulent d'autres formes que la conviction de leur conscience ; il faut remplacer Mailleret et Fonrosa.
Il faut qu'on frappe les apitoyeurs.
Je t'embrasse de toutes mes forces.

AGRICOLE MOUREAU.

Fauvety à Payan.

Orange, 19 messidor an II.

Nous avons rendu cent quatre-vingt-dix-sept jugements dans dix-huit jours. Ragot, Fernex et moi nous sommes au pas, mais Fonrosa est un formaliste enragé ; pour Mailleret, il ne vaut absolument rien, il lui faut des preuves comme aux tribunaux de l'ancien régime, il inculque cette manière de voir à Fonrosa.

Je te salue fraternellement.

FAUVETY.

Payan à Fonrosa.

Les commissions n'ont aucun rapport avec les tribunaux de l'ancien régime : il ne doit y exister aucune forme, la conscience du juge suffit. Marche d'un pas égal avec Fauvety. Oublie que la nature te fit homme et sensible.

Ton ami,

PAYAN.

*Darthé à ***.*

Arras, 29 ventôse an II.

Lebon est revenu de Paris, transporté d'une sainte fureur contre l'inertie qui entravait les mesures révolutionnaires. Tout de suite, un jury terrible, à l'instar de celui de Paris, a été adapté au tribunal révolutionnaire. Ce jury est composé de soixante b...... à poil. Un arrêté vigoureux a fait claquemurer les femmes aristocrates. La guillotine ne désempare pas : les ducs, les marquis, les comtes et barons, mâles et femelles, tombent comme grêle.

On m'a rendu justice, je suis des soixante-trois. Nous ne dormons pas.

Je t'embrasse.

DARTHÉ.

Je m'arrête ici. Peut-être feuilleterai-je encore cet intéressant rapport authentique. En attendant, puissent les républicains de raison, les républicains de peur, les républicains de Panurge voir se constituer une République sage, honnête, modérée, comme on la promet, et ne pas avoir à regretter un jour le style du pauvre ex-sous-préfet de Carpentras.

LA THÉORIE DES GRÈVES

Voilà donc finie la grève des cochers parisiens. Les querelles ne dureraient pas si longtemps si l'on n'avait tort que d'un côté. Cette grève a occupé, intéressé et divisé le monde civilisé. Je n'en parlerais cependant pas, si elle ne me fournissait quelque chose comme un apologue et une moralité.

Les cochers ont dû le plus grand nombre de leurs partisans à celle de leurs plaintes qu'ils mettaient surtout en avant ; la pitié, la tendresse pour leurs chevaux, ces pauvres bêtes. Le cheval, ce second ami de l'homme, toujours ingrat, était « victime du capital », on le nourrissait de sciure de bois et de scories de charbon de terre. Ce n'est pas vrai, répondait le capital ; la sciure de bois et les scories de charbon de terre n'étaient qu'un essai de litière améliorée. Que M. Bixio ne fait-il l'expérience sur lui-même, disaient les cochers ; il en saurait de bonnes nouvelles. Et l'avoine !!! Nous dépensons tous nos pourboires en avoine pour les intéressants quadrupèdes que l'administration ne nourrit que par méchanceté et pour prolonger leur agonie. Ce n'est pas pour nous que nous nous mettons en grève, c'est pour les chevaux ; nous ne pouvons supporter plus longtemps les souffrances des chevaux ; nous ne remonterons sur nos sièges que quand on donnera aux chevaux une honnête, correcte et légale litière de paille, et les dix litres d'avoine auxquels ils ont droit.

Cela a duré le temps qu'on sait, puis l'administration a diminué les heures de travail, augmenté le prix de la journée des sensibles cochers et, quant aux chevaux, il n'en a plus été question. L'administration reste libre de leur donner la sciure de bois et les scories de charbon de terre pour litière ou pour nourriture, n'importe quoi, selon qu'elle le jugera convenable.

Il est clair que les cochers ont usurpé la sympathie du public. Je déclare cette histoire une apologie. Voici la moralité que j'en tire.

Il en est de même de toutes les « grèves ». En 1465, Commines nous raconte la « Ligue du bien public ». Le comte de Charolais (Charles le Téméraire), le duc de Bretagne, le duc de Bourbon, le duc de Nemours, le frère du roi lui-même, Charles, les comtes de Dunois, de Dammartin, ducs — c'est-à-dire *duces*, c'est-à-dire conducteurs et « cochers » des peuples — firent contre Louis XI la ligue connue sous le nom de « Ligue du bien public ». Ce n'était certes pas pour eux que ces bons seigneurs prenaient les armes, ils n'étaient animés que par le plus pur désintéressement et la pitié causée par les souffrances du peuple.

Et comment cela finit-il ?

Le duc de Berry se fit donner la Normandie, le comte de Charolais Amiens, Abbeville, Saint-Quentin et Péronne. Chacun des conjurés eut son lopin, sauf le frère Charles qui se contenta de la promesse de la Champagne. Quant au peuple, au pauvre cheval, personne n'en parla plus et la paix fut faite entre Louis XI et les princes ses vassaux.

La Ligue de la « Sainte-Union ». Les pauvres ligueurs ne demandaient que le triomphe de la religion catholique. Cependant, quand le roi Henry, par l'édit de Nantes, assura aux calvinistes la liberté religieuse, presque tous les ligueurs firent leur marché, et trouvèrent que tout allait bien. Villeroy, entre autres, dit le chancelier de Chiverny, qui avait été des plus engagés dans la Ligue, s'accommoda pour une charge de secrétaire d'État.

* * *

Pendant la guerre de la Fronde, faite aussi pour soulager le pauvre peuple accablé d'impôts, tous les chefs méditaient leur accommodement particulier avec la reine et « Mazarin », on en vit plusieurs passer et repasser, d'un parti à l'autre ; tous avaient des intrigues et des conférences secrètes pour vendre plus cher leur soumission, — et le conseiller Broussel, qui avait joué un rôle important contre la cour, non seulement s'humanisa, mais se mazarinisa, lorsqu'on lui eut promis secrètement le gouvernement de la Bastille pour son fils.

Il en a toujours été de même de toutes les ligues, frondes et grèves de tous les genres, les cochers ont fait leurs affaires, et le pauvre cheval est resté sur sa sciure de bois et ses scories de charbon de terre, et n'a pas vu augmenter la ration d'avoine.

Cheval, bon cheval, « la plus noble conquête de l'homme », porte-nous à ce château qu'on voit là-bas : il y a là pour les chevaux de la litière de paille douce et fraîche jusqu'au poitrail, du foin parfumé dont tu ne pourras manger que les fleurs, et des montagnes d'avoine si succulente, si lourde, que les chevaux du Soleil seuls en mangent de pareille. Nous te sommes absolument dévoués, ô noble et cher cheval, nous ne reculerons ni devant la fatigue, ni devant les périls, et nous ne demandons rien pour nous, — nous voulons simplement te conquérir et cette paille, et ce foin, et cette avoine ; pour cela, il faut que nous montions sur ton dos et que tu te laisses conduire ; — pour te conduire, il faut une selle et des brides ; — mais nous allons prendre pour les faire la peau de ton père, qui est bien vieux et qui est victime de la tyrannie et de l'avarice des maîtres du château, et qui n'a plus de dents, à moins que tu ne préfères donner un peu de la tienne, qui est devenue trop large, tant tu es maigre et mal nourri. Puis, sellé et bridé, approche-toi de cette borne pour que je puisse monter sur ton dos ; ne bouge pas, tu me ferais tomber. — Maintenant que je suis en selle, porte-moi à travers les sables arides, — on n'y mange pas, on n'y boit pas, — mais quelle ripaille quand nous aurons pris le château ! Traversons maintenant cette forêt où les épines t'écorchent les flancs, et ces fossés fangeux où les sangsues s'attachent à tes jambes ; bien ! maintenant, approche-toi de cette fenêtre, me voici debout sur la selle, je puis atteindre le barreau, je me hisse, j'entre... Eh! bonjour, mes bons messieurs. J'ai eu bien du mal à venir jusqu'à vous ; j'espère que vous allez bien me recevoir ; je ne suis que le premier arrivé d'une troupe affamée ; si vous me repoussez, je les introduis ; si vous me faites place, je vais vous aider à empêcher d'entrer ceux qui me suivent. La cuisine est bonne ici ; mais si on laissait entrer tout le monde, les morceaux seraient trop petits. Touche là et barricadons la fenêtre par laquelle je suis entré, et mettons-nous à table gaiement.

Et le cheval ? — le cheval cherche des brins d'herbe entre les pierres, ronge l'écorce des arbres et un peu de bois de la porte. — Il pense à sa vieille écurie et à la prairie normande, et il est semblable aux Juifs dans le désert qui regrettaient les oignons d'Égypte.

La grève est finie, — jusqu'à ce que le cheval, revenu clopinant à ses pâturages, se laisse monter de nouveau par un autre homme lui faisant les mêmes promesses et les tenant de la même manière.

M. Dufaure, avec l'autorité d'une expérience qu'il a acquise par les années et par la pratique du pouvoir, a donné récemment un bon exemple en hiérarchisant certaines fonctions dépendant de son ministère et en obligeant les candidats à apprendre le métier qu'ils veulent faire. Cet exemple vient d'être suivi par le ministère des finances. Un décret signé du duc de Magenta porte que, « à l'avenir, nul ne pourra être receveur particulier des finances s'il a moins de trente ans d'âge et s'il ne compte dix ans de services publics, dont cinq au moins dans un service ressortissant au ministère des finances. Aucun receveur particulier ne peut obtenir une recette d'une classe supérieure, s'il ne compte au moins trois années de services effectifs dans la classe immédiatement inférieure ». Ces mesures sont réellement républicaines, et je les approuverais sans réserve s'il était exprimé clairement que cette échelle, dont chaque échelon est sagement obligatoire, est assez longue pour aller jusqu'au sommet des fonctions et des grades des finances et supprime tout autre chemin pour y parvenir. Autrement, nous rappellerons l'histoire d'un certain bossu qui, voulant s'engager dans l'armée commandée par le maréchal de Luxembourg, se présenta aux officiers recruteurs.

— Mon ami, lui dit-on, ce que vous demandez est impossible.

— Pourquoi?

— C'est que... vous avez... comme une bosse, et on n'admet de soldat ni borgne, ni manchot, ni boiteux, ni bossu.

— Je sais bien, dit-il, que j'ai la taille un peu gâtée; mais M. de Luxembourg est bossu.

— Chut! M. de Luxembourg est officier.

— Vous ai-je dit que je ne voulais pas être officier? Faites-moi officier.

Il serait fort à désirer que des mesures analogues fussent prises dans toutes les branches de l'administration, que les préfets, sous-préfets, etc., fussent obligés d'arriver en passant par des degrés où ils apprendraient mieux leur métier. Je pousserais cette règle jusqu'aux députés et aux ministres. On éviterait ainsi à notre malheureux pays une des causes, la plus terrible des causes des agitations et des misères auxquelles il est en proie.

Nous ne verrions plus tous ces intrus qui viennent se presser étourdiment dans les professions dites libérales, si démesurément encombrées, se jeter dans la politique avec des appétits et des soifs tellement surexcités, et ne compter pour la satisfaction de leurs nouveaux besoins que sur les agitations, les bouleversements et les révolutions, prenant pour des droits à des fonctions rétribuées d'avoir échoué dans leurs examens par paresse ou par ignorance, ou par l'épuisement et le découragement de leur famille, ou par le soin qu'ils ont de manger et de boire l'argent destiné à leurs inscriptions, avec les Cidalises subalternes du pays Latin.

On ne verrait plus alors des fonctionnaires de toutes sortes, de toutes classes, de tout rang, tomber sur les sièges de l'administration comme des aréolithes, ou plutôt y apparaître comme des champignons nés de sporules invisibles et poussés dans une nuit sur de vieilles souches, sur un tas de détritus et de fumier, — la plupart vénéneux comme ceux que nous autres paysans nous appelons l'œuf du diable (les savants disent *phallus impudicus*), l'oreille de Judas, la vesse de loup, la fausse orange qui est d'un si beau rouge, etc., etc.

C'est-à-dire gens sans études, sans capacité, sans tact, sans action, sans principes, sans convictions, sans talents, sans moralité, et dont l'oraison funèbre ressemblerait à celle inscrite sur le tombeau d'un Anglais :

Ci-gît John Smable... et c'est tout.

※

Dans un des premiers numéros des *Guêpes* qui parurent en 1839, je m'occupais d'un fait grave qui se reproduit fréquemment.

A chaque poste de police ou à chaque corps de garde, est adjoint une sorte de cabinet noir solidement fermé, qu'on appelle « violon » et dans lequel on enferme pour une nuit les gens arrêtés, soit en flagrant délit de vol « à la tire », soit à l'occasion d'une querelle, d'une bataille, etc., quand le cas n'est pas assez grave pour que la chose ne puisse être dénouée par le commissaire de police, soit que l'heure avancée ne permette pas de conduire les délinquants à la préfecture.

Eh bien, très fréquemment, on trouve, le matin, le prisonnier mort, soit qu'il ait pu dissimuler un couteau ou un bout de corde, soit qu'il se pende au moyen de ses bretelles ou de lanières faites en déchirant sa chemise ou sa blouse, sa cravate, son mouchoir, etc.

Or, ce ne sont à peu près jamais de grands criminels qui s'évadent ainsi de la prison et de la vie ; les grands criminels, les voleurs de profession, les assassins, ils savaient d'avance la mauvaise chance qu'ils encouraient ; — ils iront le lendemain à la préfecture, puis à une prison désignée, en attendant le jugement qui peut les contrarier, mais n'a rien qui les étonne ou les désespère.

Ce sont au contraire des ivrognes exposés à cinq francs d'amende, des voleurs novices pris à leurs débuts, sur lesquels la honte de l'arrestation et de la prison exerce une influence terrible et les pousse au désespoir.

Ainsi deux hommes se sont pendus au violon depuis

une semaine. L'un, il est vrai, avait été **arrêté** comme voleur. Il avait été surpris à dérober une volaille à un étalage, consigné au poste du boulevard Péreire et mis au violon. Le lendemain matin, on le trouva mort, pendu, étranglé à l'aide des lanières de sa chemise déchirée.

Le second avait eu, en descendant du train de Saint-Mandé, une contestation avec un employé de la voie ferrée. Il s'agissait d'une question de détail, sur laquelle probablement il se trompait en croyant avoir raison; la discussion avait dégénéré en dispute, le pauvre diable avait été arrêté et mis au violon. Là il avait déchiré sa blouse et s'était pendu.

En même temps que, en 1839, je déplorais ce résultat qui punit de mort les auteurs de délits souvent insignifiants quand tant d'assassins et de parricides échappent à la suprême expiation, je proposais un moyen certain de rendre désormais impossibles ces tristes évènements.

Ce moyen est simple, peut-être trop simple pour qu''on ait daigné s'en occuper : il consiste à séparer le violon du corps de garde, non plus par un mur comme on fait aujourd'hui, mais par une grille qui laisserait toujours les prisonniers sous les yeux des hommes de garde.

Depuis 1839 — je n'ai jamais laissé passer une année sans saisir l'occasion d'un de ces déplorables suicides, pour proposer de nouveau et opiniâtrement mon projet — et cela sans résultat. — C'est ce que je fais encore aujourd'hui que deux hommes se sont tués dans les violons dans l'espace d'une semaine.

Or il est constaté que chaque année, en moyenne, ces actes de désespoir s'accomplissent de cinq à six fois, — mettons cinq.

De 1839, époque où j'ai, pour la première fois, proposé le moyen de les rendre impossibles, jusqu'à 1878, il s'est écoulé trente-neuf ans, c'est donc

CENT QUATRE-VINGT-QUINZE

victimes que l'on aurait sauvées et que l'on n'a pas voulu sauver

UN ALBUM

Je viens de parcourir un album très curieux ; je ne parle pas des albums où les jeunes femmes et les jeunes filles font griffonner par leurs connaissances de la prose et des vers qui, presque toujours, n'ont que le mérite incontestable, il est vrai, de chanter leurs louanges, — ce à quoi plusieurs d'entre elles reconnaissent les beaux vers, — ce qui me rappelle Tristan de Rovigo, le père du duc qui vient de mourir — et qui, lui, se fit tuer en Afrique — c'était, avait-il dit peu auparavant, le seul moyen décent de quitter l'état militaire qu'il n'aimait pas, — il me racontait l'infidélité d'une maîtresse et « ce qu'il y a de cruel, me disait-il, c'est que ce drôle m'a supplanté en lui adressant des vers de quatorze pieds ».

L'Album en question, quoique renfermant des autographes d'hommes et de femmes célèbres ou illustres de toutes les conditions et de tous les temps, sera surtout un curieux et triste monument d'histoire contemporaine et une sévère leçon, il faut l'espérer, pour la génération qui suivra celle-ci, car celle-ci paraît décidée à mourir dans la bêtise finale.

Aucun souvenir peut-être n'est plus vivant et plus poignant qu'un autographe, — c'est presque une apparition; il semble qu'on voit, assis et la plume à la main, le mort qui a tracé ces lignes dont souvent la configuration dénonce quelques traits de caractère ou d'organisation.

Tallemont des Réaux raconte que la veuve d'un financier, que sa grande fortune et la bizarrerie de son esprit avaient introduite, à la cour, disait aux femmes de sa connaissance : « Faites l'amour tant que vous voudrez, ma mie, — mais, au nom du ciel, n'écrivez pas. »

« Eh! madame, répondit une d'elles, que me dites-vous là! Ce serait faire l'amour comme une chambrière! »

L'éducation moderne a prévu et prévenu à un certain point ce danger, — il est une certaine écriture apportée d'Angleterre, la patrie du tout, — écriture mécanique et conséquemment uniforme qui donne à presque toutes les femmes aujourd'hui la même et identique écriture.

Les autographes ont, de notre temps, joué plusieurs fois des rôles où le scandale est allé jusqu'au terrible.

On voit encore, à Paris, aux premières représentations, une vieille courtisane septuagénaire qui doit, dit-on, le commencement d'une grosse fortune, — accrue par l'usure — à l'industrie que voici : Un jeune niais, devenu on ne sut comment l'amant d'une charmante femme du monde — quelle est la femme qui n'ait pas, dans sa vie, un choix dont elle rougit tout bas? — s'avisa de céder aux agaceries de cette fille alors à la mode dans une certaine coterie.

Elle se fit donner les lettres de madame de *** —

mit le galant à la porte — fit une visite à la pauvre femme, et ne lui rendit ces lettres, — qu'elle menaçait d'envoyer au mari, que contre une grosse somme pour laquelle il fallut vendre ou engager les diamants.

C'est cette femme qui, à quelqu'un qui lui demandait comment elle faisait pour conserver une influence singulière sur plusieurs de ses amants qui étaient loin de se louer d'elle, répondit : je ne quitte jamais un amant qui est quelqu'un sans avoir dans les mains de quoi l'envoyer aux galères.

On se rappelle le scandale causé par certaines lettres attribuées au roi Louis-Philippe ; — à quelques lettres vraies, ornées de quelques interpolations, on en avait ajouté une demi-douzaine d'autres naturellement plus expressives et plus compromettantes.

Nous avons vu également une jolie et tapageuse personne établir avec deux ou trois illustres vieillards contemporains de tendres commerces, les induire en correspondance sénilement amoureuse — et aussitôt le pauvre Titon mort, livrer ses lettres au commerce de la librairie — en dépit de ces deux aphorismes justes et mornes :

« Une lettre est une propriété indivise, et si elle appartient pour moitié à la personne qui la reçoit, elle appartient pour l'autre moitié à celle qui l'a écrite. »

Et : « Les femmes n'ont pas plus le droit de publier les bêtises qu'elles nous font écrire, que nous de divulguer les sottises que nous leur faisons faire. »

Ce qu'il y a de plus frappant dans l'album du *Figaro*, c'est une très nombreuse collection de lettres qui nous montrent à nu, se contestant, s'accusant, se trahissant elles-mêmes, la plupart des personnalités grotesques ou terribles — le plus souvent grotesques et terribles à la fois, ce qui est un des caractères de cette triste époque qui ont été mêlées à nos récentes calamités.

Voyez, par exemple, quelle somme de liberté nous aurions à attendre de ces hypocrites apôtres de l'indépendance — si jamais ils ressaisissaient un pouvoir éphémère auquel en quelques mois la France a dû la moitié de ses pertes en hommes, en argent et en territoire.

Voici pour la liberté de la presse. si réclamée par eux.

COMMUNE DE PARIS

Hôtel de Ville, 4 heures 1/2.

Ordre du commissaire spécial de saisir le journal ainsi que son personnel — et d'empêcher militairement les presses de fonctionner, au besoin l'imprimeur en prison.

GÉNÉRAL DUVAL — RAOUL RIGAULT.

Voici maintenant pour le respect de la correspondance.

M. Dutré, prévôt civil, est autorisé à requérir à la poste la délivrance de toute lettre dont il indiquera le destinataire.

Tours, 27 novembre 1870.

LÉON GAMBETTA.

C'est signé de cette main qui a signé aussi l'envoi à la mort sans armes, sans vivres et sans vêtements, de tant de malheureux Français; de cette main qui pendant cette guerre à outrance n'a pas pressé une fois la crosse d'un pistolet ni la poignée d'un sabre — l'homme se tenant audacieusement à l'abri des dangers où il jetait les autres d'un cœur si léger, — ce qui a fait dire avec raison : leur patriotisme c'est le sang des autres ! Ce sont eux qui l'avouent, ces pseudo-républicains, ces ennemis irréconciliables de la République — la liberté qu'ils proclament est un masque, le dernier que le despotisme, ayant usé tous les autres, met sur sa laide figure.

Ailleurs, encore écrit et signé du même Gambetta :

.... Nous avons deux heures pour tout gagner ou tout perdre.
LÉON GAMBETTA.

Ils ont tout perdu.

Un peu plus tard, un autre d'entre eux écrit :

Citoyen Latronche,

Fusillez l'archevêque et les otages, incendiez les Tuileries et le Palais-Royal et repliez-vous.
RAOUL RIGAULT.

Ici tout va bien.

Voici le citoyen Clément, maire du XVIIIe arrondissement, qui écrit au citoyen Assy :

Je marie..., vous voyez ça d'ici !

Histrions en goguette qui plaisantent eux-mêmes de leurs rôles et de leurs grotesques usurpations — est-ce en effet assez ridicule de voir le lieu le plus respectable de la société sanctifié par des drôles qui se jouent de tout ce qu'il y a d'honnête et de respectable — est-ce un assez triste et assez aviné carnaval que celui auquel nous avons assisté — et dont l'attitude du pays semble promettre une seconde et prochaine représentation.

Mais laissons un moment de côté ces lugubres souvenirs pour parcourir au hasard la suite de ce curieux volume.

Voici une lettre de Victor Hugo — est-ce pour ne pas compromettre le destinataire, et l'exposer à être pris pour un pétroleur, que l'autographe ne dit pas que cette lettre était adressée à Léon Gatayes.

« Votre prénom ressemble à lion — votre nom sonne comme bataille — vous aurez votre place à la mêlée de demain. »

Cette mêlée c'était une première représentation de quelques chefs-d'œuvre du temps que Victor Hugo — était... Victor Hugo.

Cette lettre peut faire soupçonner que les calembours et coq-à-l'âne que quelques journaux lui prêtent depuis quelque temps avec une opiniâtreté qui devient une scie, ne sont pas en horreur au grand poète.

Puis une lettre bien humble du général Trochu à l'empereur.

Ou il a eu tort de tant parler de reconnaissance s'il n'en ressentait pas — ou il a eu tort de ne pas en montrer plus tard s'il la ressentait.

Un autographe de Mᵉ Lachaud, un des avocats de Marie Capelle — soi-faisant Vᵉ Laffarge — au moment où la folie à la mode consistait à être amoureux de cette personne, il l'appelle « la pauvre Marie ».

Rien au monde n'est plus touchant que les lettres des gendarmes qui, quelques jours après, devaient être assassinés rue Haxo — tous comme d'un commun accord veulent donner à leurs femmes et à leurs enfants un espoir qu'ils n'ont pas — une noble et héroïque résignation.

Mais rien non plus n'est capable d'inspirer une profonde horreur et une haine vigoureuse contre les auteurs de ces crimes.

Et ce n'est pas sans une violente colère que je pense que personne à l'Assemblée nationale n'a eu l'énergie et le bon sens de monter à la tribune et de dire à M. Gambetta et à ses amis :

« Oui ou non — partagez-vous notre horreur pour ces crimes et pour ceux qui les ont commis — oui ou non, jugez-vous qu'ils méritent les derniers supplices?

» Oui ou non, leur permettez-vous de vous dire leur chef — oui ou non, les ménagez-vous pour vous en faire votre armée de réserve? »

Et, comme contraste aux lettres si nobles de ces vieux soldats qui vont mourir assassinés — à leurs femmes et à leurs enfants,

Lisez les lettres de leurs assassins à leurs femmes à eux ou à leurs maîtresses.

Voilà le citoyen général Lullier qui donne au directeur de Saint-Lazare (prison où on met les filles de mauvaise vie en rupture de carte, ou condamnées) de mettre immédiatement en liberté mademoiselle Emma Henriette Muller — mais une note du Comité donne contre-ordre au directeur, mademoiselle Muller n'étant pas détenue *pour politique*.

Voici une lettre adressée par *le délégué à la guerre au citoyen madame* André Léo, rédacteur de *la Sociale*.

Voici Maria Leroy, maîtresse d'Urbain, qui *réclame* à un *citoyen colonel, son* poney et deux revolvers.

DIALOGUE DES MORTS

Caron, le nautonnier, traverse l'Achéron, amenant une batelée d'ombres que Mercure est allé rassembler sur la terre — le rivage du côté de l'enfer est couvert d'ombres déjà plus ou moins anciennement arrivées — qui s'ennuient dans le paradis que leur ont fait les poètes et les anciens prêtres, et considèrent comme une de leurs plus grandes distractions de venir à chaque « train » voir arriver ceux qui passent d'une vie à l'autre, et de leur demander des nouvelles. Le trajet du fleuve prend plus de temps que ne semble le promettre sa largeur, parce que, sur la rive du côté de la terre, Caron se fait payer d'avance le passage, et, sur l'autre rive, une Furie placée à un tourniquet exige les « tickets » et, sur les indications de Mercure, fait passer les ombres à droite ou à gauche, celles qui sont destinées aux peines ingénieuses et variées de l'enfer, ou aux joies monotones, uniformes et fades du séjour des bienheureux. C'est ce qui explique les conversations un peu longues qui ont lieu entre les résidents et les nouveaux arrivés.

Le raffiné Bouteville, qui fut décapité sous Louis XIII comme duelliste opiniâtre, s'adresse le premier à une ombre replète, ventripotente, qui descend sur la rive, et que Mercure désigne à Alecto comme un membre d'une assemblée politique de France.

Bouteville. — Soyez le bienvenu, monsieur, et donnez-moi la main, car nous avons appris que les beaux et héroïques temps des raffinés et du Pré-aux-Clercs sont revenus pour notre chère France et que nous devons nous attendre à recevoir ici les députés et les hommes d'État de ce temps-ci expédiés les uns par les autres. Vous avez donc succombé dans une « rencontre »? quels étaient vos seconds? — Vous battiez-vous à l'épée ou avec l'épée et le poignard?

L'ombre. — Je suis en effet victime d'un duel, mais avec des nuances tout à fait modernes — le siècle marche; — nous nous battions à trente-cinq pas à l'épée, je vous assure que j'avais une « tenue excellente », et que nos lames sifflaient en l'air; c'est très échauffant, et quand nos témoins déclarèrent l'honneur satisfait, j'étais tout en nage; je devais inviter à déjeuner mes témoins et les quatre médecins que j'avais amenés; j'eus froid, je mangeai beaucoup, une indigestion se compliqua d'une pleurésie, et me voilà. J'espère que le gouvernement va s'occuper de réprimer, comme fit Louis XIII de votre temps, la sauvage et sanglante frénésie du duel.

Bouteville. — Vous m'étonnez.

Achille. — Il paraît qu'on ne se bat plus que de loin. N'as-tu donc pas causé, Bouteville, avec quelques-uns de ces braves jeunes gens qui, il y a huit ans, furent envoyés se battre contre les Prussiens, sans armes, sans vêtements, sans souliers, sans nourriture. On se bat aujourd'hui à la mécanique. On est tué par des gens qu'on ne voit pas et qui ne vous voient pas. La force, l'adresse, les voix terribles, les regards étincelants, la crinière flamboyante des casques ne comptent plus pour rien. Aussi lorsque, dernièrement, Mercure est venu demander, recruter des âmes de héros qui voudraient retourner sur la terre animer de nouveaux corps, aucun des héros morts n'a consenti à revivre.

Murat. — Chargez donc la cavalerie, une cravache à la main !

Horatius Coclès. — Défendez donc un pont seul contre une armée ; vous ne voyez pas l'armée, et la mitraille vous met en pièces à un kilomètre de distance.

Arnold Winkelried. — Entamez donc un carré autrichien en saisissant une brassée de piques, en se les enfonçant dans la poitrine, en les entraînant dans sa chute et en ouvrant le carré à vos compatriotes.

* * *

Le député français déclaré « bon » par Mercure passe au tourniquet et est admis à se promener dans des bosquets de lauriers pendant toute l'éternité, en récompense de ses vertus privées ; les ombres anciennes le suivent et l'entourent.

Servius Tullius. — Est-il vrai qu'on est devenu assez insensé en France pour avoir accepté la loi du nombre, loi contre laquelle j'avais organisé à Rome les centuries et le suffrage, organisation qui a tant contribué à la grandeur romaine [1].

Agamemnon. — Jolie, la loi du nombre ! deux Thersites l'emportent sur Achille.

---

1. Curavit Servius Tullius, quod semper in republica tenendum est, ne plurimum valeant plurimi. (Cicéron, *de Republica*.)

Énée. — Deux Pâris sur Hector.

Jean-Alphonse. — Deux cailloux sur un diamant, deux crottins sur une rose.

Richelieu. — Petit Thiers, redites-nous donc votre sortie contre « la vile multitude », vos phrases contre la République qui doit tomber « dans le ridicule ou dans le sang », et à propos des orateurs devenus généraux auxquels « la France a dû la moitié de ses misères ».

Thiers. — J'ai changé d'idées là-dessus; le meilleur des gouvernements est une république dont je serais le président.

Jean-Alphonse. — La République est le gouvernement des meilleurs choisis par tous, — en exceptant les fous, les imbéciles, les coquins, les paresseux et les ivrognes.

***. — Tout pour le peuple et rien par le peuple.

Cicéron. — Peuple, *populus*, c'est toute la nation, — en ce sens le peuple doit prendre part aux affaires en proportion de son honnêteté et de son intelligence. Mais la multitude, le vulgaire, la populace, — *plebs*, — doit être contenue et doit obéir.

Charron. — Le vulgaire, la tourbe et lie populaire est une beste estrange, inconstante, variable; il s'esmeut, il s'accoyse, il approuve et réprouve en un instant mesme chose. Il n'est rien plus aysé que le pousser en telle passion que l'on veust. Il n'ayme la guerre pour la fin, ni la paix pour le repos, sinon que de l'une à l'autre il y a toujours des changements; la confusion luy fait désirer l'ordre, et dans l'ordre il s'y desplaist [1].

Salluste. — Haïr le présent, désirer l'avenir, vanter le passé, caractère du vulgaire, monstre tout langue et tout oreilles [2].

1. Charron, *De la Sagesse*, chap. LIV.
2. Salluste, *Catilina*, XXXVII, et *Guerre de Jugurtha*.

Tacite. — Ni la raison ni la vérité ne font rien sur la multitude [1].

Cicéron. — Elle prononce d'après l'opinion qu'on lui donne, — et bien rarement d'après la vérité [2].

Charron. — La force d'un peuple et la pensée d'un enfant sont de mesme durée, qui change non seulement selon que les interest changent, mais aussi selon la différence des bruicts que chasque heure du jour peust apporter [3].

Tacite. — Irrésolu quand il n'est pas entraîné, n'osant rien — si on lui ôte ses chefs [4].

Juvénal. — Que fait la foule des enfants de Rémus? ce qu'elle a toujours fait, — elle fait cortège aux heureux et aux vainqueurs, et déteste les victimes et les vaincus. Si Tibère était mort, elle proclamerait Séjan Auguste [5].

Aristide, Phocion, Socrate, Thémistocle, Lamartine, Cavaignac, etc., ensemble. — Et ingrate!

Plutarque. — *Vox populi, vox stultorum.*

Cicéron. — Le gouvernement purement démocratique est le pire de tous. Le tyran serait sans contredit le monstre le plus hideux, le plus justement détesté des hommes et des dieux qu'il soit permis d'imaginer, visage d'homme et cœur de tigre ; — mais il est une bête plus énorme, plus terrible encore, c'est cette bête féroce qui prend l'apparence et usurpe le nom de peuple... [6].

---

1. Tacite, *Hist.*, I, 32.
2. Cicéron, *pro Rossio.*
3. *De la Sagesse.*
4. Tacite, *Annales*, I, 55.
5. *Satires*, X.
6. *Traité de la République*, III.

Cicéron. — Lorsque la multitude est la maîtresse et dispose de tout, lorsque la multitude est souveraine, décide de la vie et de la mort, — prend, détruit, dépouille, gaspille, etc..., enfin, la démocratie pure [1].

Lelius. — Il n'y a pas de gouvernement auquel je refuse avec plus de hâte et de fermeté le nom de république qu'à celui où la multitude est la souveraine maîtresse. — Rien n'est si contraire à la république que le despotisme de la foule. — Comme vous, Cicéron, j'appelle peuple une société dont tous les membres participent à des droits et à des devoirs communs. — On n'est pas moins tyrannisé par cent mille tyrans que par un seul [2].

Platon. — Lorsque le gosier du peuple est pris d'une soif enragée d'indépendance et que de perfides échansons lui ont versé à pleines coupes, qu'il vide jusqu'à la lie, le vin pur et capiteux d'une licence absolue, ses magistrats et ses chefs deviennent l'objet de sa haine, de ses accusations, de ses outrages; ceux qui obéissent aux magistrats et à la loi sont haïs, attaqués, poursuivis, maltraités [3].

Scipion. — L'excès de liberté a toujours conduit le peuple à la servitude [4].

Montesquieu. — Un grand vice dans la plupart des anciennes républiques, c'est que le peuple avait le droit d'y prendre des résolutions actives, chose dont il est entièrement incapable; dans le gouvernement même populaire, le gouvernement ne doit pas tomber entre les mains du bas peuple [5].

---

1. *De republ.*, livre III.
2. *Ibidem.*
3. *De la République* (Platon).
4. Cicéron, *De la République.*
5. *Esprit des Lois.*

Jean-Jacques Rousseau. — La société, — quelque borné que soit un État, — est toujours trop nombreuse pour pouvoir être gouvernée par tous ses membres.

La république est à la veille de sa ruine sitôt que quelqu'un peut penser qu'il est beau de ne pas obéir aux lois.

Le peuple quelquefois, par caprice, fait que les hommes les plus vils sont les plus accrédités, et ce peuple, qui ne voit pas qu'il est lui-même la première cause de ses malheurs, murmure et s'écrie en gémissant : Tous mes maux me viennent de ceux que je paye pour m'en garantir [1].

Un perruquier. — Les révolutions et le gouvernement populaire ont cependant du bon. — Comment, sans l'un et l'autre, aurais-je pu jamais devenir propriétaire du château de Louvecienne, bâti par Louis XV pour la Dubarry, qui fut guillotinée le 9 décembre 1793, — château où tout ce que les arts et le luxe peuvent inventer avait été accumulé [2] ?

Prud'homme. — Pendant la Convention, les escamoteurs ont tous joué un certain rôle. Indépendamment de leur assiduité dans les sociétés populaires et dans les sections, l'habitude qu'ils avaient de parler effrontément sur les places publiques leur donnait un grand avantage pour occuper la tribune [3].

Diderot. — En effet, le peuple appelle éloquence la facilité que quelques-uns ont de parler seuls et longtemps.

Montaigne. — J'ai vu, de mon temps, merveilles en

---

1. Rousseau, *De l'Économie politique.*
2. L. Prud'homme, *Miroir de l'ancien et du nouveau Paris,* IV, 484.
3. Même ouvrage, I, 309.

l'indiscrète et prodigieuse facilité des peuples à se laisser mener et manier l'espérance et la créance, où il a plu et servy à leurs chefs, par dessus cent mescomptes les uns sur les autres, par dessus les phantosmes et les songes [1].

Montesquieu. — Après Sylla, la république romaine ne put se relever. On frappa quelquefois les tyrans, mais plus jamais la tyrannie. L'ambition et l'avarice entrent dans tous les cœurs ; ce qu'on aimait, on ne l'aime plus ; on était libre avec les lois, on veut être libre contre elles ; autrefois le bien des particuliers faisait le trésor public ; mais, pour lors, le trésor public devient le bien des particuliers. La république est une dépouille, et sa force n'est plus que le pouvoir de quelques citoyens, et la licence de tous [2].

Cléon. — Tu sais, Minerve, je suis le plus grand bienfaiteur du peuple athénien, couronné de violettes, puisque je suis nourri du prytanée, sans travailler ; — mais si je ne suis pas prêt à périr pour le peuple, que je sois scié sur place et découpé en lanières.

Le chaircuitier. — O cher petit peuple ! si je ne te chéris pas, qu'on me fasse cuire en fricassée, qu'on me râpe sur cette table en hachis avec du fromage.

O cher petit peuple ! accepte cette queue de lièvre pour frotter tes yeux et en ôter la chassie.

Cléon. — Mouche-toi avec tes doigts, peuple que j'adore, et essuie-les à mes cheveux [3].

Sénèque. — La faveur de la multitude ne s'acquiert que par de mauvais moyens, — il faut se rendre semblable à elle.

1. III, 10.
2. *Esprit des lois*, III, 4.
3. Aristophane, *les Chevaliers*.

Vous valiez bien mieux, lorsque vous étiez moins estimé de beaucoup de gens.

Ne comptez pas les suffrages ; pesez-les. Si je vous vois élevé par les suffrages de la multitude, si vous entrez dans les théâtres au bruit des acclamations et des applaudissements, — si les femmes et les enfants chantent vos louanges par les rues, ne vous étonnez pas que j'aie pitié de vous, — sachant, comme je le sais, quel chemin conduit à cette faveur [1].

Helvétius. — Le peuple, indigné que la loi le contraigne, veut être séduit, flatté, trompé comme un roi.

Jean Alphonse. — Un des attributs de l'ancienne royauté dont le peuple a hérité et qu'il conserve, c'est d'avoir ses fous, ses l'Angeli, ses Triboulet, etc.

Cicéron. — Dites-moi, petit Thiers, ils avaient donc démoli votre maison comme la mienne ?

Thiers. — De même qu'ils l'ont également rebâtie aux frais de l'État ; mais moi, plus malin que vous, je les ai attrapés et j'ai gagné dessus.

Cicéron. — Quelqu'un en France a-t-il emprisonné et tué autant que vous de faux et de vrais républicains ?

Thiers. — Je ne crois pas ; mais c'était leur faute, comme ils l'ont reconnu plus tard : il n'y avait pour me convertir qu'à me nommer Président de la République.

Le cardinal de Retz. — Parlons un peu du fond qu'on doit faire sur la faveur populaire : j'ai été tour à tour adoré et haï par le peuple de Paris. — Et vous, monsieur le prince, vous souvient-il des feux de joie que ce même peuple alluma quand le Mazarin et la

---

1. Sénèque, *Correspondance.*

régente Anne d'Autriche vous mirent en prison avec le prince de Conti et le duc de Longueville [1].

Le prince de Condé. — Oui, certes ; mais je me souviens aussi des feux de joie que ce même peuple alluma, peut-être avec les tisons conservés des premiers, lorsqu'on nous tira de prison treize mois après [2].

Le duc de Beaufort. — Et moi, n'ai-je pas été l'idole du peuple ? Les envieux m'appelaient par dérision le Roi des Halles. Mais les dames de la Halle m'apportaient de l'argent quand j'avais perdu au jeu, et, à ma mort, quand les gazettes dirent : Le duc de Beaufort a été tué, les Parisiens disaient : Qui ça, le duc de Beaufort [3] ?

Le baron de Besenval. — Lorsque Louis XV, *le Bien-Aimé*, mourut abandonné, même de ses serviteurs les plus intimes, comme ne meurt pas le plus misérable des pauvres, il était facile de voir le contentement sur tous les visages. Son corps fut porté à Saint-Denis, de nuit, sans appareil, suivi par des palefreniers portant des torches, qui n'étaient même pas en deuil, au milieu des brocards des curieux qui bordaient le chemin [4].

Montjoye. — On a vu rarement un enthousiasme pareil à celui dont furent les objets le Dauphin, depuis Louis XVI, et la jeune archiduchesse Marie-Antoinette à leur entrée à Paris : tantôt on applaudissait avec fureur, tantôt on levait les mains au ciel, et on invoquait les bénédictions sur cet aimable couple. — Tous deux pleuraient de joie et disaient : Ah ! le bon peuple ! — En rentrant à Versailles, Marie-Antoinette vit le roi Louis XV, l'ex bien-aimé, un peu soucieux de cet accueil

---

1. *Mémoires de Retz*, III, 326.
2. *Mémoires de Motteville*, III, 80.
3. Idem.
4. *Mémoires du baron de Besenval*, t. II.

en partie fait contre lui. — Sire, lui dit-elle, il faut que Votre Majesté soit bien aimée des Parisiens, car ils nous ont bien fêtés. — Elle excita une véritable idolâtrie ; il était de mode de n'aimer, de ne louer que la Dauphine, et ce n'était que la vérité que lui dit le vieux maréchal de Brissac, gouverneur de Paris, en lui montrant la foule enthousiaste portée pour la voir sous le balcon du château.

— Madame, vous voyez cent mille amoureux de votre personne [1].

Marat. — Et moi donc ! n'ai-je pas été aussi l'idole du peuple ? Vivant, on me portait en triomphe sur les quais. Après ma mort, on mit mon corps au Panthéon, et la Convention décréta « que le jour de l'apothéose de Marat est une fête pour toute la République ». On éleva une montagne en mon honneur sur la place de la Révolution ; puis, un peu après, on me retira du Panthéon et on me jeta dans l'égout de la rue Montmartre [2].

Napoléon Bonaparte. — J'ai vu renouveler pour moi, et amplifier toutes les adulations prodiguées à Auguste et à Louis XIV, lorsque, convaincu qu'on ne fait pas une république avec les débris d'une vieille monarchie, je me mis sur le trône, — et, en 1814, je fus obligé de me déguiser pour ne pas être massacré. On brisa à coups de pierres la voiture que j'avais quittée, et où on me croyait encore, aux cris de : vivent les Bourbons ! vivent les alliés ! J'ai vu un mannequin couvert de sang pendu une potence, et portant cette inscription : Tel sera le sort du tyran. On accueille avec joie, enthousiasme, délire, Louis XVIII, *le Désiré*, et puis, — plus tard, — on rapporte « mes cendres » à Paris en grande pompe.

1. Montjoye.
2. Prud'homme. *Miroir de Paris*, t. III.

Une révolution se fait au cri bizarre de : Vivent la République et Napoléon ! et mon nom redevient si puissant, qu'après un règne de dix-huit années où la France a joui de toutes les prospérités, il permet à mon neveu, le fils de la reine Hortense, de jouer, couronné de laurier, la parodie de mon règne, — depuis un 18 brumaire jusqu'à l'invasion étrangère.

S'adressant au député qu'il avait amené :

— Et que se passe-t-il aujourd'hui en France ?

Le député. — Hélas ! il y a encore là-haut un folliculaire qui l'a dit : *Plus ça change, plus c'est la même chose.*

LA RAGE... NON POLITIQUE

Si je veux, à mon tour, parler de la rage dont on parle beaucoup en ce moment, c'est que je suis convaincu que j'ai quelque chose d'utile à dire sur ce sujet. Non que j'aie, hélas ! découvert un remède contre la maladie elle-même, mais j'en veux, du moins, indiquer un contre le charlatanisme, la crédulité et la sottise qui viennent depuis des siècles en aide au fléau avec une déplorable efficacité.

Je ne m'arrêterai pas à décrire la rage, — de beaucoup la plus épouvantable des maladies ; — je dirai seulement que si le bruit se répandait demain qu'un des tigres du Jardin des Plantes ou d'une ménagerie « privée » s'est échappé et rôde dans Paris, la terreur serait universelle, beaucoup de gens n'oseraient sortir, et on prendrait les mesures les plus énergiques et les plus promptes pour détruire l'animal ; qu'est-ce cependant que le danger que peut faire courir un tigre en comparaison de celui auquel vous expose un chien enragé, dont une seule morsure vous rend enragé comme lui ? Et je reste au-dessous de la vérité en disant qu'il y a à

Paris, dans les rues, dans les maisons, plus de vingt mille chiens susceptibles de devenir enragés.

L'autorité semble s'en préoccuper en ce moment. Il faut que quelque jour il n'existe plus dans la ville un seul chien errant, un seul chien sans un maître responsable. Mais je n'apprends pas que cette sollicitude s'étende hors de Paris. Pourquoi le ministère de l'intérieur n'envoie-t-il pas, dans toutes les villes et dans tous les villages de France, l'ordre de suivre l'exemple de la police de Paris ?

**

Les anciens semblent se préoccuper médiocrement de la rage. Virgile, dans ses *Géorgiques*, tout en vantant la légèreté du limier de Sparte et la force du molosse d'Épire, ne fait même pas une allusion à cette maladie. Pline dit simplement que la rage des chiens se communique à l'homme, — *rabies canum homini pestifera*, — mais seulement pendant la canicule, — *Sirio ardente*. Puis il indique froidement quelques remèdes préservatifs : la fiente de coq mêlée à la nourriture des chiens, et de l'ellébore, si la maladie est déclarée.

Quant à l'homme mordu par un chien enragé, il lui conseille de manger le foie du chien qui l'a mordu.

Mais, ailleurs, il déclare qu'il n'existe qu'un seul remède, et de celui-là il en répond, car il a été révélé par un oracle, *oraculo repertum*. Ce remède, c'est la racine de la rose sauvage, de l'églantier, *radix silvestris rosæ* ; je ne sais quel est l'oracle qui, il y a très peu d'années, révéla de nouveau cette recette à un de nos ministres de l'intérieur, qui n'avait pas lu Pline, comme y eût été obligé celui de l'instruction publique; mais il fit publier ce « secret nouvellement découvert » par tous les journaux de France, ce qui a nécessairement fait mourir enragés un certain nombre de gens qui, se confiant au remède garanti par un ministre, n'ont pas eu recours à la cautérisation.

Columelle donne un autre préservatif : le quarantième jour après la naissance d'un chien, on lui coupe avec les dents le dernier nœud de la queue; — mais il n'en répond pas, il l'a ouï dire par des bergers, *pastores affirmant.*

Caton, qui donne dans son livre *de Re rustica* tant de recettes et même d'incantations contre toutes sortes de maladies des hommes et des animaux, ne parle pas de la rage des chiens.

Varron, qui parle assez longuement et avec intérêt des chiens, — qui donne un secret pour se faire suivre d'eux, et diverses recettes contre leurs maladies, — ne dit pas un mot de la rage. Seulement, mais pour qu'ils ne s'ennuient pas, il veut que le berger qui a deux chiens ait un mâle et une femelle : *marem et fœminam.*

Valladius, qui a ramassé tant de recettes bonnes, mauvaises, douteuses et souvent absurdes et cocasses, n'en donne aucune contre la rage des chiens.

Aristote prétend que, seul, l'homme mordu par un chien enragé, ne devient pas enragé pour cela.

Nous ne sommes plus, heureusement, au temps où la Sorbonne défendait *sous peine de la vie* (4 septembre 1624), d'enseigner aucune maxime contraire à Aristote. Assez d'autres sottises ont remplacé celles-là.

Ce silence, cette indifférence semblerait, avec une observation très simple, confirmer ce que la science professe aujourd'hui sur les causes de la rage. — Cette observation très simple, la voici :

C'est que l'on n'avait alors que trois espèces de chiens : les chiens de garde pour la ferme, les chiens de bergers et les chiens de chasse ; — qu'on les tenait libres à la campagne, où rien ne les empêchait d'obéir à tous leurs instincts. — Il n'est, à moins que ma mémoire ne me trompe fort, nulle part question de chiens de luxe, de chiens d'appartement. — On sait que, en Égypte, des troupeaux de chiens libres et abandonnés à eux-mêmes n'ont jamais manifesté aucuns symptômes de rage.

La mode des chiens d'appartement, de voiture, des chiens de cour, semble remonter au temps de Henri III. Le *Journal de Henri III* (1575) raconte que, « nonobstant toutes les affaires de la guerre et de la rébellion que le roi avoit sur les bras, il alloit ordinairement en coche, avec la reine son épouse, par les rues et maisons de Paris, prendre les petits chiens qui leur plaisoient ; alloient aussi par tous les monastères des femmes aux environs de Paris, faire pareille quête de petits chiens, aux grands regrets des dames qui les avoient. »

C'est dans ces temps relativement modernes que les livres de médecine parlent de la rage — *rabies canum* — communiquée à l'homme, et que médecins, empiriques, charlatans et faiseurs et vendeurs de miracles, publient recettes sur recettes toutes infaillibles contre la rage.

Mais, dans ce temps-là, il suffisait pour en être guéri

de se plonger trois fois « tout nu ou toute nue dans la mer ».

Voici ce que raconte madame de Sévigné dans une lettre à sa fille :

« Si vous croyez les filles de la reine enragées, vous croyez bien : il y a huit jours que mesdames de Ludre, Coëtlogon et la petite de Rouvray furent mordues d'une petite chienne qui était à Théobon. Cette petite chienne est morte enragée ; de sorte que Ludre, Coëtlogon et Rouvray sont parties ce matin pour aller à Dieppe, et se faire jeter trois fois dans la mer. Ce voyage est triste ; Benserade en était au désespoir. Théobon n'a pas voulu y aller, quoiqu'elle ait été mordillée. La reine ne veut pas qu'elle la serve, qu'on ne sache ce qui arrivera de cette aventure. »

Il paraît, comme je le disais tout à l'heure, que les trois immersions « toutes nues » guérissaient alors. — « Ah ! madame, l'étrange *soze* d'être jetée toute nue dans la mer », disait madame de Ludre — et que même on guérissait sans immersion ; car nous trouvons, quelques années après, dans la même correspondance, mademoiselle Théobon mariée et madame de Ludre affublée de quelques préférences compromettantes affichées par Jupiter. Il paraît aussi qu'elle ne s'assurait pas toujours suffisamment de l'état des chiens suspects d'hydrophobie.

Depuis, la multitude des recettes « infaillibles » est venue ne prouver qu'une chose, c'est qu'il n'y en a pas une seule certaine, absolument comme le nombre des médecines politiques.

Gallien avait préconisé la cendre d'écrevisse mais sans en garantir l'efficacité.

Ambroise Paré rapporte une opinion d'Avicenne. On peut espérer guérir un homme auquel la morsure d'un chien a inoculé la rage, « tant qu'il se reconnaît dans un miroir qu'on lui présente au lieu d'y voir un chien ». Voici quelques-unes des recettes données par Paré, lequel on ne peut cependant pas citer parmi les plus crédules :

Appliquer une volaille ouverte sur la plaie.

Oseille pilée est de grande vertu.

Frotter avec de l'urine.

La moutarde et le vinaigre.

Farine d'orobe, miel, sel et vinaigre.

Fiente de chèvre.

Soufre délayé de salive d'homme.

Le poil du chien enragé, tout seul, appliqué sur la plaie, a vertu d'attirer le venin, *ce qu'on a plusieurs fois expérimenté.*

Le poil du chien pulvérisé et bu avec du vin.

Des fèves cuites et chaudes.

Bétoine, feuilles d'orties et sel.

Un oignon commun.

La thériaque. — « J'ai guéri par la thériaque, dit Ambroise Paré, une des filles de mademoiselle de Grou, mordue profondément d'un chien enragé à la jambe droite. »

Manger une gousse d'ail et boire du vin.

Autres commandent de manger un foie de bouc ; mais préférablement le foie du chien qui a mordu, « ce que je n'ai éprouvé ».

Poudre d'écrevisses brûlées.

Se plonger dans la mer ; mais d'aucuns n'ont pas été sauvés par ce remède, — partant, ne faut s'y fier.

L'antimoine.

Épiceries, jambon de Mayence, ail et oignons.

Plus près de nous, *Valmont de Bomare*, dans son *Dictionnaire d'histoire naturelle*, cite plusieurs autres recettes, outre les bains de mer.

La pommade mercurielle.

L'opium.

Lichen cinereus et poivre, — conseillé par un docteur Mead.

Tissot, dans ses « Avis au peuple », après avoir nié l'efficacité des « coquilles d'œufs », préconisées de son temps, et le mouron à fleurs rouges *(anagallis flore purpureo)*, présente comme certaine la cure par le mercure, — donnant encore cependant la préférence au seul procédé admis aujourd'hui par la science, la brûlure par le fer rouge.

Il s'élève avec indignation contre la coutume barbare, qui n'était pas tout à fait abolie de son temps (1760), d'étouffer les malades entre des matelas.

Tous ces remèdes, préconisés par l'avidité du charlatanisme, acceptés par la crédulité, ont fait une multitude de victimes en les empêchant de recourir à la médication énergique du fer rouge.

Mais aucun préjugé, aucune superstition, aucune folie n'a fait périr autant de malheureux, mordus par des chiens enragés, que les pratiques miraculeuses faites au nom de saint Hubert.

***

J'ai encore vu, dans les foires, vendre des anneaux ayant touché la sainte Étole envoyée par un ange à saint Hubert, comme mettant ceux qui les portent à l'abri de la rage.

On lit dans l'*Histoire de saint Hubert*, publiée à Liége en 1697 :

« Un ange ordonna au saint pape Serge, de la part de Dieu, de sacrer évêque le moine Hubert; pendant l'ordination, un ange apparut dans l'église apportant une très belle étole et disant : « Hubert ? la Vierge vous envoie cette étole. » En même temps, saint Pierre lui apporta une clef d'or pendant qu'il célébrait la messe de son sacre. »

L'auteur de l'abrégé de la vie et des miracles de saint Hubert dit... Mais il faut, avant de faire cette citation, que j'explique comment on procède au miracle.

La guérison ne peut être radicalement opérée qu'au monastère de Saint-Hubert-des-Ardennes.

Après une neuvaine pendant laquelle le malade doit se livrer à une foule de pratiques plus ou moins bizarres, telles que neuf confessions et neuf communions, — boire sans baisser la tête, — ne se point peigner pendant quarante jours, etc., — le prêtre fait au front du patient une incision dans laquelle il glisse, sous la peau, une parcelle de l'étole du saint; au bout de dix jours, on fait lever par un prêtre le bandeau attaché sur l'incision et on le brûle. — Quant à l'étole,... revenons à la citation interrompue.

..... « Depuis l'an 825, dit-il, page 24 de son livre, on a coupé chaque année de l'étole une parcelle notable

dont on a tiré les petites que l'on a insérées dans le front
d'un nombre incroyable de personnes; — ces parcelles
rejointes suffiraient sans difficulté pour faire plusieurs
très grandes étoles. Cependant celle-ci subsiste toujours
entière pour la consolation des fidèles, selon la promesse de l'ange qui l'apporta du ciel; et elle continue
dans son lustre sans corruption, quoique tous les ornements de l'église où elle repose se corrompent très
facilement à cause de l'humidité qui y règne. »

Mais il ne suffit pas aux pèlerins qui vont se faire
« tailler » au monastère des Ardennes d'être préservés
ou guéris de la rage, la « taille » et la parcelle d'étole
insérée dans leur front leur donnent un grand et heureux
pouvoir.

Si vous êtes mordu par un chien enragé et que vous
n'ayez pas le temps d'aller au monastère des Ardennes,
nous allez simplement trouver ou vous faites venir chez
vous une personne qui ait fait précédemment ce pèleri-
nage, qui ait été guérie par la sainte Étole, et en conserve une parcelle sous la peau du front, — et sur votre
demande, le pèlerin fait le signe de la croix et vous dit:
« Je vous donne répit de quarante jours au nom de
la sainte Vierge et du bienheureux saint Hubert. »

Si, au bout de quarante jours, vous ne pouvez pas
encore vous mettre en route, vous obtenez un nouveau
répit de quarante jours par le même procédé. — Voici
une pièce authentique à l'appui :

« Le soussigné religieux certifie avoir taillé Jacques
Lypos, de Frêne, proche Pérousse, évêché de Noyon, ce
qui lui donne pouvoir de donner répit à toutes personnes
mordues jusqu'au sang, de quelque bête enragée, de
quarante jours à quarante jours. 23 janvier 1671,
D. Alexis Colart. »

On ne croit plus beaucoup à ce miracle, quoiqu'on ne puisse dire qu'on n'y croit plus du tout; mais, en général, nous avons remplacé cette sottise par plusieurs autres. On ne croit plus guère (ce que je ne garantis pas tout à fait) à la dent de saint Amable, qui guérit le venin des serpents; mais on croit à la langue des avocats qui ne guérit de rien, au contraire. Quel est l'ange qui apportera le remède?

**

L'efficacité de la sainte Étole fut, du reste, solennellement reconnue par un écrit en date du 17 juin 1691, signé des docteurs :

    L. PETERS, *doct. et prof.* primarius.
    M. SOMERS, *m. d. et prof.* primarius.
    RENAULT, *m. d. et prof.* regius.

Louvain.

Cette décision est imprimée dans l'abrégé de la vie et des miracles de saint Hubert.

On ne saurait dire le nombre effroyable de victimes de ces pratiques superstitieuses.

Or je rappelais en commençant qu'un ministre de l'intérieur avait récemment préconisé comme remède infaillible la racine d'églantier.

Je constate qu'il paraît dans tous les journaux une annonce que je ne dois reproduire qu'en partie pour ne pas, pour ma part, contribuer au mal.

Cette annonce est ainsi conçue :

« LA RAGE

» *Cette effrayante maladie* n'est plus a craindre.

» M..., médecin vétérinaire, a trouvé un remède infaillible qui guérit la rage même trois jours après la morsure; nombreuses expériences; pièces incontestables. *Vingt francs le flacon.* »

J'ai reçu ces jours-ci le prospectus d'un autre médicament qui guérit également la rage d'une manière infaillible, mais pour cinq francs.

Eh bien, je prétends que l'autorité n'a pas fait son devoir.

Pour ne parler que du vétérinaire, ce que j'en dirai s'applique aux autres. L'autorité, à la première apparition de son annonce, aurait dû : 1° en suspendre l'insertion dans les journaux; 2° soumettre son spécifique à un examen rigoureux.

Alors :

Ou le vétérinaire a raison, et il a trouvé réellement le remède à la rage; et, alors, on ne doit pas permettre qu'il y ait tant de gens qui, faute de vingt francs, n'aient pas le moyen de ne pas mourir enragés.

Le vétérinaire doit, au moyen d'une magnifique récompense nationale, être exproprié de son invention, et son spécifique doit être vendu deux sous et au besoin donné gratuitement dans toutes les pharmacies et dans toutes les mairies.

Ou le spécifique ne guérit pas de la rage et alors on ne doit pas permettre que ce successeur de saint Hubert, en abusant les victimes, les empêche d'avoir recours à la cautérisation; il doit être condamné à une peine avec défense rigoureuse d'annoncer son remède.

Cela aurait dû se faire hier. Le fera-t-on demain !

A propos des chiens et de la rage, — je propose ceci :

Vu que, dans l'état actuel de la science, on attribue presque unanimement la rage aux abstinences forcées des chiens, — il est édicté sous des peines sévères ce qui suit :

TOUTE PERSONNE VOULANT AVOIR UN CHIEN S'ARRANGERA POUR EN AVOIR DEUX, — UN MALE ET UNE FEMELLE, — *marem et fœminam*, comme dit Varron.

FIN

TABLE

	Pages
PENDANT LA PLUIE	1
IL PLEUT TOUJOURS	13
SANS TITRE	27
SUR LES CHEMINS	3
SÉRIEUSEMENT	50
MIETTES	62
OU L'ON CONTINUE UNE PHRASE INTERROMPUE.	73
CONTES ET JOUJOUX	83
NOTES AU CRAYON	93
LES PETITS ENFANTS	108
IL ÉTAIT UNE FOIS	122
A PROPOS DE FÊTES	130
ECCO IL VERO PULCINELLA	143
UTOPIE	157
RÊVE, PARADOXE, UTOPIE	172
MISCELLANÉES	186

TABLE

	Pages
UN REMORDS	201
FEUILLES VOLANTES	213
DE QUELQUES VIEUX ORIPEAUX	225
VARIA	236
BIGARRURES	247
A M. HENRI DE LACRETELLE	257
ENCORE	271
LA MORALE DE PAPIER	282
REMINISCERE	295
LA THÉORIE DES GRÈVES	312
UN ALBUM	322
DIALOGUE DES MORTS	329
LA RAGE... NON POLITIQUE	341

IMPRIMERIE CENTRALE DES CHEMINS DE FER. — A. CHAIX ET Cie, RUE BERGÈRE, 20, A PARIS. — 17734-9.

www.ingramcontent.com/pod-product-compliance
Lightning Source LLC
Chambersburg PA
CBHW050751170426
43202CB00013B/2383